ホテル・旅館で使う
英中韓 3 か国語
きほん接客フレーズ

西蔭浩子、田村雅昭［英語］／平石淑子、孔令敬［中国語］／権在淑［韓国語］

研究社

まえがき

あちこちの街や観光地で、たくさんの外国人旅行客の姿を見かけます。特に最近は、中国や韓国からの旅行者の数が大きな伸びを示しています。

日本政府観光局(JNTO)によれば、2009年の訪日外国人旅行者数はおよそ679万人で、出身地別に見ると、1位が韓国の約158万人、2位が台湾の約102万人、3位が中国の約100万人、4位が香港の約45万人と、アジアからのお客様が上位を占めています。欧米諸国は、北アメリカがおよそ87万人、ヨーロッパが80万人程度ですから、アジアからの旅行客の数がいかに多いかがわかります。

また、「YOKOSO! JAPAN」のキャッチフレーズで知られている「ビジット・ジャパン・キャンペーン(VJC)」は、2010年には年間の訪日外国人旅行者数を1000万人にするという目標を掲げていますから、今まで以上に外国人旅行者が日本を目指してやってくることは間違いありません。

今や、外国人観光客を受け入れる職業についている人たちは、英語だけではなく、中国語や韓国語でもコミュニケーションを図ることが必要な時代に入っています。本書はこうした時代の要請に応じて、お客様に対する接客表現を、英語・中国語・韓国語の3か国語でまとめました。本書の特長は以下の4点です。

(1) さまざまな場面に対応した、豊富な接客フレーズ
(2) 各場面の重要単語を集めたワードバンク
(3) 知っておきたい、各国の文化・習慣をまとめたコラム
(4) わかりやすいカタカナ表記の発音

本書は、大正大学学術研究助成金による『日本語母語話者に対するレトリックに重点を置いた外国語教授法に関する研究』(2005-2007)、及び日本私立学校振興・共済事業団学術研究振興資金による『日本語母語話者に対する外国語教授法の研究』(2007-2010)を踏まえ、メンバーがそれぞれ英語(西蔭・田村)、中国語(平石・孔)、韓国語(権)を担当しました。大いにこの本を活用していただき、それぞれの職場で必要な外国語を使って、外国人のお客様への接客がよりスムーズになれば、幸いです。

最後になりましたが、英文校閲を担当してくださった Shelley Bearse 氏、本書の企画から膨大な原稿の編集まで手掛けてくださった研究社編集部の鎌倉彩氏、吉井瑠里氏に厚く御礼を申し上げるとともに、各現場から貴重なご意見や資料をご提供くださった皆様と本書の誕生の喜びを分かち合いたいと思います。

2010年春　　著者一同

CONTENTS

まえがき・・・・・・・iii
本書の構成・・・・・・・vi
音声について・・・・・・・vii
凡例・・・・・・・viii
本書の活用法・・・・・・・ix
中国語について・・・・・・・x
韓国語について・・・・・・・xiv
執筆協力・・・・・・・xviii

第1章 きほんの接客 ──────── 1
●あいさつ・重要表現 1 ●返事 7 ●わからないとき 9 ●会計 13 ●お詫び 14

第2章 ホテル ──────── 16
●予約 16 ●チェックイン 24 ●フロント 26 ●客室 28
●ランドリーサービス 34 ●PC 36 ●両替 38 ●クローク 40
●レストラン 42 ●バー 56 ●チェックアウト 58

第3章 旅館 ──────── 60
●予約 60 ●チェックイン 62 ●フロント 64 ●客室 68 ●和食 70

第4章 案内・買い物 ──────── 74
●道案内 74 ●観光案内所 78 ●タクシー・バス 86 ●みやげもの屋 88
●価格交渉 94

第5章 会計〈応用〉 ──────── 96
●お支払い(現金) 96 ●クレジットカード 98 ●ギフト包装 100
●会員カード 102 ●配送・郵便 104 ●免税 106

第6章 温泉・レジャー ──────── 108
●温泉 108 ●スパ・マッサージ 112 ●スキー 116 ●ゴルフ 122

●遊園地 130　●相撲 134　●歌舞伎・文楽・能 136　●神社・お寺 138

第7章　電話・トラブル―――――――――――――――140
●電話 140　●公衆電話 146　●病気・けが 148　●紛失・盗難 152
●災害・注意 154　●迷子・アナウンス 156

◇コラム◇
わからないときは日本語で！12／謝罪の文化 15／ギャランティー・リザベーション 21／あいづち・返答の英語表現 27／お客様が言う表現（1）―客室でのトラブル― 33／お客様が言う表現（2）―質問と依頼・要求― 37／丁寧な言い方を心がけよう（英語）（1）39／物の数え方 41／細かい注文に対応する（卵料理）45／外国語メニューを作る 47／アレルギー・ベジタリアンについて 49／接客のマナー 55／丁寧な言い方を心がけよう（英語）（2）59／間違えやすい掲示の英語表現 65／トイレの説明 67／和室の説明 69／和食を楽しんでもらう（1）（食材の説明）71／和食を楽しんでもらう（2）（食べ方の説明）73／英語になった日本語表現 73／アメリカ英語とイギリス英語（語彙の違い）83／和製英語に注意！（1）87／間違えやすい英語表現（否定疑問文の答え方）93／値引きの習慣 95／数字の読み方（英語）97／クレジットカードについて 99／文化と色 101／文化と数字 103／温泉での注意事項（掲示）111／各国のサイズ対応表 113／和製英語に注意！（2）129／スペルアウトの仕方（英語）141／国際電話のかけ方 147／部屋番号・電話番号の読み方 157

数字‥‥‥‥158
曜日・週‥‥‥‥161
月・日にち・季節‥‥‥‥162
時刻・時間‥‥‥‥164
期間‥‥‥‥165
単位‥‥‥‥166
索引‥‥‥‥167
著者略歴‥‥‥‥172

本書の構成

◆第1章

どの業種でも使える、きほんの接客表現を集めています。あいさつや、とっさのときに使える便利な表現ばかりですので、まずはこの章のフレーズから覚えていきましょう。

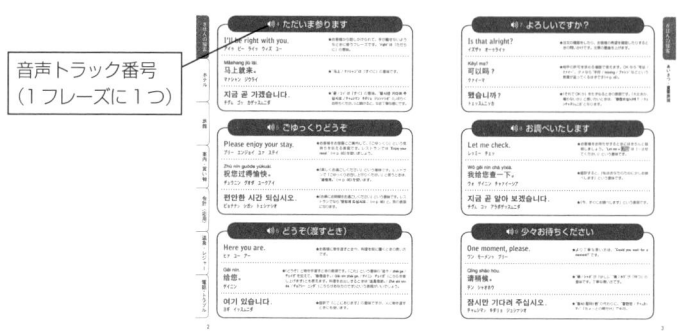

音声トラック番号
（1フレーズに1つ）

◆第2章～7章

「予約」「フロント」「チェックイン」「客室」「スキー」「温泉」「みやげもの屋」など、場面ごとの構成です。各場面は、フレーズ、ワードバンク、コラムを収録しています。太枠で囲っているフレーズ（背景に色が付いているもの）は、特に使用頻度の高い重要表現ですので、しっかり覚えましょう。

フレーズの
見出し番号

音声トラック番号
（見開きに1つ）

音声について

　本書の音声データ (MP3) は、研究社ホームページ (https://www.kenkyusha.co.jp/) から無料でダウンロードできます。「音声・各種資料ダウンロード」にアクセスし、一覧の中から『ホテル・旅館で使う　英中韓3か国語きほん接客フレーズ』を探し、「ダウンロード」ボタンをクリックしてください。ダウンロード完了後、解凍してご利用ください。

◆第1章の音声
　第1章の音声は、「Kihon1〜38」というタイトルで表示されています。1フレーズごとに1トラックで、「日本語→英語→中国語→韓国語」の順で読まれます。トラック番号(🔊 1)は各フレーズの日本語の左に入っています。各言語のフレーズは、ややゆっくりめのスピードで収録しています。

◆第2章〜7章の音声
　第2章〜7章の音声は、英語、中国語、韓国語の言語ごとに別々のファイルに収録しています。英中韓の音声ファイルのタイトル表示の先頭は、それぞれ「En1〜68」、「Cn1〜68」、「Kr1〜68」となっています。各言語のファイルはさらに、見開き2ページごとにトラックが分かれており、「フレーズの見出し番号→フレーズ」の順に読まれます。

　トラック番号(🔊 1)は奇数ページの右上に、フレーズの見出し番号は各フレーズの日本語の左に入っています。トラック番号は各言語共通です。

　フレーズの見出し番号は、英語ファイルでは英語で、中国語ファイルでは中国語で、韓国語ファイルでは韓国語で読まれますので、各言語の数字の言い方を覚えながら聞きましょう(⇒数字一覧は、カバーの前袖の部分、及び p. 158 を参照)。

　各言語のフレーズは、ナチュラルスピードで吹き込まれています。なお、フレーズの日本語音声及びワードバンクの音声は収録されていません。

[ナレーション]
日本語：　西蔭浩子(大正大学教授。2008年NHKテレビ「英語が伝わる！ 100のツボ」等で講師を務める)
英　語：　Jasmine Allen(アメリカ出身のバイリンガルタレント、歌手。2008年NHKテレビ「英語が伝わる！ 100のツボ」等に出演)
中国語：　容 文育(NHK国際放送局アナウンサー。2008年NHKラジオ「まいにち中国語」等に出演)
韓国語：　林 周禧(NHK国際放送局アナウンサー。早稲田大学、NHK文化センター講師)

凡例

本書で使われている記号について説明します。

( )　省略可能な語句です。（※音声データには収録されていません）
[ ]　置き換え可能な語句です。下線部と置き換えて使えます。（※音声データには収録されていません）
＿＿　下線部は、ほかの語句や数字に置き換えて使うと便利です。ワードバンク内の単語を活用し、表現のバリエーションを広げてください。
⇒　参照ページを示しています。
★　補足説明です。1章では各言語のフレーズの右側に、2〜7章ではページの一番下に入っていることがあります。

なお、上記の記号のルールには次のような例外があります。p.10の「日本語［英語／中国語／韓国語］を話されますか?」や、p.11の「英語［中国語／韓国語］はわかりません」のような場合、英中韓各言語の訳は、それぞれの該当する言語のみが入っています。例えば、英語訳なら "Do you speak Japanese [English]?"、"I can't speak English." です。
　ほかにも、p.38 ②の「ドル［元／ウォン］から円への両替でよろしいですか？」などの文も同様に、各言語に該当する表現のみが入っています。

🈴本書の活用法

　おすすめの活用法は、次のとおりです。

（1）　きほんの接客フレーズをマスター！
　まずは第1章のきほん表現を身につけましょう。「いらっしゃいませ」「ありがとうございました」というあいさつや、「かしこまりました」「少々お待ちください」など、覚えておくと必ず役立つ万能フレーズばかりです。短い表現が中心なので、外国語が苦手な方も、ぜひここだけは言えるようにしましょう。

（2）　職場に合わせたフレーズをマスター！
　次は、ご自分の職場に合ったフレーズを覚えましょう。例えば、ホテルや旅館の予約係の方は「予約」のページ、ルームサービスの係の方は「客室」の場面のほか、「レストラン」のページ、温泉旅館の方は「旅館」の章や「温泉」のページを中心にご覧ください（※ただし、「旅館」の章については、「ホテル」の章と共通するような表現は省いてあります）。

（3）　自分の職場以外の場面もチェック！
　本書では、多種多様な職種、接客場面を想定してフレーズや単語を収録しています。一見すると自分の職種には関係なさそうな場面にも、使える表現がたくさん隠れているはずです。ほかの場面のフレーズや単語も、ぜひチェックしてみましょう。

　なお、本書は会話で使うことを念頭において構成していますが、掲示表現として使ったり、指さし会話に使うこともちろん可能です。レベル・段階に応じて、ご自分に合った使い方を見つけていただければ幸いです。

🀄 中国語について

　一般に日本で「中国語」と呼ばれているのは、中国の共通語である「普通話」(プートンホア)を指しています。本書でも、その「普通話」を紹介しています。
　中国は多民族国家です。全人口の9割以上は漢民族ですが、そのほかに50前後の少数民族がいると言われ、独自の言語や伝統を守って生活している民族も多くいます。また、漢民族の間でも方言がありますが、方言間の差異が大きく、ほとんど外国語同然のものもあると言われています。
　そのような状況の中で、近代になると言語統一の必要性が強まり、1949年の中華人民共和国成立以降、漢民族の言葉である「漢語」の中から、北京を中心とする地域で話されていた北方方言をもとにして、共通語としての「普通話」が生まれました。放送や通信の発達、また教育の普及により、現在は中国国内どこに行っても通じる言葉になっています。
　なお、本書の中国語の言い回しはできるだけ簡便なものを選んでいます。まず気持ちが、そして意味が通じること、それが本書の狙いです。それをご理解の上、大いに活用してくださることを願っています。

◆語順

　中国語の語順は、SVO型(主語、動詞、目的語の順)です。中国語には日本語の「は」、「が」、「を」のような助詞がなく、ある語が主語を表すのか、目的語を表すのかは、語順によって決まります。語順が入れ替わると文の意味自体が変わってしまうのです。例えば「私は本を買います」なら、"我／买／书"(私／買う／本)という語順でしか表現できません。

◆発音

　覚えておいていただきたいのは「ピンイン」と「声調」の2点です。
　中国語では、漢字1字が1音節で発音されます。例えば、"国"は現代の中国語では"guó"と発音されます。この"guó"という表記は「ピンイン」と呼ばれ、現代の中国で漢字の発音を示すために使われている「ふりがな」の役目に当たるものです。ピンインは中国語独自のもので、日本語のローマ字とは読み方が異なります。正確に読めるようになるには学習が必要ですが、一度習得すれば発音はかなり上達するはずです。
　また、"o"の上についている記号(´)、これは「声調符号」と言い、音の高低変化を表しています。1音節、つまり漢字1字に対してひとつの声調がつきますが、「普通話」の声調は次の4種類です。

第1声(¯)：高い音をまっすぐ伸ばす
第2声(´)：低い音から高い音へ、一気に上昇する
第3声(ˇ)：押さえつけるように、低い音を保つ
第4声(`)：高い音から低い音へ、一気に下降する

　中国語では声調の変化によっても意味が識別されますから、正確に発音しなければなりません。例えば、「どれ」という意味の"哪 / nǎ / ナァ"という語は、低く抑える3声で発音しますが、高い音から下降する4声で発音すると、「あれ」という意味の"那 / nà / ナァ"という語に変わります。

　上記の4種類の声調のほかに、「軽声」という、声調符号のついていない音節もあります。例えば、「ありがとう」を意味する"谢谢 / xièxie / シェシェ"の2つ目の"xie / シェ"がそうです。軽声の音節は軽く、短めに読まれます。

　なお、本来はピンインをマスターしていただくのがいいのですが、それには時間がかかりますので、本書ではそれまでの一時的な補助として、便宜的にカタカナをつけています。ピンインの読み方がわからない場合は、これをひとつの手がかりにしてみてください。ただし、カタカナルビはあくまでも参考で、中国語の正確な発音を示すものではありません。音声を聞いて真似ながら、中国語に特有の子音や母音、そして声調を覚えていただきたいと思います。うまく発音するコツは、お腹に力を入れて腹式呼吸で発声すること、です。

◆文字表記

　本書をぱらぱらと見ていただくと、日本語にはない変わった漢字が目につくでしょう。これを「簡体字」と言います。例えば、前に挙げた"我／买／书"(私／買う／本)の"买"(買)や"书"(書)です。簡体字の元の形は「繁体字」と言いますが、台湾などでは現在も使われています。

　また、同じ漢字でも、日本語と中国語では意味が異なる語、というのが多数存在します。例えば、「汽車」は日本語では「SL」ですが、中国語では「自動車」を指します。「同じ漢字→意味も同じ」と決めつけないようにしましょう。

〈カタカナルビについて〉
- 同じ単語でも、場合によってルビの表記を変えていることがあります。これは、前後の語と一緒に表記された際の読みやすさ・見やすさを配慮したためです。
- 基本的に、ルビには、一続きに読むまとまりごとにスペースが入っています(※必ずしも1語ごとにスペースが入っているわけではありません)。

◆これだけは覚えておきたい、きほん表現

(1)　きほんの文型

AはBです。（判断、説明）　　　　　"A是B。"(A shì B. / AシーB)
　否定　AはBではありません。　　　"A不是B。"(A bú shì B. / AブシーB)
　疑問　AはBですか？　　　　　　　"A是B吗？"(A shì B ma? / AシーBマ)
　　→はい　　　　　　　　　　　　　→"是。"(Shì. / シー) または "对。"(Duì. / ドゥイ)
　　→いいえ　　　　　　　　　　　　→"不是。"(Bú shì. / ブシー)

AはBをCします。（動作）　　　　　"A C B。"
　否定　AはBをCしません。　　　　"A不C B。"(A bù C B. / AブゥC B)
　疑問　AはBをCしますか？　　　　"A C B吗？"(A C B ma? / A C Bマ)
　　→はい　　　　　　　　　　　　　→"C。"
　　→いいえ　　　　　　　　　　　　→"不C。"(Bù C. / ブゥC)

Bはあります。（存在）　　　　　　　"有B。"(Yǒu B. / ヨウB)
　否定　Bはありません。　　　　　　"没有B。"(Méiyou B. / メイヨウB)
　疑問　Bはありますか？　　　　　　"有B吗？"(Yǒu B ma? / ヨウBマ)
　　→はい　　　　　　　　　　　　　→"有。"(Yǒu. / ヨウ)
　　→いいえ　　　　　　　　　　　　→"没有。"(Méiyou. / メイヨウ)

Cできます。（可能）　　　　　　　　"能C。"(Néng C. / ヌォンC) または
　　　　　　　　　　　　　　　　　　"可以C。"(Kěyǐ C. / クァイーC)
　否定　Cできません。　　　　　　　"不能C。"(Bù néng C. / ブゥヌォンC)
　疑問　Cできますか？　　　　　　　"能C吗？"(Néng C ma? / ヌォンCマ) または
　　　　　　　　　　　　　　　　　　"可以C吗？"(Kěyǐ C ma? / クァイーCマ)
　　→はい　　　　　　　　　　　　　→"能。"(Néng. / ヌォン) または "可以。"(Kěyǐ. / クァイー)、
　　　　　　　　　　　　　　　　　　"行。"(Xíng. / シン)
　　→いいえ　　　　　　　　　　　　→"不能。"(Bù néng. / ブゥヌォン) または
　　　　　　　　　　　　　　　　　　"不可以。"(Bù kěyǐ. / ブゥクァイー)、
　　　　　　　　　　　　　　　　　　"不行。"(Bù xíng. / ブゥシン)

Cしてください。（依頼）　　　　　　"请C。"(Qǐng C. / チンC)

※AとBには名詞を、Cには動詞を入れて使います。

(2) きほんのあいさつ

こんにちは	您好。Nín hǎo. ニンハオ
さようなら	再见。Zàijiàn. ヅァイジエン
ありがとうございます	谢谢。Xièxie. シエシエ
どういたしまして	不客气。Bú kèqi. ブゥクァチィ

(3) きほんの単語

人称代名詞	
私	我 wǒ ウォ
あなた（普通）	你 nǐ ニィ
（丁寧）	您 nín ニン
彼／彼女	他／她 tā タァ
～たち	～们 men メン

指示代名詞	
これ	这 zhè ヂョア
	这个 zhèi ge ヂェイガ
あれ	那 nà ナァ
	那个 nèi ge ネイガ
この	这个 zhèi ge ヂェイガ
あの	那个 nèi ge ネイガ
ここ	这儿 zhèr ヂョアル
あそこ	那儿 nàr ナァル

疑問詞	
何	什么 shénme シェンマ
誰	谁 shéi シェイ
どこ	哪儿 nǎr ナァル
どれ／どの	哪个 nèi ge ネイガ
いつ	什么时候 shénme shíhou シェンマシーホウ
何時	几点 jǐ diǎn ジィディエン
いくつ	几个 jǐ ge ジィガ
いくら	多少钱 duōshao qián ドゥオシャオチエン
どのくらい	多少 duōshao ドゥオシャオ
なぜ	为什么 wèi shénme ウェイシェンマ
どんなふう	怎么样 zěnmeyàng ゼンマヤン
どうやって	怎么（+動詞）zěnme ゼンマ

※「彼／彼女」の発音はいずれも"tā タァ"で同じです。

※「これ」「あれ」が主語の位置に来るときは、"这"と"这个"、"那"と"那个"のいずれも使うことができますが、目的語の位置に来るときは、"这个"と"那个"しか使えません。

※疑問詞の使い方については、p.37のコラムもご参照ください。

韓国語について

　韓国語は主に朝鮮半島で話されている言語です。朝鮮半島の南の大韓民国では「ハングゴ」（韓国語）、北の朝鮮民主主義人民共和国では「チョソノ」（朝鮮語）と呼んでいます。なお、「ハングル」というのは言語名ではなく、文字の名称です。
　南北に国が2つに分かれて以来、用語や表記など細かい面での違いが生じていますが、韓国語も朝鮮語も元はひとつ、同じ言語です。この本で用いているのは、韓国の首都であるソウルの言葉です。

◆韓国語の構造
　韓国語は文法のおおまかな仕組みが日本語とよく似ています。まず、語順が日本語とほぼ同じです。したがって、基本的には日本語と同じ順序で、単語を韓国語に置き換えればよいのです。主語も日本語同様、必要な時以外は用いません。また、尊敬語と謙譲語があり、丁寧な文体と丁寧ではない文体があるという点も似ています。

◆ハムニダ(합니다)体とヘヨ(해요)体
　韓国語には丁寧な言い方として、「ハムニダ(합니다)体」と「ヘヨ(해요)体」と呼ばれる、2通りの文体があります。一般に、ハムニダ体は、あらたまった、男性が多用する言い方であるのに対し、ヘヨ体は語感が柔らかく親近感があり、女性が多用する言い方ですが、ソウルでは男性もヘヨ体を多用しています。お客様に対しては、基本的にこの「ハムニダ(합니다)体」と「ヘヨ(해요)体」以外は使いません。この本では、使われる場面によって2つの文体が混在していますが、ハムニダ体のフレーズとヘヨ体のフレーズを互いに言い換えても、基本的な意味は変わりません。

◆韓国語の文字と発音
　韓国語の文字は「ハングル」と言います。表音文字で、1文字が1音節を表わし、1拍で発音されます。それぞれの文字が子音を表す部分と母音を表す部分から構成されている点が、かなとは異なります。

　　〈例〉
　　ㄴ + ㅏ　　　→　　나 [na・ナ]　私
　　[n]　[a]

　　ㄴ + ㅏ + ㅁ　→　　남 [nam・ナム]　他人
　　[n]　[a]　[m]　　　↓
　　　　　　　　　　　1文字、1音節、1拍で読む

　ハングル文字は、基本的なものだけを数えると子音の字母が14個、母音の字母が

10 個と、計 24 個ですが、それらがさまざまに組み合わさって、数千の文字が用いられており、日本語にない発音もたくさんあって注意が必要です。

　特に大切なのは、音節末の発音の仕方です。日本語は、ほとんどの音節が母音で終わっているのに対し、韓国語の場合は子音終わりの音節もたくさんあります。音節の最後の子音は、全部で「ブ[p]」「ッ[t]」「ク[k]」「ム[m]」「ン[n]」「ん[ŋ]」「ル[l]」の 7 つですが、これらは 1 拍をなさないので、前の母音に続けて一息で発音しないと意味が伝わりません。本書で、ルビの文字が小さくなっている部分です。
　※「ン」は舌を上の歯の裏にくっつけて発音。日本語の「あんな」の「ん」の音。
　※「ん」は口は開けて鼻に抜いて発音。日本語の「あんがい」の「ん」の音。

　また、これらの子音は、後ろに母音が続くと、以下の [ ] 内のように、次の母音の頭につけて発音されることになります。これを 終声の初声化、もしくは連音といいます。

밥 [pap・パブ]　　＋　이 [i・イ]　→　밥이 [바비] [pabi・パビ]
ご飯　　　　　　＋　〜が　　　　　ご飯が

　こういったことを始め、韓国語の場合、音の組み合せによって発音に変化が起こります。本書ではなるべく自然な発音に近い形でカタカナルビを付しておきましたが、音声を聞いて真似しながら正確な発音を身につけていただきたいと思います。

〈カタカナルビ・下線について〉
- 本書では単語が入れ換えられる箇所に下線が示されていますが、単語の入れ替えによって後に続く助詞、語尾、発音が変わる場合、それらも含めて下線がついていますので注意してください。
- 基本的に、ルビはひと続きに読むまとまりごとにスペースが入っています。韓国語表記のスペースとは必ずしも対応しません。また、ルビの下線も、単語だけでなく助詞や語尾が組み合わさっている場合があります。これはルビをより自然な発音に近づけて表記しているためです。

◆これだけは覚えておきたい基本表現

(1) きほんの文型

Ⓐは Ⓑです。(断定、説明)　　"Ⓐ는 / 은　Ⓑ입니다 / ㅂ니다."
　　　　　　　　　　　　　　　　(Ⓐヌン/ウン　Ⓑイムニダ/ムニダ)

　否定　Ⓐは Ⓑではありません。　"Ⓐ는 / 은　Ⓑ가 / 이　아닙니다."
　　　　　　　　　　　　　　　　(Ⓐヌン/ウン　Ⓑガ/イ　アニムニダ)

　疑問　Ⓐは Ⓑですか？　　　　　"Ⓐ는 / 은　Ⓑ입니까？/ ㅂ니까？"
　　　　　　　　　　　　　　　　(Ⓐヌン/ウン　Ⓑイムニッカ/ムニッカ)

　　　→はい　　　　　　　　　　→"네."　　(ネ)
　　　→いいえ　　　　　　　　　→"아뇨."　(アーニョ)

Ⓐはあります。　　　　　　　　　"Ⓐ는 / 은　있습니다."
　　　　　　　　　　　　　　　　(Ⓐヌン/ウン　イッスムニダ)

　否定　Ⓐはありません。　　　　"Ⓐ는 / 은　없습니다."
　　　　　　　　　　　　　　　　(Ⓐヌン/ウン　オプスムニダ)

　疑問　Ⓐはありますか？　　　　"Ⓐ는 / 은　있습니까？"
　　　　　　　　　　　　　　　　(Ⓐヌン/ウン　イッスムニッカ)

　　　→はい　　　　　　　　　　→"네."　　(ネ)
　　　→いいえ　　　　　　　　　→"아뇨."　(アーニョ)

(2) きほんのあいさつ

こんにちは	안녕하십니까 ? / 안녕하세요 ? アンニョンハシムニッカ / アンニョンハセヨ
さようなら(去る人に)	안녕히 가십시오. / 안녕히 가세요. アンニョンイ ガシプシオ / アンニョンイ ガセヨ
さようなら(留まる人に)	안녕히 계십시오. / 안녕히 계세요. アンニョンイ ゲシプシオ / アンニョンイ ゲセヨ
ありがとうございます	감사합니다. カムサハムニダ / 고맙습니다. コマプスムニダ
どういたしまして	아닙니다. アニムニダ / 괜찮습니다. クェンチャンスムニダ

(3) きほんの単語
人を表す単語

		～は	～が
私(わたくし)	저 チョ	저는 チョヌン	제가 チェガ
私ども	저희 チョイ	저희는 チョイヌン	저희가 チョイガ
私(わたし)たち	우리 ウリ	우리는 ウリヌン	우리가 ウリガ

		～は	～が
お客様	손님 ソンニム	손님은 ソンニムン	손님이 ソンニミ
お客様(顧客様)	고객님 コゲンニム	고객님은 コゲンニムン	고객님이 コゲンニミ
韓国の方	한국분 ハングクブン	한국분은 ハングクブヌン	한국분이 ハングクブニ
韓国人	한국사람 ハングクサラム	한국사람은 ハングクサラムン	한국사람이 ハングクサラミ

指示代名詞	
これ	이것 イゴッ
それ	그것 クゴッ
あれ	저것 チョゴッ
この	이 イ
その	그 ク
あの	저 チョ
ここ	여기 ヨギ
そこ	거기 コギ
あそこ	저기 チョギ

疑問詞	
何ですか？	뭐예요？ ムォーエヨ
どなたでいらっしゃいますか？	누구세요？ ヌグセヨ
どこでしょうか？	어디세요？ オディセヨ
どれですか？	어느 거예요？ オヌゴエヨ
いつですか？	언제예요？ オーンジェエヨ
何時ですか？	몇 시예요？ ミョッシエヨ
いくつですか？	몇 개예요？ ミョッケエヨ
いくらですか？	얼마예요？ オルマエヨ
どのくらいですか？	얼마나요？ オルマナヨ
なぜですか？	왜요？ ウェヨ
どんなふうにですか？	어떤 식으로요？ オットンシグロヨ
どうやってですか？	어떻게요？ オットケヨ

※英語の you のように普遍的に使える「あなた」はありません。お客様に対して「あなた」と言いたいときは、いつでも「お客様」、"손님 / ソンニム"か "고객님 / コゲンニム"を使いましょう。また、韓国人のお客様のお名前を呼ぶときにはフルネームに「様」"님 / ニム"か、「お客様」"손님 / ソンニム"をつけると丁寧に響きます。

※「何？」などと疑問詞だけでお客様に対して話しかけるのは、日本語と同様にとても失礼な印象を与えるので注意してください。実際には上の表のように、「です」にあたる形などをつけて用います。

執筆協力

　本書の作成にあたっては、多くの方、企業、団体にご協力いただきました。この場を借りて御礼申し上げます。

※敬称略、順不同

日本政府観光局(JNTO)観光情報センター　ツーリスト・インフォメーション・センター（TIC）
株式会社三越　銀座店
澤の屋旅館　館主　澤　功（社団法人日本観光旅館連盟会長補佐、YOKOSO! JAPAN大使）
株式会社髙島屋　東京店　コンシェルジュ　敷田正法
ABCホテル・マネジメント　代表　海老原靖也（大正大学客員教授、週刊『ホテルレストラン』編集委員、日本ホテルレストランコンサルタント協会副会長）
株式会社C3Film　常務取締役　大辻俊二

英文校閲：Shelley Bearse
韓国語執筆協力：平　香織（神田外語大学准教授）

＊あいさつ・重要表現＊

◀))1 いらっしゃいませ

Hello.
ハロゥ

★お客様をお迎えするときのあいさつ表現です。"Good morning. / Good afternoon. / Good evening." なども使えます。

Huānyíng guānglín.
欢迎光临。
ホワンイン グアンリン

★「ご光臨を歓迎します、ようこそお越しくださいました」という、接客の定番表現です。

어서 오십시오.
オソ オシプシオ

★「早くいらしてください」の意味で、お客様を迎えるときのあいさつ。"어서 오세요. / オソ オセヨ" と言うと、女性的な柔らかい言い方になります。

◀))2 何かお手伝いできることはありますか？

May I help you?
メィアイ ヘゥプ ユー

★お客様にご用件を伺うときのほか、道に迷っている人や、何か困っている様子の人に声をかけるときにも使えます。

Yǒu shénme xūyào bāngzhù de ma?
有什么需要帮助的吗？
ヨウ シェンマ シュィヤオ バンヂュゥダマ

★「何か助けが必要なことはありますか？」という意味です。

뭔가 도와드릴 일은 없으십니까?
ムォンガ トワドゥリルリルン オプスシムニッカ

◀))3 こちらへどうぞ

This way, please.
ディス ウェイ プリー

★お客様をお部屋や席に案内したり、場所を説明するときの言い方です。

Zhèibiān qǐng.
这边请。
ヂェイビエン チン

★"这边/ヂェイビエン"は「こちら」、"请/チン"は「どうぞ(〜してください)」という意味です。

이쪽으로 오십시오.
イッチョグロ オシプシオ

★"안내해 드리겠습니다./アンネヘ トゥリゲッスムニダ"(ご案内いたします)と組み合わせて用いるのもいいでしょう。

4 ただいま参ります

I'll be right with you.
アイゥ ビー ライッ ウィズ ユー

★お客様から話しかけられて、手が離せないようなときに使うフレーズです。"right"は「ただちに」の意味。

Mǎshang jiù lái.
马上就来。
マァシャン ジウライ

★"马上 / マァシャン"は「すぐに」の意味です。

지금 곧 가겠습니다.
チグム ゴッ カゲッスムニダ

★"곧 / コッ"は「すぐ」の意味。"잠시만 기다려 주십시오. / チャムシマン キダリョ ジュシァシオ"(しばらくお待ちください)と続けると、なお丁寧な感じです。

5 ごゆっくりどうぞ

Please enjoy your stay.
プリー エンジョイ ユァ ステイ

★お客様をお部屋にご案内して、「ごゆっくり」という気持ちを伝える表現です。レストランでは"Enjoy your meal."(⇒ p.46)を使いましょう。

Zhù nín guòde yúkuài.
祝您过得愉快。
ヂュウニン グオダ ユークアイ

★「楽しくお過ごしください」という意味です。レストランで「ごゆっくりお召し上がりください」と言うときは、"请慢用。"(⇒ p.46)を使います。

편안한 시간 되십시오.
ピョナナン シガン トェシプシオ

★「お楽にお時間をお過ごしください」という意味です。レストランでなら"맛있게 드십시오."(⇒ p.46)と、別の表現になります。

6 どうぞ(渡すとき)

Here you are.
ヒァ ユー アー

★お客様に物を渡すときや、料理を前に置くときの言い方です。

Gěi nín.
给您。
ゲイニン

★「どうぞ」と物を手渡すときの表現です。「これ」という意味の"这个 / zhèi ge / ヂェイガ"を加えて、"给您这个。/ Gěi nín zhèi ge. / ゲイニン ヂェイガ"(こちらを差し上げます)とも言えます。料理をお出しするときは"这是您的。/ Zhè shi nín de. / ヂョアシー ニンダ"(こちらがあなたのです)という表現がいいでしょう。

여기 있습니다.
ヨギ イッスムニダ

★直訳で「ここにあります」の意味ですが、人に物を渡すときにも使います。

🔊7 よろしいですか？

Is that alright?
イズザッ オーゥライッ

★注文の確認をしたり、お客様の希望を確認したりするときの問いかけです。文章の最後を上げます。

Kěyǐ ma?
可以吗？
クァイーマ

★相手の許可を求める場面で使えます。OKなら"可以/クァイー"、ダメなら"不行/bùxíng/ブゥシン"などという言葉が返ってくるはずです(⇒ p. xii)。

됐습니까?
トェッスムニッカ

★「それでOKか」をたずねるときの表現です。「大丈夫か、構わないか」と言いたいときは、"괜찮으십니까？/クェンチャヌシムニカ"となります。

🔊8 お調べいたします

Let me check.
レッミー チェッ

★お客様をお待たせするときにはきちんと説明しましょう。"Let me + 動詞"は「〜させてください」という意味です。

Wǒ gěi nín chá yíxià.
我给您查一下。
ウォ ゲイニン チャァイーシア

★直訳すると、「私はあなたのために少しお調べします」という意味です。

지금 곧 알아 보겠습니다.
チグム ゴッ アラボゲッスムニダ

★「今、すぐにお調べします」という表現です。

🔊9 少々お待ちください

One moment, please.
ワン モーメンッ プリー

★より丁寧な言い方は、"Could you wait for a moment?"です。

Qǐng shāo hòu.
请稍候。
チン シャオホウ

★"稍/シャオ"が「少し」、"候/ホウ"が「待つ」の意味です。丁寧な言い方です。

잠시만 기다려 주십시오.
チャムシマン キダリョ ジュシプシオ

★"잠시〈暫時〉만"の代わりに、"잠깐만/チャムカンマン"(ちょっとの間だけ)でも可。

🔊10 お待たせいたしました

Thank you for waiting.
サンキュー フォー ウェイティンッ

★日本語では「お待たせしてすみません」と謝りますが、英語では「ありがとう」が定番です。「謝罪」よりも「感謝」です。

Ràng nín jiǔ děng le.
让您久等了。
ランニン ジウデゥンラ

★「あなたを長いこと待たせてしまいました」という表現です。"等/デゥン"は「待つ」という意味です。

기다리시게 해서 죄송합니다.
キダリシゲヘソ チェソンハムニダ

★直訳で「お待たせして申し訳ありません」という謝罪の意味ですが、本当に待たせたとき以外はあまり使いません。

🔊11 どういたしまして

You're welcome.
ユァ ウエゥカム

★お客様の"Thank you."という感謝の声に"You're welcome."と応対しましょう。ほかには、"My pleasure."という言い方も丁寧です。

Bú kèqi.
不客气。
ブゥクァチィ

★"谢谢/シエシエ"(ありがとう)への返答として使う決まり文句です。このほか、"不用谢。/Bú yòng xiè./ブゥヨンシエ"なども使います。

아닙니다.
アニムニダ

★「違います」の意味で、親しい仲なら"아니에요./アニエヨ"も使われます。続けて"괜찮습니다./クェンチャンスムニダ"(構いません)と言ってもいいでしょう。

🔊12 すみません(呼びかけるとき)

Excuse me.
エクスキューズ ミー

★お客様に声をかけるときに使うフレーズです。男性には"Excuse me, sir."、女性には"Excuse me, miss [ma'am]."と声をかけましょう。

Láojià.
劳驾。
ラオジア

★「お手数ですが…」と相手に何かを頼むときや、「すみません」と道をあけてほしいときなどに使います。また、ものを尋ねるときの「すみません、お尋ねします」は、"请问。/Qǐngwèn./チン ウェン"です。

저기요,
チョギヨ

★ほかに、"여기요,/ヨギヨ"とも。"여기/ヨギ"(ここ)、"저기/チョギ"(あそこ)は、ともに場所を表す代名詞です。

🔊 13 お客様、……（呼びかけるとき）

Sir / Ma'am, ……
サー / マム

★お客様に呼びかける言い方で、"Excuse me." がなくても使えます。

Xiānsheng / Nǚshì, ……
先生 / 女士，……
シエンション / ニュィシー

★相手が男性なら "先生"、女性なら "女士"（若い女性なら "小姐 / xiǎojiě / シァオジエ"）を使います。また、これらを姓のあとにつけると「～様」の意味になります。

손님, ……
ソンニム

★「お客様」と呼びかけるとき、いつでも使える表現です。"고객님 / コゲんニム"（顧客様）と呼ぶこともあります。

🔊 14 ありがとうございました

Thank you very much.
サンキュー ヴェリー マッチ

★お客様をお見送りする際には、"Thank you for staying with us."（ご滞在ありがとうございました）とも言えます。

Xièxie.
谢谢。
シエシエ

★最初の "谢 / シエ" をよりはっきり、あとの "谢 / シエ" は軽く付け加える感じで発音してください。

감사합니다.
カムサハムニダ

★ほかに、親しい仲では "고맙습니다. / コマプスムニダ" もよく使います。両方とも「ありがとうございます」と、現在形です。

🔊 15 またお越しください

Please come again.
プリー カム アゲイン

★お客様が帰るときに「またお越しいただきたい」という気持ちを届けるフレーズ。"We hope to see you again." とも言えます。

Huānyíng zàicì guānglín.
欢迎再次光临。
ホワンイン ヅァイツー グアンリン

★お客様をお見送りするときの決まり言葉です。

또 오십시오.
ト オシプシオ

★"또 오세요. / ト オセヨ" とも言います。「ありがとうございました」や、"안녕히 가세요. / アンニョんイ ガセヨ"（さようなら）とあいさつしてから、セットにしても言います。

🔊 16 お気をつけて

Have a nice day.
ハヴァ ナイス デイ

★「良い一日を」という意味で、お客様をお見送りするときの表現です。ほかにも、夕方なら "Good evening."（別れ際に使うと「良い夜をお過ごしください」の意味になる）や、週末なら "Have a nice weekend."（良い週末を）などが使えます。

Qǐng màn zǒu.
请慢走。
チン マンヅォウ

★「お気をつけてお行きください」という意味です。なお、「さようなら」は "再见 / Zàijiàn. / ツァイジエン" と言います。

안녕히 가십시오.
アンニョんイ ガシプシオ

★丁寧な「さようなら」の言い方ですが、もともとは「安寧にお行きくださいませ」という意味です。

✱ 返事 ✱

🔊 17 はい／いいえ

Yes(, it is). / No(, it isn't).
イエス（イティズ）／ノゥ（イッイズンッ）

★「A は B ですか？」などと尋ねられときの肯定と否定の言い方です。（　）内も含めてフルセンテンスで答える方が、より丁寧に響きます。

Shì. / Bù.
是。／不。
シー／ブゥ

★中国語では、日本語の「はい／いいえ」のように決まった言い方はなく、疑問文で使われる動詞、形容詞によって返答の仕方が異なります。"是"と"不"は最も基本的な表現ですが、詳しくは p. xii もご参照ください。

네, / 아뇨,
ネ／アーニョ

★どんな場合でも日本語と同じ感覚で使えます。「はい」と言うときは、"네／ネ"のかわりに、より改まった"예／イェー"も使えます。

🔊 18 はい、ございます／いいえ、ありません

Yes(, we do). / No(, we don't).
イエス（ウィードゥ）／ノゥ（ウィードンッ）

★"Do you have ～?"（～はありますか？）という質問に対する肯定と否定の言い方です。

Yǒu. / Méiyou.
有。／没有。
ヨウ／メイヨウ

★"有～吗?／Yǒu...ma?／ヨウ マ"や、"有没有～?／Yǒuméiyou...?／ヨウメイヨウ（～はありますか?）という質問に対する返事です。商品が品切れの場合には、"没有／メイヨウ"に"了／le／ラ"をつけて、"没有了. ／Méiyou le. ／メイヨウラ"（なくなりました）と言います。

있습니다. / 없습니다.
イッスムニダ／オプスムニダ

★それぞれ「います」や「いません」の意味もあります。女性的で柔らかい言い方では、"있어요. ／イッソヨ"（あります、います）、"없어요. ／オプソヨ"（ありません、いません）となります。

🔊 19 かしこまりました

Certainly.
サートゥンリー

★お客様から何か頼まれたときに、快諾したことを伝える丁寧な応対表現です。ほかに、"With pleasure."（喜んで）という言い方もあります。

Hǎo de.
好的。
ハオダ

★了承の意を示す表現です。"知道了. ／Zhidao le. ／ヂーダオラ"（わかりました）とも言えます。また、"好的."のあとに"遵命. ／Zūnming. ／ヅンミン"（直訳は「命令にしたがいます」）を入れ、"好的，遵命. ／ハオダ ヅンミン"と言うと、より丁寧です。

알겠습니다.
アルゲッスムニダ

★しっかりと、改まった響きがあり、"알았습니다. ／アラッスムニダ"（わかりました）よりも望ましい表現です。

🔊20 はい、どうぞ

Certainly.
サートゥンリー

★お客様から「〜してもいいですか?」などと尋ねられたときに、了解したことを伝えるフレーズです。

Kěyǐ, qǐng.
可以,请。
クァイー チン

★"可以/クァイー"は「できる、可能である」という意味です。"可以,请。"で、「結構です、どうぞ」という意味を表します。

네, 됩니다.
ネ トェムニダ

★または"돼요./トェヨ"。両方とも「(〜しても)いいです」の「いいです」の意。いろんな場面に使える「どうぞ!」という便利な表現はありません。

🔊21 申し訳ありませんが、できかねます

I'm afraid not.
アイム アフレイッ ナッ

★「〜してもらえますか?」という依頼や、「〜してもいいですか?」という要求に対するNoの答え方です。以下の中国語・韓国語訳も同様の状況で使います。

Duìbuqǐ, bù kěyǐ.
对不起,不可以。
ドゥイブチィ ブゥクァイー

★"不可以。"(できません)は、単独ではややきつい響きなので、前に"对不起。"(申し訳ありません)をつける方がいいでしょう。また、"不可以。"のかわりに"无法满足您。/Wúfǎ mǎnzú nín./ウゥファー マンヅゥニン"(あなたを満足させる方法がありません)と言う方が、より丁寧で接客向きです。

죄송합니다만, (그건) 안 됩니다.
チェソンハムニダマン (クゴン) アンドェムニダ

★「申し訳ありませんが、(それは)駄目です」の意味です。

🔊22 問題ありません

No problem.
ノゥ プロブレム

★相手から何か頼まれたときの肯定の返事として、また、謝罪への返事として使います。

Méi wèntí.
没问题。
メイウェンティー

★「問題ありません、大丈夫です」という意味です。

문제없습니다.
ムンジェ オプスムニダ

★"문제/ムンジェ"は、漢字語で「問題」です。

＊わからないとき＊

🔊 23 もう一度おっしゃってください

I beg your pardon?
アイ ベッ ユア パードゥン

★お客様の言っていることがよく聞こえなかったり、意味がわからなかったときに使う、丁寧な訊き方です。語尾を上げます。

Qǐng zài shuō yí biàn.
请再说一遍。
チン ヅァイシュオ イービエン

★動詞 "说 / シュオ"（話す）をはっきり発音してください。"一遍 / イービエン" は「はじめから終わり終わりまでひととおり」という意味です。

다시 한 번 말씀해 주시겠습니까?
タシ ハンボン マルスメ ジュシゲッスムニッカ

★長くて大変な場合は、単に語尾を上げて優しく "네? / ネ" (え？) とだけ言っても気持ちはわかってはもらえるでしょう。

🔊 24 こちらに書いていただけますか？

Could you write it here?
クデュー ライティッ ヒア

★お客様とうまくコミュニケーションが取れないとき、筆談が効果的なことがあります。紙とペンを渡しながらお願いしましょう。

Qǐng xiězài zhèli.
请写在这里。
チン シエ ヅァイ ヂョアリ

★動詞 "写 / シエ"（書く）をはっきり発音してください。"这里 / ヂョアリ" は「ここ」です。

여기다 좀 써 주시겠습니까?
ヨギダ ジョム ソ ジュシゲッスムニッカ

★優しく丁寧な言い方です。ほかの動詞を用いて、"적어 주시겠습니까? / チョゴジュシゲッスムニカ" と言っても構いません。

🔊 25 こちらをご覧いただけますか？

Could you take a look?
クデュー テイカルッ

★筆談するときにこちらの書いたものをご覧いただいたり、各国語の案内をご覧いただきたいときなどに使えるフレーズです。

Qǐng nín kàn yíxià zhèi ge.
请您看一下这个。
チン ニン カンイーシア ヂェイガ

★動詞 "看 / カン"（見る）をはっきり発音してください。"一下 / イーシア" は「ちょっと」、"这个 / ヂェイガ" は「これ」です。

이걸 한 번 봐 주시겠습니까?
イゴル ハンボン ポア ジュシゲッスムニッカ

★ "이걸 / イゴル" は「これを」の意味。場所「ここを」なら、"여길 / ヨギル"。

🔊 26 指さして示していただけますか？

Could you point at the one you want?
クデュー ポインッ アッ ザ ワン ユー ウォンッ

★相手の言うことがよくわからないとき、指で示してもらうための表現。最後を"the one you mean"としてもOK。

Qǐng nín zhǐ yíxià.
请您指一下。
チン ニン ヂーイーシア

★[動詞]"指/チー"(指さす)をはっきり発音してください。

어느 건지 손가락으로 짚어 주시겠습니까?
オヌ ゴンジ ソンカラグロ チッポ ジュシゲッスムニッカ

🔊 27 もう少しゆっくりお願いいたします

Could you speak more slowly?
クデュー スピーッ モア スロウリー

★"Speak more slowly, please."も OK。

Qǐng nín shuō màn yìdiǎnr.
请您说慢一点儿。
チン ニン シュオ マン イーディアル

★"说/シュオ"(話す)と"慢/マン"(ゆっくり)をはっきりと発音してください。"一点儿/イーディアル"は「少し」の意味です。

좀 더 천천히 말씀해 주십시오.
チョム ド チョンチョニ マルスメ ジュシプシオ

★"말씀해 주십시오./マルスメ ジュシプシオ"は「おっしゃってください」という意味。

🔊 28 日本語[英語／中国語／韓国語]を話されますか？

Do you speak Japanese [English]?
ドゥ ユー スピーク ジャパニーズ[イングリシュ]

Nín huì shuō Rìwén [Zhōngwén] ma?
您会说日文[中文]吗？
ニン ホイ シュオ リーウェン[ヂォンウェン]マ

★肯定の返事は"会。/ホイ"(できます)、否定の返事は"不会。/ブゥホイ"(できません)です。「日本語」は"日语/Rìyǔ/リーユィ"、「中国語」は"汉语/Hànyǔ/ハンユィ"とも。

일본어[한국어]를 할 줄 아십니까?
イルボノ[ハングゴ]ルル ハルチュル アシムニッカ

★"한국어/ハングゴ"(韓国語)は、"한국말/ハングンマル"(韓国の言葉)とも言います。

🔊 29 英語[中国語/韓国語]はわかりません

I can't speak English.
アイ キャーンッ スピーク イングリシュ

★「中国語、韓国語がわからない」という場合は"Chinese" "Korean"を入れてください。

Wǒ bù dǒng Zhōngwén.
我不懂中文。
ウォ ブゥドン ヂォンウェン

★"不懂/ブドン"(わからない)をはっきりと発音してください。

한국어는 할 줄 모릅니다.
ハングゴヌン ハルチュル モルムニダ

★「韓国語は話すことができません」という意味で、単に"모릅니다./モルムニダ"(わかりません)、"못합니다./モタムニダ"(できません)という表現より丁寧に響きます。

🔊 30 英語[中国語/韓国語]は少しできます

I speak a little English.
アイ スピーク ア リトゥ イングリシュ

★英語が少しできることを伝える言い方です。"I can't speak English."よりお客様に安心感を与えます。"a little"は「ほんの少し」。

Wǒ huì shuō yìdiǎnr Zhōngwén.
我会说一点儿中文。
ウォ ホイ シュオ イーディアル ヂォンウェン

★"会说/ホイ シュオ"(話せる)をはっきりと発音してください。

한국어는 조금 할 수 있습니다.
ハングゴヌン チョグム ハルス イッスムニダ

★"할 수 있습니다./ハルス イッスムニダ"のかわりに"압니다./アムニダ"(わかります)、"합니다./ハムニダ"(します)も使えます。

🔊 31 英語[中国語/韓国語]のできる者を呼んでまいります

I'll get someone who speaks English.
アイゥ ゲッ サムワン フー スピークス イングリシュ

★具体的な説明を求められるときには迅速に担当できる人を呼んで、お客様の希望に対応することが大切です。

Wǒ jiào dǒng Zhōngwén de rén lái.
我叫懂中文的人来。
ウォ ジアオ ドン ヂォンウェンダレン ライ

★"叫/ジアオ"は「呼ぶ」という意味です。

한국어 할 줄 아는 사람을 불러 오겠습니다.
ハングゴ ハルチュル アヌン サラムル プルロ オゲッスムニダ

きほんの接客　わからないとき

🔊 32 係の者を呼んでまいります

I'll call the person in charge.
アイゥ コーゥ ザ パーソン イン チャージ

★ "the person in charge" は「担当者」または「責任者」の意味。

Wǒ jiào zhǔguǎn lái.
我叫主管来。
ウォ ジアオ チュゥグワン ライ

★ "主管/チュゥグワン" は「責任者」の意味です。

담당자를 불러 오겠습니다.
タムダンジャルル プルロ オゲッスムニダ

★「係の者」の "담당자/タムダンジャ" は、〈担当者〉という漢字語。

コラム：わからないときは日本語で！

　外国語が話せないことがコンプレックスになっている場合があります。うまく発音ができなかったり、自分の言いたいことがうまく言葉にならなかったりすると、「できない！」とパニックになってしまうのです。そのため、お客様を避けたり、貝のように押し黙ってしまいがちです。
　海外からのお客様に声をかけられたときに、言葉がわからないからといって黙ってしまうよりも、堂々と日本語で対応することをお勧めします。なぜなら、外国語はあくまでも道具であって、伝えたいことはあなたの hospitality（もてなしの心）だからです。
　「日本語でもかまわない」と思うと気持ちが楽になって、聞きとれないと思っていたお客様の言葉も、少し理解できるようになったりします。リラックスすることで、外国語とも仲良くすることができるのです。そのためにも、まずは日本語で一生懸命お客様に声をかけましょう。必ずコミュニケーションが生まれていきます。
　また、指さしや筆談でのコミュニケーションも便利です。その場合にも、無言で指さしたり紙を渡したりするよりも、日本語を言いながらの方が、「伝えようとする姿勢」が相手に伝わるのではないでしょうか？

✲会計✲ (⇒詳しくは p. 96-99)

🔊 33 合計金額はこちらです（金額を指さしながら）

This is the total.
ディス イズ ザ トータゥ

★レジの表示や、紙にメモした数字を指さしながら使えます。また、「勘定書」"bill"を差し出すときは、"Here's your bill."と言います。「合計〜円です」のように具体的な金額を入れて言う場合は、p. 96 をご参照ください。

Zhè shì zǒnggòng de jīn'é.
这是总共的金额。
ヂョアシー ゾンゴンダ ジンウァー

★「これは合計の金額です」の意。「合計〜円です」と金額を入れて言う場合は "一共〜日元。/ Yígòng...riyuán. / イーゴン リーユエン" と言います。

총 금액은 이렇습니다.
チョングメグン イロッスムニダ

★「総金額はこうです」の意味です。

🔊 34 おつりとレシートでございます

Here's your change and receipt.
ヒアーズ ユア チェインジ アンッ レスィート

★レジで、おつりとレシートをお渡しするときの決まり文句です。

Zhè shì zhǎo nín de língqián hé shōujù.
这是找您的零钱和收据。
ヂョアシー チャオニンダ リンチエン ホァ ショウジュイ

★"零钱 / リンチエン"（おつり）と "收据 / ショウジュィ"（レシート）をはっきり伝えましょう。

거스름돈하고 영수증입니다.
コスルムトナゴ ヨンスジュんイムニダ

★「レシート」は、普通 "영수증〈領収証〉/ ヨんスジュん" と、漢字語を使います。

✱お詫び✱

🔊35 申し訳ございません

I'm sorry.
アイム ソゥリー

★日本語では「申し訳ありません」が頻繁に使われますが、英語では自分に落ち度があったときのみです。「本当に申し訳ありません」と言うときは、"I'm terribly [very] sorry."となります。

Duìbuqǐ.
对不起。
ドゥイブチィ

★まずは"对不起。/ ドゥイブチィ"を覚えてください。"实在抱歉。/ Shízài bàoqiàn. / シーヅァイ バオチエン"(本当に申し訳ありません)と言うと、より丁寧です。

죄송합니다.
チェソンハムニダ

★前に、"정말 / チョンマル"(本当に)を組み合わせて使うことも多いです。"すみません"と、もう少し軽く謝罪するときは、"미안합니다. / ミアナムニダ"と言います。

🔊36 私どもの手違いです

It was our mistake.
イッワズ アワー ミステイク

Shì wǒmen de chācuò.
是我们的差错。
シー ウォメンダ チャアツオ

★"差错 / チャアツオ"は「過ち、間違い」の意味です。

저희들의 실수입니다.
チョイドゥレ シルスイムニダ

★"실수"は〈失手〉と書く漢字語で、「失敗」や「ミス」といった意味です。

🔊37 ご迷惑をおかけし、申し訳ありません

We are sorry for the inconvenience.
ウィアー ソゥリー フォー ジ インコンヴィニエンス

Gěi nín tiān máfan le, duìbuqǐ.
给您添麻烦了，对不起。
ゲイニン ティエン マァファンラ ドゥイブチィ

★「あなたにご迷惑をおかけしました、申し訳ありません」という意味です。

폐를 끼쳐 드려서, 대단히 죄송합니다.
ペルル キチョドゥリョソ テダニ チェソンハムニダ

🔊38 以後気をつけます

We'll be more careful in the future.
ウィゥ ビー モア ケアフゥ イン ザ フューチャー

★ "We promise it won't happen again."（二度とこのようなことがないようにいたします）も覚えておきましょう。

Jīnhòu yídìng zhùyì.
今后一定注意。
ジンホウ イーディン ヂュウイー

★ "一定/イーディン"は「きっと、必ず」、"注意/ヂュウイー"は「気をつける」という意味です。

앞으로 주의하겠습니다.
アプロ チュイハゲッスムニダ

★ "주의"は漢字語で〈注意〉。直訳で「これから注意いたします」の意味です。

コラム：謝罪の文化

　日本語の接客では、「すみません」「申し訳ございません」「お待たせいたしました」などという謝罪の表現を頻繁に使います。特に、この「すみません」という表現は、短い言葉ですが用途が広いこともあり、日常生活でも接客の上でも非常によく使われます。

　しかし、英語では"I'm sorry."をあまり使わないことをお勧めします。日本語の「すみません」には、"Thank you."（感謝）、"Excuse me."（呼びかけ）、"I'm sorry."（謝罪）の３つの意味があります。日本語の「すみません」の意味では、感謝の"Thank you."が実は一番多いのです。状況に応じて意味を考え、この３つをきちんと使い分けることが大切です。接客の心は"Thank you."です。

　中国語の謝罪の言葉としては、とりあえず"**对不起**。/Duìbuqǐ. /ドゥイブチィ"、また"**抱歉**。/Bàoqiàn. /バオチエン"を覚えておきましょう。"**对不起**"は本来、「相手に顔向けができないほど申し訳ない」という意味の言葉です。最近は欧米の影響などもあって、外国人に対しては「ちょっと失礼」くらいの意味で使うこともあるようですが、基本的には、「相手に対して本当に申し訳ない」という、ここぞのときに使ってください。言い過ぎるとかえって信頼感を失います。

　韓国語の謝罪の表現は、"**미안합니다.** / ミアナムニダ"と"**죄송합니다.** / チェソンハムニダ"の２つがよく使われます。後者の方がより恐縮している感じです。謝罪に限らない日本語の「すみません」と違って、いずれも謝る時にしか使いません。しかも、韓国人にとって謝罪は基本的に、「自分が非を認めた上で、ある種の責任を覚悟して行うもの」との意識があり、心理的にかなり重いものなので、気軽に口にしたがらない傾向があります。しかし、怒っているお客様相手なら、とりあえず"**죄송합니다.** / チェソンハムニダ"と謝罪するしかないでしょう。

予約（受付）

reservation リザヴェイション	预订 yùdìng ユーディン	예약 イェーヤク

① スカイホテル、予約係でございます

Nínhǎo, zhèli shi Sky fàndiàn kèfángbù.
您好，这里是 Sky 饭店客房部。
ニンハオ ジョアリィシー スカイファンディエン クァファンブゥ

Sky Hotel, reservations. May I help you?
スカイ ホウテゥ リザヴェイションズ メイアイ ヘゥプ ユー

스카이 호텔 예약 담당입니다.
スカイ ホテル イェーヤク タムダンイムニダ

② フロントデスクにおつなぎします

Xiànzài wèi nín zhuǎndào fúwùtái.
现在为您转到服务台。
シエンツァイ ウェイニン ヂュワンダオ フゥウータイ

Let me put you through to the front desk.
レッミー プッ ユー スルー トゥ ザ フロンッ デスク

프런트로 연결해 드리겠습니다.
プロントゥロ ヨンギョレ ドゥリゲッスムニダ

③ いつのご予約ですか？

Nín dǎsuan dìng něi tiān?
您打算订哪天？
ニン ダァスワン ディン ネイティエン

For which date would that be, sir [ma'am]?
フォー ウイッチ デイッ ウッ ザッ ビー サー [マム]

몇 일로 예약하시겠습니까？
ミョチロ イェーヤッカシゲッスムニッカ

④ 5月3日日曜日から4日月曜日でございますね？

Shi wǔyuè sān hào xīngqītiān dào sì hào xīngqīyī ma?
是五月三号星期天到四号星期一吗？
シー ウーユエサンハオ シンチーティエン ダオ スーハオ シンチーイーマ

From Sunday, May 3rd, to Monday 4th.
フロム サンデイ メイ サード トゥ マンデイ フォース

5 월 3 일 일요일부터, 4 일 월요일까지시죠？
オーウォル サミル イリョイルブト サーイル ウォリョイルカジシジョ

⑤ 何名様ですか？

Nín jǐ wèi?
您几位？
ニン ジィウェイ

How many are there in your party?
ハウ メニィ アー ゼア イン ユア パーティ

몇 분이십니까？
ミョップニシムニッカ

⑥ どのようなお部屋になさいますか？

Nín yào dìng shénmeyàng de fángjiān?
您要订什么样的房间？
ニン ヤオディン シェンマヤンダ ファンジエン

What kind of room would you like?
ワッ カインッ オヴ ルーム ウデュー ライッ

어떤 방으로 하시겠습니까？
オットン バヌロ ハシゲッスムニッカ

⑦ お部屋はシングル、ダブル、ツインがございます

Yǒu dānrénfáng, shuāngrénchuángfáng hé shuāngrénfáng.
有单人房、双人床房和双人房。
ヨウ ダンレンファン シュワンレンチュアンファン ホア シュワンレンファン

We have single, double and twin rooms.
ウィーハヴ シンゴゥ ダボゥ アンッ トゥイン ルームズ

방은 싱글, 더블, 트윈이 있습니다.
バウン シングル トブル トゥウィニ イッスムニダ

⑧ 1名様、シングルのお部屋に1泊でございますね？

Shì yí wèi, dìng dānrénfáng, zhù yì xiǔ, duì ba?
是一位，订单人房，住一宿，对吧？
シー イーウェイ ディンダンレンファン ヂュイーシウ ドゥイバ

1-night stay in a single room for 1 person, right?
ワンナイッ ステイ イン ア シンゴゥルーム フォー ワン パーソン ライッ

한 분이, 싱글룸에 1 박하시는 거죠？
ハンブニ シングルメ イルバカシヌンゴジョ

🔊 1

⑨ 喫煙ルームと禁煙ルーム、どちらがよろしいですか？	Would you like a smoking or non-smoking room? ウデュー ライッ ア スモーキンッ オア ノンスモーキンッ ルーム
Yào xīyān fángjiān, háishi jìnyān fángjiān? 要吸烟房间，还是禁烟房间？ ヤオ シーイエンファンジエン ハイシー ジンイエンファンジエン	흡연 룸하고 금연 룸 어느 쪽으로 하시겠습니까? フビョン ルムハゴ クミョン ルム オヌチョグロ ハシゲッスムニッカ

⑩ お調べいたします。そのまま少々お待ちください	Let me check. Hold the line, please. レッ ミー チェッ ホウルド ザ ライン プリー
Gěi nín chá yíxià. Qǐng shāo hòu. 给您查一下。请稍候。 ゲイニン チャア イーシア チン シャオホウ	찾아보겠습니다. 잠시만 기다려 주십시오. チャジャボゲッスムニダ チャムシマン キダリョ ジュシプシオ

⑪ お待たせいたしました。お部屋をお取りできます	Thank you for waiting. The room is available. サンキュー フォー ウェイティンッ ザ ルーム イズ アヴェイラブゥ
Ràng nín jiǔ děng le. Kěyǐ wèi nín dìng fángjiān. 让您久等了。可以为您订房间。 ランニン ジウデゥンラ クァイー ウェイニン ディン ファンジエン	오래 기다리셨습니다. 방을 예약하실 수 있습니다. オレ キダリショッスムニダ パンウル イェーヤッカシルス イッスムニダ

⑫ あいにくダブルは満室となっております	We're sorry, but all the double rooms are booked. ウィア ソーリィ バッ オーゥ ザ ダブゥ ルームズ アー ブックッ
Duìbuqǐ, shuāngrénchuángfáng yǐjīng dìngmǎn le. 对不起，双人床房已经订满了。 ドゥイブチィ シュワンレンチュアンファン イージン ディンマンラ	죄송합니다만, 더블은 빈 방이 없습니다. チェソンハムニダマン トブルン ピンパンイ オプスムニダ

⑬ キャンセル待ちなさいますか？	Would you like to be put on a waiting list? ウデュー ライッ トゥ ビー プッ オン ア ウェイティンッ リスッ
Nín yào děng kòngfáng ma? 您要等空房吗？ ニン ヤオ デゥン コンファンマ	방이 날 때까지 대기하시겠습니까? パンイ ナルテカジ テギハシゲッスムニッカ

ワードバンク ホテル予約 (1)

セミダブル	small double bed スモーゥ ダブゥ ベッ	加宽单人床 jiākuān dānrénchuáng ジアクワン ダンレンチュアン	세미더블 セミドブル
スタンダード	standard スタンダードゥ	标准 biāozhǔn ビアオヂュン	스탠더드룸 ステンドドゥルム
デラックス	deluxe ディラクス	高级 gāojí ガオジィ	디럭스룸 ティロックスルム
スイート	suite スウィーッ	套间 tàojiān タオジエン	스위트룸 スウィトゥルム
バス付き[なし]	with [without] a bath ウィズ[ウィザウッ] ア バス	带[不带]浴室 dài [bú dài] yùshì ダイ[ブダイ]ユーシー	욕실이 있는[없는] 방 ヨクシリ インヌン[オムヌン] パン
眺めの良い	with a nice view ウィザ ナイス ヴュー	观景好 guānjǐng hǎo グアンジン ハオ	경치가 좋은 キョンチガ チョウン
空室	vacancy ヴェイキャンスィー	空房 kòngfáng コンファン	빈 방 ピンパン
満室	no vacancies ノゥ ヴェイキャンスィーズ	住满 zhùmǎn ヂュマン	만실 マンシル
大人	adult アダゥトゥ	大人 dàrén ダァレン	어른 オルン
子供	child チャイゥッ	儿童 értóng アルトン	어린이 オリニ
団体	group グループ	团体 tuántǐ トゥアンティ	단체 タンチェ

予約（料金・キャンセル）

① 1泊お1人様1万2000円となっております
Yí ge rén yī xiǔ yīwàn liǎngqiān rìyuán.
一个人一宿一万两千日元。
イーガレン　イーシウ　イーワン　リアンチエンリーユエン

It's 12,000 yen a night per person.
イッツ　トゥエルヴ　サウザンッ　イエン　ア　ナイッ　パー　パーソン

1 박 요금이 1 인당 12000 엔입니다.
イルパク　ヨグミ　イリンダン　マーニチョネニムニダ

② 平日[週末]は1泊7000円でございます
Píngrì [Zhōumò] yī xiǔ qīqiān rìyuán.
平日[周末]一宿七千日元。
ピンリー[ヂョウモォ]　イーシウ　チィチエンリーユエン

It's 7,000 yen per night on weekdays [weekends].
イッツ　セヴンサウザンッイエン　パー　ナイッ　オン　ウィークデイズ[ウィーケンズ]

평일[주말]은 1 박 7000 엔입니다.
ピョンイ[チュマ]ルン　イルパク　チルチョネニムニダ

③ 部屋ごとではなく、1名様ごとの料金です
Zhè shì yí ge rén de jiàgé, bú shì měi ge fángjiān de.
这是一个人的价格，不是每个房间的。
ヂョアシー　イーガレンダ　ジアグァ　ブシー　メイガファンジエンダ

The rate is per person, not per room.
ザ　レイッ　イズ　パー　パーソン　ノッ　パー　ルーム

방 하나의 요금이 아니고 1 인당 요금입니다.
パン　ハナエ　ヨグミ　アニゴ　イリンダン　ヨグミムニダ

④ 料金には税金とサービス料が含まれています
Fángfèi lǐ bāohán shuìjīn hé fúwùfèi.
房费里包含税金和服务费。
ファンフェイリ　バオハン　シュイジン　ホァ　フウゥフェイ

The rates include tax and service charge.
ザ　レイッ　インクルードゥ　タックス　アンッ　サーヴィス　チャージ

요금에는 세금과 서비스 요금이 포함돼 있습니다.
ヨグメヌン　セグムグァ　ソビス　ヨグミ　ポハムドェ　イッスムニダ

⑤ 10%のサービス料と税金が加算されます
Yào zài jiā bǎi fēn zhī shí de fúwùfèi hé shuìjīn.
要再加百分之十的服务费和税金。
ヤオザイジア　バイフェンジーシーダ　フウゥフェイ　ホァ　シュイジン

A 10% service charge and tax will be added.
ア　テン　パーセンッ　サーヴィス　チャージ　アンッ　タックス　ウィゥビー　アディッ

10 퍼센트 서비스 요금하고 세금이 붙습니다.
シァポセントゥ　ソビス　ヨグマゴ　セグミ　プッスムニダ

⑥ 料金は朝食と夕食込みでございます
Zhùsùfèi lǐ bāohán zǎocān hé wǎncān.
住宿费里包含早餐和晚餐。
ヂュウスゥフェイリ　バオハン　ヅァオツァン　ホァ　ワンツァン

The rate includes breakfast and dinner.
ザ　レイッ　インクルーヅ　ブレックファスト　アンッ　ディナー

요금에는 아침식사와 저녁식사가 포함돼 있습니다.
ヨグメヌン　アチムシクサワ　チョニョクシクサガ　ポハムドェ　イッスムニダ

⑦ 朝食[夕食]代は2000円でございます
Zǎocān [Wǎncān] shì liǎngqiān rìyuán.
早餐[晚餐]是两千日元。
ヅァオツァン[ワンツァン]　シー　リアンチエンリーユエン

Breakfast [dinner] is available for 2,000 yen.
ブレックファスト[ディナー]　イズ　アヴァイラブゥ　フォー　トゥー　サウザンッ　イエン

아침 식사[저녁 식사] 요금은 2000 엔입니다.
アチムシクサ[チョニョク　シクサ]　ヨグムン　イチョネニムニダ

⑧ 連泊の場合、割引がございます
Liánxù zhùsù yǒu yōuhuì.
连续住宿有优惠。
リエンシュイ　ヂュウスゥ　ヨウ　ヨウホイ

There's a discount if you stay for 2 nights or more.
ゼアーズ　ア　ディスカウンッ　イフユー　ステイ　フォー　トゥーナイッ　オア　モア

2 박이상 하실 경우에는 할인이 됩니다.
イーバクイサン　ハシル　キョンウエヌン　ハリニ　ドェムニダ

⑨ （代金の）10%を前金としてクレジットカードに請求いたします

A 10% deposit will be charged to your credit card.
ア テンパーセンツ ディポジッ ウィゥビー チャージッ トゥ ユア クレディッカーツ

Cóng xìnyòngkǎ shōuqǔ bǎi fēn zhī shí de yùfùkuǎn.
从信用卡收取百分之十的预付款。
ツォンシンヨンカー ショウチュイ バイフェンチースーダユー フゥクワン

10 퍼센트를 선금으로 신용 카드에 청구하겠습니다.
シア ポセントゥルル ソングムロ シンヨンカドゥエ チョングハゲッスムニダ

⑩ 無断キャンセルの場合、全額をいただきます

The full rate is charged if you cancel without notice.
ザ フル レイツ イズ チャージドゥ イフユー キャンセゥ ウィザウツ ノゥティス

Qǔxiāo yùyuē bù tōngzhī wǒmen, yào fù quán'é.
取消预约不通知我们，要付全额。
チュイシアオ ユーユエ ブゥトンチーウォメン ヤオフゥ チュエンウァ

무단으로 캔슬하실 경우, 전액을 내셔야 합니다.
ムダヌロ ケンスラシル キョンウ チョネグル ネショヤ ハムニダ

⑪ 3日前まではキャンセル料はかかりません

There's no cancellation fee up to 3 days before arrival.
ゼアズ ノゥキャンセレイションフィー アップトゥ スリーデイズ ビフォー アライヴァゥ

Zuì wǎn sān tiān qián qǔxiāo, bù shōu qǔxiāofèi.
最晚三天前取消，不收取消费。ツイワン
サンティエンチエン チュイシアオ ブゥショウ チュイシアオフェイ

3일 전까지는 캔슬 요금을 받지 않습니다.
サミルジョンカジヌン ケンスル リョグムル パッチ アンスムニダ

⑫ 前日にキャンセルした場合、キャンセル料がかかります

You'll be charged if you cancel the day before arrival.
ユーゥビー チャージドゥ イフユー キャンセゥ ザ デイ ビフォー アライヴァゥ

Qián yì tiān qǔxiāo, yào shōu qǔxiāofèi.
前一天取消，要收取消费。
チエンイーティエン チュイシアオ ヤオショウ チュイシアオフェイ

전날 캔슬하실 경우에는 캔슬 요금이 부과됩니다.
チョンナル ケンスラシル キョンウエヌン ケンスル ヨグミ プグァドェムニダ

⑬ 当日のキャンセル料は代金の50%です

50% is charged if you cancel on arrival date.
フィフティパーセンツ イズ チャージドゥ イフユーキャンセゥ オン アライヴァゥデイツ

Dàngtiān qǔxiāo, shōu bǎi fēn zhī wǔshí de fèiyòng.
当天取消，收百分之五十的费用。ダンティエンチュイシアオ ショウ バイフェンチーウゥシーダ フェイヨン

당일 캔슬 요금은 50 퍼센트를 받습니다.
タンイル ケンスルリョグムン オーシプ ポセントゥルル パッスムニダ

⑭ 変更、キャンセルの際は（お早めに）ご連絡ください

Call us if you need to cancel or change the booking.
コーゥ アス イフ ユー ニーットゥ キャンセゥ オア チェインジ ザ ブッキン

Xūyào biàngēng huò qǔxiāo, qǐng tíqián liánxì.
需要变更或取消，请提前联系。シュイヤオ
ビェングン フォ チュイシアオ チン ティーチェン リェンシィ

변경, 취소 시에는 빨리 연락을 주십시오.
ピョンギョン チゥィソ シエヌン パルリ ヨルラグル チュシプシオ

ワードバンク　ホテル予約（2）

休前日	the day before a holiday ザ デイ ビフォー ア ホリデイ	节假日的前一天 jiéjiàrì de qián yì tiān ジエジアリーダ チエンイーティエン	휴일 전날 ヒュイル ジョンナル
追加料金	surcharge サーチャージ	追加费用 zhuījiā fèiyòng ツゥイジアフェイヨン	추가 요금 チュガ ヨグム
割引料金	reduced rate リデュースト レイツ	折扣价格 zhékòu jiàgé チョオコウ ジアグァ	할인요금 ハリンニョグム
消費税	consumption tax コンサンプション タックス	消费税 xiāofèishuì シアオフェイシュイ	소비세 ソビセ
宿泊税	hotel tax ホゥテゥ タックス	住宿税 zhùsùshuì ジュゥスゥシュイ	숙박세 スクパクセ
返金可	refundable リファンダボゥ	可以退款 kěyǐ tuìkuǎn クァイー トゥイクワン	환불 가능 ファンブル カヌン

予約（確認）

① ご予約内容を確認いたします
Let me confirm your reservation.
レッ ミー コンファーム ユア リザヴェイション

Wèi nín quèrèn yíxià yùdìng nèiróng.
为您确认一下预订内容。
ウェイニン チュエレン イーシア ユイディン ネイロン

예약 내용을 확인하겠습니다.
イェーヤンネヨンウル ファギナゲッスムニダ

② 1名様で、シングルのお部屋、AからBまでの1泊ですね？★
A single room for 1 person, 1-night stay from A to B.
ア シングゥ ルーム フォー ワンパーソン ワンナイッ ステイ フロム エイ トゥ ビー

Yí wèi, dānrénfáng, cóng A dào B zhù yì xiǔ ma?
一位，单人房，从A到B住一宿吗？
イーウェイ ダンレンファン ツォンエイダオビー ジュウイーシウマ

한 분이 싱글룸에 A부터 B까지 1박하시는 거죠？
ハンブニ シングルルメ エイブト ビカジ イルバカシヌン ゴジョ

③ お名前[電話番号]をお願いいたします
Could I have your name [phone number], please?
クダイ ハヴ ユア ネイム [フォン ナンバー] プリー

Qǐng gàosu wǒ nín de xìngmíng [diànhuà hàomǎ].
请告诉我您的姓名[电话号码]。
チン ガオス ウォ ニンダ シンミン [ディエンホワ ハオマァ]

성함이[전화번호가] 어떻게 되십니까？
ソンハミ [チョヌァボノガ] オットッケ デシムニッカ

④ 名字[お名前]のスペルを教えていただけますか？
Could you spell out your last name [first name]?
クデュー スペゥ アウッ ユア ラスッネイム [ファースッネイム]

Nín de xìng [míngzi] zěnme pīnxiě?
您的姓[名字]怎么拼写？
ニンダ シン [ミンツ] ゼンマ ピンシエ

성을[성함을] 영문으로 좀 불러 주시겠습니까？
ソンウル [ソンハムル] ヨンムヌロ ジョム ブルロ ジュシゲッスムニッカ

⑤ 以上でお間違いございませんでしょうか？
Would that be correct (, Mr. [Ms.]…)?
ウドゥ ザッ ビー コレクトゥ （ミスター [ミズ]）

Yǐshàng nèiróng méiyou wèntí ba?
以上内容没有问题吧？
イーシャン ネイロン メイヨウ ウェンティーバ

이상, 틀림없으십니까？
イサン トゥルリムオプスシムニッカ

⑥ ご予約の保証にはクレジットカードが必要です
We need a credit card to guarantee your reservation.
ウィ ニードゥ ア クレディッ カーッ トゥ ギャランティー ユア リザヴェイション

Yùdìng fángjiān xūyào nín de xìnyòngkǎ.
预订房间需要您的信用卡。
ユーディン ファンジエン シュイヤオ ニンダ シンヨンカァ

예약하실 때 신용카드가 필요합니다.
イェーヤカシルテ シニョンカドゥガ ピリョハムニダ

⑦ ビザ、マスターのみ取り扱っております
We only accept Visa and Master cards.
ウィ オンリー アクセプト ヴィザ アンッ マスター カーツ

Běndiàn zhǐ néng shǐyòng Visa kǎ hé Master kǎ.
本店只能使用Visa卡和Master卡。
ベンディエン ヂーヌォン シーヨン ヴィザカァ ホア マスターカァ

신용 카드는 비자하고 마스터만 받습니다.
シニョンカドゥヌン ビジャハゴ マストマン パッスムニダ

⑧ カード番号[メールアドレス]をお願いいたします
May I have your credit card number [email address]?
メィアイ ハヴ ユア クレディッ カーツ ナンバー [イーメイゥ アドレス]

Qǐng gàosu wǒ nín de kǎhào [diànyóu dìzhǐ].
请告诉我您的卡号[电邮地址]。
チン ガオス ウォ ニンダ カァハオ [ディエンヨウ ディーヂー]

카드 번호[메일 주소]가 어떻게 되십니까？
カドゥボノ [メイル ジュソ] ガ オットッケ デシムニッカ

★ ②のAとBには、該当する日付を入れて使ってください。

🔊 3

⑨ カードの有効期限はいつですか？
What's the expiration date of your credit card?
ワッツ ジ エクスパレイション デイト オブ ユア クレディッ カーヅ

Xìnyòngkǎ de yǒuxiàoqī dào shénme shíhou?
信用卡的有效期到什么时候？
シンヨンカァダ ヨウシアオチィ ダオ シェンマ シーホウ

카드의 유효 기한은 언제까지입니까？
カドゥエ ユヒョ ギハヌン オンジェカジイムニッカ

⑩ かしこまりました。ご予約を承りました
Certainly. Your reservation is confirmed.
サートゥンリー ユア リザヴェイション イズ コンファームドゥ

Hǎo de. Wèi nín yùdìnghǎo le.
好的。为您预订好了。
ハオダ ウェイニン ユーディンハオラ

알겠습니다. 예약이 잘 되셨습니다.
アルゲッスムニダ イェーヤギ チャル トェショッスムニダ

⑪ 予約確認書をメールでお送りします
We'll send you a confirmation by email.
ウィゥ センデュー ア コンファメーション バイ イーメイゥ

Yùdìngdān yòng diànyóu fāgěi nín.
预订单用电邮发给您。
ユーディンダン ヨン ディエンヨウ ファーゲイ ニン

예약확인서를 메일로 보내 드리겠습니다.
イェーヤガギンソルル メイルロ ポネドゥリゲッスムニダ

⑫ ご到着は何時頃のご予定ですか？
What time will you be arriving?
ワッ タイム ウィリュー ビー アライヴィンッ

Nín yùjì jǐ diǎn dào fàndiàn?
您预计几点到饭店？
ニン ユージィ ジィディエン ダオ ファンディエン

몇 시쯤 도착하십니까？
ミョッシチュム トチャッカシムニッカ

⑬ ご到着が夜7時以降になる場合はお電話ください
Please call us if you're arriving later than 7 p.m.
プリー コーゥアス イフ ユア アライヴィンッ レイターザン セヴンピーエム

Wǎnshang qī diǎn yǐhòu dàodá, qǐng lái diànhuà.
晚上七点以后到达，请来电话。
ワンシャンチィディエン イーホウ ダオダァ チン ライディエンホワ

저녁 7 시 이후에 도착하실 때는 전화를 주십시오.
チョニョク イルゴプシ イフエ トチャカシルテヌン チョヌァルル チュシプシオ

⑭ ありがとうございます。当日のお越しをお待ちしております
Thank you. We'll be looking forward to seeing you.
サンキュー ウィゥ ビー ルッキンッ フォワード トゥ スィーインッ ユー

Xièxie. Wǒmen gōnghòu nín de guānglín.
谢谢。我们恭候您的光临。
シエシエ ウォメン ゴンホウ ニンダ グアンリン

감사합니다. 그럼 당일날 뵙겠습니다.
カムサハムニダ クロム タンイルラル ペアケッスムニダ

ホテル

予約（確認）

コラム：**ギャランティー・リザベーション**

　予約時にお客様のクレジットカード情報を得ることで、到着日まで予約のお部屋を確保するというのがギャランティー・リザベーション（guaranteed reservation）です。この形式で予約を受けた場合、もし予約客が無断でキャンセルした場合でも、ホテル・旅館側はカード会社を通して１泊分を請求することができます。なお、このような不泊の際の違約金を no-show charge と言います。
　日本では一部を除いてそれほど普及していないようですが、欧米では一般的な制度で、海外からのお客様にとってはごく当たり前と考えられているようです。ちなみに、東京・谷中にある澤の屋旅館さんのお話によると、この制度を導入してから不泊の件数が格段に減ったとのことです。不泊の問題に悩んでいる方は、ぜひ導入をご検討されてはいかがでしょうか？

21

予約（案内）

① チェックインは午後3時です
Check-in is at 3 p.m.
チェックイン イズ アッ スリー ピーエム

Xiàwǔ sān diǎn kāishǐ bànlǐ zhùsù dēngjì.
下午三点开始办理住宿登记。
シアウゥ サンディエン カイシー バンリィ ヂュウスゥ デゥンジィ

체크인은 오후 3 시입니다.
チェクイヌン オーフ セーシイムニダ

② チェックアウトは午前11時です
Check-out is at 11 a.m.
チェックアウッ イズ アッ イレヴン エイエム

Tuìfáng shíjiān shì shàngwǔ shíyī diǎn.
退房时间是上午十一点。
トゥイファン シージエン シー シャンウゥ シーイーディエン

체크아웃은 오전 11 시입니다.
チェクアウスン オージョン ヨランシイムニダ

③ ホテルは市の中心部（＝繁華街）にあります
The hotel is located downtown.
ザ ホゥテウ イズ ロケィティッドゥ ダウンタウン

Fàndiàn zài shì zhōngxīn.
饭店在市中心。
ファンディエン ツァイ シーヂォンシン

호텔은 시내 중심부에 있습니다.
ホテルン シーネ チュンシムブエ イッスムニダ

④ ホテルは地下鉄の駅の近くです
The hotel is near the subway station.
ザ ホゥテウ イズ ニア ザ サブウェイ ステイション

Fàndiàn lí dìtiě hěn jìn.
饭店离地铁很近。
ファンディエン リィ ディーティエ ヘンジン

호텔은 지하철역에서 가깝습니다.
ホテルン チハチョルリョゲソ カッカプスムニダ

⑤ 新宿駅から徒歩で10分ほどです
It takes 10 minutes on foot from Shinjuku Station.
イッ テイクス テン ミニッツ オン フッ フロム シンジュク ステイション

Cóng Xīnsù zhàn bùxíng dàgài shí fēnzhōng.
从新宿站步行大概十分钟。
ツォン シンスゥジャン ブゥシン ダァガイ シーフェンヂォン

신주쿠역에서 걸어서 10 분 정도입니다.
シンジュクヨゲソ コロソ シプブン ジョンドイムニダ

⑥ お部屋にはバスタブ[シャワー/トイレ]がございます
The room has a bathtub [shower / toilet].
ザ ルーム ハズ ア バスタブ [シャウアー/トイレッ]

Fángjiān lǐ yǒu yùpén [línyù / xǐshǒujiān].
房间里有浴盆[淋浴/洗手间]。
ファンジエンリ ヨウ ユーペン [リンユー/シーショウジエン]

방에는 욕실이[샤워가/화장실이] 있습니다.
バンエヌン ヨクシリ[シャウォガ/ファジャンシリ] イッスムニダ

⑦ お湯は1日中お使いいただけます
Hot water is available anytime.
ハッ ウォーター イズ アヴェイラブゥ エニィタイム

Èrshísì xiǎoshí yǒu rèshuǐ.
二十四小时有热水。
アルシースー シアオシー ヨウ ルァシュイ

더운 물은 하루 종일 나옵니다.
トウンムルン ハルジョンイル ナオムニダ

⑧ 駐車場[プール]がございます
We have a parking lot [swimming pool].
ウィ ハヴ ア パーキンッ ロッ [スイミンッ プーゥ]

Běndiàn yǒu tíngchēchǎng [yóuyǒngchí].
本店有停车场[游泳池]。
ベンディエン ヨウ ティンチョァチャン [ヨウヨンチー]

주차장이[풀이] 있습니다.
チュチャジャンイ[プリ] イッスムニダ

🔊 4

⑨ 会議室は40名様までご利用いただけます
Huìyìshì néng róngnà sìshí ge rén.
会议室能容纳四十个人。
ホイイーシー ヌォン ロンナァ スーシーガレン

The conference room accommodates up to 40 people.
ザ コンファランス ルーム アコモデイツ アップ トゥ フォーティ ピーポゥ

회의실은 40 명까지 사용 가능합니다.
フェイシルン サーシムミョンカジ サヨン カヌンハムニダ

⑩ ホテルの周りはジョギングが可能です
Fàndiàn zhōuwéi kěyǐ pǎobù.
饭店周围可以跑步。
ファンディエン ヂョウウェイ クァイー パオブゥ

You can jog around the hotel.
ユー キャン ジョグ アラウンッ ザ ホウテゥ

호텔 주위에서는 조깅도 하실 수 있습니다.
ホテル チュウィエソヌン チョギンド ハシルス イッスムニダ

⑪ 室内は喫煙が可能です[できません]
Fángjiān lǐ kěyǐ [bù néng] xīyān.
房间里可以[不能]吸烟。
ファンジエンリ クァイー[ブゥヌォン] シーイエン

You can [can't] smoke in the room.
ユー キャン[キャーンッ] スモーク イン ザ ルーム

실내에서는 담배를 피워도 됩니다[안 됩니다].
シルネエソヌン タムベルル ピウォド デムニダ[アン デムニダ]

⑫ トラベラーズチェックをお使いいただけます
Kěyǐ shǐyòng lǚxíng zhīpiào.
可以使用旅行支票。
クァイー シーヨン リュィシン ヂーピアオ

We accept traveler's checks.
ウィ アクセプッ トラヴェラーズ チェックス

여행자수표를 쓰실 수 있습니다.
ヨヘンジャスピョルル スシルス イッスムニダ

⑬ ウェブサイトにて詳しい情報をご覧いただけます
Běndiàn wǎngzhàn shàng yǒu xiángxì qíngkuàng.
本店网站上有详细情况。
ベンディエン ワンヂャンシャン ヨウ シアンシー チンクァン

For more information, please access our website.
フォー モア インフォメイション プリー アクセス アワー ウェブサイッ

홈페이지에서 자세한 정보를 보실 수 있습니다.
ホムペイジエソ チャセハン チョンボルル ポシルス イッスムニダ

ワードバンク — ホテル施設

バー	bar バー	酒吧 jiǔbā ジウバァ	바 パ
カフェ	café カフェ	咖啡厅 kāfēitīng カフェイティン	카페 カペ
レストラン	restaurant レストランッ	餐厅 cāntīng ツァンティン	레스토랑 レストラん
ジム	gym ジム	健身房 jiànshēnfáng ジエンシェンファン	피트니스 클럽 ピウニスクルロァ
美容室	beauty salon ビューティー サロン	美容院 měiróngyuàn メイロンユエン	미용실 ミョンシル
宴会場	banquet hall バンクウィッ ホーゥ	宴会厅 yànhuìting イエンホイティン	연회장 ヨヌェジャん
結婚式	wedding ceremony ウェディンッ セレモニー	结婚典礼 jiéhūn diǎnlǐ ジエフン ディエンリィ	결혼식 キョロンシク
ペットホテル	pet hotel ペッ ホウテゥ	宠物旅馆 chǒngwù lǚguǎn チォンウゥ リュィグワン	페트 호텔 ペットゥ ホテル
自動販売機	vending machine ヴェンディンッ マシーン	自动售货机 zìdòng shòuhuòjī ツードン ショウオジィ	자판기 チャパンギ
製氷機	ice machine アイス マシーン	制冰机 zhìbīngjī ヂービンジィ	제빙기 チェビンギ

チェックイン

check-in 住宿登记 zhùsù dēngjì 체크인
チェックイン ヂュウスゥ デゥンジィ チェクイン

① いらっしゃいませ、チェックインでございますか？

Good afternoon, sir [ma'am]. Are you checking in?
グッ アフタヌーン サー [マム] アー ユー チェッキン イン

Nín hǎo. Nín yào bànlǐ zhùsù dēngjì ma?
您好。您要办理住宿登记吗？
ニンハオ ニン ヤオ バンリィ ヂュウスゥ デゥンジィマ

어서 오십시오. 체크인 하시겠습니까？
オソ オシプシオ チェクイン ハシゲッスムニッカ

② お名前をいただけますか？

May I have your name, please?
メィアイ ハヴ ユア ネイム プリー

Qǐng nín shuō yíxià xìngmíng.
请您说一下姓名。
チン ニン シュオ イーシァ シンミン

성함이 어떻게 되십니까？
ソンハミ オットッケ ドェシムニッカ

③ ライリー様、確かにご予約をいただいております

Yes, you have a reservation, Mr. Riley.
イエス ユー ハヴ ア リザヴェイション ミスター ライリー

Riley xiānsheng, zhèli yǒu nín de yùdìng.
Riley 先生，这里有您的预订。
ライリーシェンション チョアリ ヨウ ニンダ ユーディン

라일리님, 예약이 잘 돼 있습니다.
ライリニム イェーヤギ チャル トェ イッスムニダ

④ ツインルームに2泊のご予約でございますね

Your reservation is for a twin room for 2 nights.
ユア リザヴェイション イズ フォー ア トゥインルーム フォー トゥーナイツ

Nín yùdìng de shì shuāngrénfáng, zhù liǎng xiǔ.
您预订的是双人房，住两宿。
ニン ユーディンダ シー シュワンレンファン ヂュウ リアンシウ

트윈룸으로 2박 예약하셨네요.
トゥウィンルムロ イーバク イェヤカションネヨ

⑤ こちらにご記帳をお願いいたします

Could you fill out this form, please?
クデュー フィウ アウッ ディス フォーム プリー

Qǐng nín zài zhèli dēng yíxià jì.
请您在这里登一下记。
チン ニン ツァイヂョアリ デゥンイーシァ ジィー

여기다 기입해 주십시오.
ヨギダ キイペ ジュシプシオ

⑥ パスポートを拝見させていただけますか？

May I have your passport?
メィアイ ハヴ ユア パスポーッ

Néng kàn yíxià hùzhào ma?
能看一下护照吗？
ヌォン カンイーシア フゥチァオマ

여권 좀 보여 주시겠습니까？
ヨックォン ジョム ボヨ ジュシゲッスムニッカ

⑦ お支払いはどのようになさいますか？

How would you like to settle your payment?
ハウ ウデュー ライッ トゥ セトゥル ユア ペイメンツ

Nín yòng shénme zhīfù?
您用什么支付？
ニン ヨン シェンマ ヂーフゥ

계산은 뭘로 하시겠습니까？
ケサヌン ムォルロ ハシゲッスムニッカ

⑧ クレジットカードをプリントさせていただけますか？

May I take an imprint of your credit card?
メィアイ テイク アン インプリンッ オヴ ユア クレディッ カード

Kěyǐ dǎyìn yíxià nín de xìnyòngkǎ ma?
可以打印一下您的信用卡吗？
クァイー ダァイン イーシア ニンダ シンヨンカァマ

신용카드, 복사 좀 하겠습니다.
シニョンカドゥ ボクサ ジョム ハゲッスムニダ

🔊 5

⑨ 現金でお支払いの場合、1万円のお預かり金を申し受けます

If you pay in cash, please leave a 10,000 yen deposit.
イフ ユー ペイ イン キャッシュ プリー リーヴ ア テンサウザンッイエン ディポジッ

Yòng xiànjīn zhīfù, yào shōu yīwàn rìyuán yùfùkuǎn.
用现金支付，要收一万日元预付款。
ヨンシエンジンヂーフ ヤオショウイーワンリーユエン ユーフークワン

현금 지불일 때는, 먼저 10000 엔을 맡기셔야 합니다.
ヒョウグム チブルテヌン モンジョ マーネヌル マッキショヤ ハムニダ

⑩ 差額はチェックアウトの際に精算いたします

The balance will be settled when you check out.
ザ バランス ウィゥ ビー セトゥドゥ ウェン ユー チェッ アウッ

Chā'é tuìfáng shí jiésuàn.
差额退房时结算。
チャーウァ トゥイファンシー ジエスワン

차액은 체크아웃하실 때 정산하겠습니다.
チャエグン チェックアウタシルテ チョンサナゲッスムニダ

⑪ お部屋は10階の1012号室です

Your room is 1012 on the 10th floor.
ユア ルーム イズ テン トゥエルヴ オン ザ テンス フロア

Nín de fángjiān shì shí lóu yāo líng yāo èr hào.
您的房间是十楼 1012 号。
ニンダ ファンジエンシー シーロウ ヤオ リン ヤオ アル ハオ

방은 10 층, 1012 호실입니다.
パンウン シプチュン チョンシビホシリムニダ

⑫ こちらがキーカードでございます。ごゆっくりどうぞ

Here's your key card. Enjoy your stay.
ヒアズ ユア キー カーツ エンジョイ ユア ステイ

Zhè shì fángkǎ. Zhù nín guòde yúkuài.
这是房卡。祝您过得愉快。
ヂョアシー ファンカア ヂュウニン グオダ ユークアイ

이게 룸 카드입니다. 편안한 시간 되십시오.
イゲ ルム カードゥイムニダ ピョナナン シガン トェシプシオ

⑬ お出かけの際はご自分で鍵をお持ちください

Please take your key with you when you go out.
プリー テイッ ユア キー ウィズ ユー ウェン ユー ゴゥ アウッ

Chūmén shí qǐng dàihǎo yàoshi.
出门时请带好钥匙。
チュウメンシー チン ダイハオ ヤオシ

외출하실 때는 열쇠를 지참해 주십시오.
ウェチュラシルテヌン ヨルセルル チチャメ ジュシプシオ

⑭ 何かご質問はございませんか？

Do you have any questions?
ドゥ ユー ハヴ エニィ クエスチョンズ

Yǒu shénme wèntí ma?
有什么问题吗？
ヨウ シェンマ ウェンティーマ

다른 질문은 없으십니까？
タルン チルムヌン オプスシムニッカ

⑮ ベルマンがお部屋にご案内いたします

The porter will show you to your room.
ザ ポーター ウィゥ ショウ ユー トゥ ユア ルーム

Fúwùyuán dài nín qù fángjiān.
服务员带您去房间。
フウウユエン ダイニン チュイ ファンジエン

저희 직원이 방으로 안내해 드리겠습니다.
チョイ チグォニ パんウロ アンネヘ ドゥリゲッスムニダ

⑯ お荷物をお運びいたします

Let me help you with your bags.
レッ ミー ヘゥプ ユー ウィズ ユア バッグズ

Wǒ lái bāng nín ná xíngli.
我来帮您拿行李。
ウォ ライ バンニン ナァ シンリィ

짐을 갖다 드리겠습니다.
チムル カッタ ドゥリゲッスムニダ

ホテル チェックイン

フロント

front desk / 服务台 fúwùtái / 프런트
フロンッ デスク / フゥウータイ / プロントゥ

きほんの接客 / ホテル

① おはようございます / こんにちは / こんばんは

Zǎoshang hǎo! / Nín hǎo! / Wǎnshang hǎo!
早上好！／您好！／晚上好！
ヅァオシャンハオ／ニンハオ／ワンシャンハオ

Good morning. / Good afternoon. / Good evening.
グッモーニンッ／グッアフタヌーン／グッイヴニンッ

안녕히 주무셨습니까? / 안녕하십니까?★
アンニョハイ ジュムショッスムニッカ／アンニョハシムニッカ

② 売店[更衣室／ロビー]は3階にございます

Xiǎomàibù [Gēngyīshì / Dàtīng] zài sān lóu.
小卖部[更衣室／大厅]在三楼。
シアオマイブゥ［グンイーシー／ダァティン］ ヅァイ サンロウ

The shop [locker room / lobby] is on the 3rd floor.
ザ ショップ ［ロッカールーム／ロビー］ イズ オン ザ サード フロア

매점은[탈의실은／로비는] 3층에 있습니다.
メジョムン［タリシルン／ロビヌン］ サムチュンエ イッスムニダ

③ エレベーター[お手洗い／受付]は左側にございます

Diàntī [Xǐshǒujiān / Jiēdàichù] zài zuǒ shǒu.
电梯[洗手间／接待处]在左手。
ディエンティー［シーショウジエン／ジエダイチュゥ］ ヅァイヅオショウ

The elevator [restroom / reception] is on the left.
ジ エレヴェイター ［レストルーム／レセプション］ イズ オン ザ レフッ

엘리베이터는[화장실은／접수는] 왼쪽에 있습니다.
エルリベイトヌン［ファジャンシルン／チョプスヌン］ ウェンチョゲ イッスムニダ

④ パーティー会場は地下1階の「藤の間」でございます

Yànhuìtīng zài dìxià yī lóu de "Téng zhī jiān".
宴会厅在地下一楼的"藤之间"。
イエンホイティン ヅァイ ディーシア イーロウダ ヅォンヂージエン

The party hall is at "Fuji-no-ma" in the basement.
ザ パーティ ホール イズ アッ フジノマ イン ザ ベイスメンッ

파티장은 지하 1층에 있는 "후지노마" 입니다.
パティジャンウン チハ イルチュンエ インヌン フジノマイムニダ

⑤ 朝食は午前7時から10時まででございます

Zǎocān cóng zǎoshang qī diǎn dào shí diǎn.
早餐从早上七点到十点。
ヅァオツァン ツォン ザオシャン チディエン ダオ シーディエン

Breakfast is served from 7 to 10 a.m.
ブレックファスト イズ サーヴドゥ フロム セヴン トゥ テン エイエム

아침식사는 오전 7시부터 10시까지입니다.
アチムシクサヌン オージョン イルゴブシブト ヨルシカジイムニダ

⑥ ビジネスセンターは無料でご利用いただけます

Nín kěyǐ miǎnfèi shǐyòng shāngwù zhōngxīn.
您可以免费使用商务中心。
ニン クァイー ミエンフェイ シーヨン シャンウゥ ヂォンシン

You can use the business center without charge.
ユーキャン ユーズ ザ ビジネスセンター ウィザウッ チャージ

비지니스 센터는 무료로 이용하실 수 있습니다.
ビジニス セントヌン ムリョロ イヨンハシル スイッスムニダ

⑦ こちらは本館[別館]でございます

Zhèlǐ shì zhǔlóu [pèilóu].
这里是主楼[配楼]。
ヂョアリシー ヂュゥロウ［ペイロウ］

This is the main building [annex].
ディス イズ ザ メイン ビゥディンッ ［アネックス］

여기는 본관[별관]입니다.
ヨギヌン ポングァ［ピョルグァ］ニムニダ

⑧ レストラン[ラウンジ]は午後10時まで営業しております

Cāntīng [Xiūxīshì] yíngyè dào wǎnshang shí diǎn.
餐厅[休息室]营业到晚上十点。
ツァンティン［シウシィシー］ インイエダオ ワンシャン シーディエン

The restaurant [lounge] is open until 10 p.m.
ザ レストラン ［ラウンジ］ イズ オゥプン アンティウ テン ピーエム

레스토랑은[라운지는] 오후 10시까지 합니다.
レストラウン［ラウンジヌン］ オーフ ヨルシカジ ハムニダ

★ ② の"안녕하십니까?"は、昼夜問わず使えます。

🔊 6

⑨ お客様に<u>ファックス</u>[伝言]が届いております	Here's a <u>fax</u> [message] for you. ヒアズ ア ファックス[メッセイジ] フォー ユー
Yǒu nín de chuánzhēn [liúyán]. 有您的传真[留言]。 ヨウ ニンダ チュアンチェン[リウイエン]	고객님께 팩스[메시지]가 와 있습니다. コゲンニムケ ペクス[メシジ] ガ ワ イッスムニダ

⑩ リー様からお電話がありました	There was a phone call for you from Mr. Lee. ゼア ワズ ア フォウン コーゥ フォー ユー フロム ミスター リー
Lǐ xiānsheng gěi nín láiguo diànhuà. 李先生给您来过电话。 リーシエンション ゲイニン ライグオ ディエンホワ	미스터 리라는 분한테서 전화가 왔었습니다. ミスト リーラヌン ブナンテソ チョヌァガ ワッソッスムニダ

⑪ この近くに<u>コンビニ</u>がございます	There's a <u>convenience store</u> nearby. ゼアズ ア コンヴィニエンス ストアー ニアバイ
Fùjìn yǒu jiā biànlìdiàn. 附近有家便利店。 フゥジン ヨウ ジア ビエンリィディエン	이 근처에 편의점이 있습니다. イ グンチョエ ピョニジョミ イッスムニダ

⑫ <u>コンシェルジュデスク</u>で<u>ツアー</u>の予約ができます	You can book <u>tours</u> at the <u>concierge desk</u>. ユー キャン ブック トゥアーズ アッ ザ コンシエージュ デスク
Zài lǐbīntái kěyǐ yùdìng lǚyóu. 在礼宾台可以预订旅游。 ツァイ リィビンタイ カィイー ユーディン リュィヨウ	컨시어지 데스크에서 투어를 예약할 수 있습니다. コンシオジ デスクエソ トゥオルル イェヤカルス イッスムニダ

⑬ お気をつけて行ってらっしゃいませ	Have a nice day! ハヴ ア ナイス デイ
Qǐng màn zǒu. 请慢走。 チン マンヅォウ	안녕히 다녀오십시오. アンニョンイ タニョオシァシオ

ホテル フロント

コラム：あいづち・返答の英語表現

　簡単そうで案外難しいのが、あいづちの打ち方です。普段の会話ではいろいろなあいづちを打って相手とのコミュニケーションをスムーズにしますが、接客表現ではそれほどたくさんのあいづちは使われません。そして、特に気をつけたいのは、日本語でのあいづちの打ち方との違いです。日本語では単に「聞いている」という意味で「はい」「ええ」と言ったり、うなずいたりしてあいづちをよく打ちますが、英語ではそのような場合 Yes とは言いませんし、うなずきもあまり頻繁には入れません。
　返答の仕方のバリエーションもいくつか見てみましょう。まず、接客の上で一番使われるのが "Certainly."（かしこまりました）です。お客様から注文を受けたり、何かを頼まれたときに笑顔で "Certainly."と答えると、大変丁寧なイメージを与えるとともに、お客様も安心します。よりカジュアルな言い方は "Sure."（もちろんです）です。"May I take a look?"（見てもいいですか？）と尋ねられたときに、"Sure, go ahead."（もちろんです。どうぞ）とお客様の要望に積極的に応じることができます。"No problem."（問題ありません）も状況に応じて使われます。例えば、"Separate checks, please."（支払いを別々にしてください）と申し出られて、気持ちよく受けるようなときに "No problem."（問題ありません）を耳にします。
　あいづちや返答とはまた別ですが、お客様を見送るときにかけるひとこと "Have a nice day!"（良い1日を）も英語での接客ではよく使われ、お客様にとっても気持ちのいい表現です。

客室（案内）

guest room / ゲスト ルーム / 客房 kèfáng / クァファン / 객실 / ケクシル

① こちらがお客様のお部屋でございます。どうぞ（※ドアを開けながら）

Zhè shi nín de fángjiān. Qǐng jìn.
这是您的房间。请进。
チョアシー ニンダ ファンジェン チンジン

This is your room. Here you are.
ディス イズ ユア ルーム ヒアユーアー

여기가 고객님 방입니다. 들어가시지요.
ヨギガ コゲンニム バムイムニダ トゥロカシジヨ

② ドアはオートロックでございます

Fángmén dài zìdòng ménjìn.
房门带自动门禁。
ファンメン ダイ ズードン メンジン

The door locks automatically.
ザ ドア ロックス オートマティカリー

도어는 자동으로 닫힙니다.
ドオヌン チャドンウロ タッチムニダ

③ お荷物はこちらに置いてもよろしいですか？

Xínglǐ kěyǐ fàngzài zhèlǐ ma?
行李可以放在这里吗？
シンリィ クァイー ファンツァイ チョアリマ

May I put your luggage here?
メィアイ プッ ユア ラギッチ ヒア

짐은 여기다 놓아도 되겠습니까？
チムン ヨギダ ノアド デゲッスムニッカ

④ 何かございましたら8番にお電話ください

Yǒu shì, qǐng bō bā.
有事，请拨 8。
ヨウシー チン ボー バー

Please call us on 8 if you need any help.
プリー コーウ アス オン エイッ イフ ユー ニードゥ エニィ ヘゥプ

용건이 있으시면 8 번으로 전화해 주십시오.
ヨンコニ イッスシミョン パルボヌロ チョヌァヘ ジュシプシオ

⑤ モーニングコールは電話で自動設定してください

Qǐng yòng diànhuà shèdìng jiàozǎo shíjiān.
请用电话设定叫早时间。
チン ヨン ディエンホワ シャーディン ジアオヅァオ シージエン

You can set a wake-up call on the phone by yourself.
ユーキャン セッ ア ウェイカップ コーゥ オン ザ フォウン バイ ユアセゥフ

모닝콜은 전화기로 직접 설정해 주십시오.
モニンコルン チョヌァギロ チクチョプ ソルチョンヘ ジュシプシオ

⑥ エアコンのスイッチはこちらでございます

Zhè shì kōngtiáo kāiguān.
这是空调开关。
チョアシー コンティアオ カイグワン

Here's the switch for the air-conditioning.
ヒアズ ザ スウィッチ フォー ジ エアコンディショニンッ

에어컨 스위치는 여기 있습니다.
エオコン スウィチヌン ヨギ イッスムニダ

⑦ 非常階段は廊下の突き当たりにございます

Shūsàn lóutī zài zǒuláng de jìntóu.
疏散楼梯在走廊的尽头。
シュウサン ロウティー ツァイ ヅォウランダ ジントウ

The emergency stairs are at the end of the hallway.
ジ イマージェンスィー ステアーズ アー アッ ジ エンド オヴ ザ ホーゥウェイ

비상계단은 복도 끝에 있습니다.
ピサンゲダヌン ポクト クッテ イッスムニダ

⑧ ルームサービスは24時間ご利用いただけます

Tígōng èrshísì xiǎoshí kèfáng fúwù.
提供二十四小时客房服务。
ティーゴン アルシースー シアオシー クァファン フウー

Room service is available for 24 hours.
ルームサーヴィス イズ アヴェイラブゥ フォー トウェンティフォー アワーズ

룸 서비스는 24 시간 이용하실 수 있습니다.
ルム ソビスヌン イーシプサシガン イヨンハシルス イッスムニダ

ワードバンク 客室設備

バス	bathroom バスルーム	浴室 yùshì ユーシー	욕실 ヨクシル
シャワー	shower シャゥアー	淋浴 línyù リンユー	샤워 シャウォ
トイレ	toilet トイレッ	卫生间 wèishēngjiān ウェイションジエン	화장실 ファジャンシル
ベッド	bed ベッド	床 chuáng チュアン	침대 チムデ
エキストラベッド	extra bed エクストラ ベッド	临时床 línshí chuáng リンシーチュアン	엑스트라 침대 エクストゥラ チムデ
ベビーベッド	crib クリブ	婴儿床 yīng'ér chuáng インアルチュアン	유아용 침대 ユアヨん チムデ
毛布	blanket ブランケッ	毛毯 máotǎn マオタン	담요 タムニョ
シーツ	sheet シーツ	床单 chuángdān チュアンダン	시트 シトゥ
ハンガー	hanger ハンガー	衣架 yījià イージャ	옷걸이 オッコリ
バスローブ	bathrobe バスロゥブ	浴衣 yùyī ユーイー	목욕 가운 モギョク カウン
お子様用の	for children フォー チゥドレン	儿童用 értóng yòng アルトンヨン	어린이용 ～ オリニヨん
タオル	towel タゥオル	毛巾 máojīn マオジン	타월 / 수건 タウォル / スゴン
バスタオル	bath towel バス タゥアル	浴巾 yùjīn ユージン	목욕 수건 モギョク スゴン
スリッパ	slippers スリッパーズ	拖鞋 tuōxié トゥオシエ	슬리퍼 スルリポ
ドライヤー	hair dryer ヘアドライヤー	吹风机 chuīfēngjī チュイフォンジィ	헤어 드라이어 ヘオ ドゥライオ
歯ブラシ	toothbrush トゥースブラシ	牙刷 yáshuā ヤァシュワ	칫솔 チッソル
歯磨き粉	toothpaste トゥースペイスッ	牙膏 yágāo ヤァガオ	치약 チヤク
かみそり	razer レイザー	剃须刀 tìxūdāo ティーシュィダオ	면도칼 ミョンドカル
トイレットペーパー	toilet paper トイレッ ペーパー	手纸 shǒuzhǐ ショウヂー	화장지 ファジャンジ
ティッシュ	tissue ティッシュー	纸巾 zhǐjīn ヂージン	티슈 ティシュ
目覚まし時計	alarm clock アラーム クロック	闹钟 nàozhōng ナオヂォン	알람시계 アルラムシゲ
加湿器	humidifier ヒューミダファイア	加湿器 jiāshīqì ジアシーチィ	가습기 カスプキ
冷蔵庫	refrigerator リフリッジャレイター	冰箱 bīngxiāng ビンシアン	냉장고 ネンジャンゴ
テレビ	television テレヴィジョン	电视 diànshì ディエンシー	텔레비전 テルレビジョン
電気ポット	electric thermos エレクトリッサーマス	电热水瓶 diànrèshuǐpíng ディエンルァシュイピン	전기 주전자 チョンギ チュジョンジャ
グラス	glass グラス	玻璃杯 bōlibēi ボーリィベイ	글라스 クルラス
カップ	cup カップ	杯子 bēizi ベイヅ	컵 コプ
水道水	tap water タップウォーター	自来水 zìláishuǐ ヅーライシュイ	수돗물 スドンムル
お湯	hot water ハッウォーター	热水 rèshuǐ ルァシュイ	뜨거운 물 トゥゴウン ムル
灰皿	ashtray アシュトレイ	烟灰缸 yānhuīgāng イエンホイガン	재떨이 チェトリ
ゴミ箱	wastebasket ウェイストバスケッ	垃圾箱 lājīxiāng ラァジィシアン	쓰레기통 スレギトん
金庫	safe セイフ	保险柜 bǎoxiǎngui パオシェングイ	금고 クムゴ
コンセント	outlet アウトレッ	插座 chāzuò チャーヅオ	콘센트 コンセントゥ
筆記用具	stationery ステイショネリー	文具 wénjù ウェンジュィ	필기 용구 ピルギ ヨんグ
リモコン	remote control リモート コントローゥ	遥控器 yáokòngqì ヤオコンチィ	리모콘 リモコン

客室（サービス）

① ルームサービスでございます
（※電話やドア越しで）

Wǒ shì kèfáng fúwùbù de.
我是客房服务部的。
ウォ シー クァファンフウーブゥダ

This is room service.
デイス イズ ルーム サーヴィス

룸 서비스입니다.
ルムソビスイムニダ

② どういったご用件ですか？／入ってもよろしいですか？

Nín yǒu shénme fēnfù ma? / Kěyǐ jìnlái ma?
您有什么吩咐吗？／可以进来吗？
ニン ヨウ シェンマ フェンフゥマ／クァイー ジンライマ

How could I help you? / May I come in?
ハウ クダイ ヘゥプ ユー／メィアイ カム イン

부르셨습니까？／들어가도 되겠습니까？
プルショッスムニッカ／トゥロガド ドェゲッスムニッカ

③ すぐに係の者を伺わせます

Mǎshàng ràng fúwùyuán guòqu.
马上让服务员过去。
マァシャン ラン フウゥユエン グオチュイ

I'll send someone up soon.
アイゥ センヅ サムワン アップ スーン

곧 담당자를 보내 드리겠습니다.
コッ タムダンジャルル ボネ ドゥリゲッスムニダ

④ かしこまりました。すぐ手配いたします

Zhīdào le. Mǎshàng wèi nín fúwù.
知道了。马上为您服务。
ヂーダオラ マァシャン ウェイニン フウゥ

Certainly. I'll take care of it right away.
サートゥンリー アイゥ テイク ケア オブ イッ ライッ アウェイ

알겠습니다. 곧 준비하겠습니다.
アルゲッスムニダ コッ チュンビハゲッスムニダ

⑤ 何名様でお食事なさいますか？

Nín jǐ wèi yòngcān?
您几位用餐？
ニン ジィウェイ ヨンツァン

How many people will be dining?
ハウ メニイ ピープゥ ウィゥ ビー ダイニンッ

식사는 몇분이 하시겠습니까？
シクサヌン ミョップニ ハシゲッスムニッカ

⑥ お部屋番号は何番でいらっしゃいますか？

Nín de fángjiān hàomǎ shì duōshao?
您的房间号码是多少？
ニンダ ファンジエン ハオマァ シー ドゥオシャオ

Could I have your room number?
クダイ ハヴ ユア ルーム ナンバー

방 번호가 어떻게 되십니까？
パン ボノガ オットッケ ドェシムニッカ？

⑦ お食事は何時頃お持ちいたしますか？

Jǐ diǎn gěi nín sòng cān hǎo ne?
几点给您送餐好呢？
ジィディエン ゲイニン ソンツァン ハオナ

What time should I bring your meal?
ワッ タイム シュダイ ブリンッ ユア ミーゥ

식사는 몇 시쯤에 가져다 드릴까요？
シクサヌン ミョッ シチュメ カジョダ ドゥリルカヨ

⑧ 30分ほどかかりますがよろしいですか？

Dàgài yào sānshí fēnzhōng, kěyǐ ma?
大概要三十分钟，可以吗？
ダァガイ ヤオ サンシーフェンヂョン クァイーマ

It will take about 30 minutes. Is that alright?
イッ ウィゥ テイク アボゥッ サーティミニッツ イズ ザッ オーライッ

30 분 정도 걸립니다만 괜찮으시겠습니까？
サムシップンジョンド コルリムニダマン クェンチャヌシゲッスムニッカ

🔊 8

⑨ お食事[お荷物]をお持ちしました

Nín de cài [xíngli] sònglai le.
您的菜[行李]送来了。
ニンダ ツァイ[シンリ] ソンライラ

I have your meal [luggage].
アイ ハヴ ユア ミーゥ [ラギッヂ]

음식[짐]을 가져왔습니다.
ウムシグ[チム]ル カジョワッスムニダ

⑩ テーブルはこちらにご用意してよろしいですか？

Cānzhuō bǎizài zhèli kěyǐ ma?
餐桌摆在这里可以吗？
ツァンヂュオ バイヅァイ チョァリ クァイーマ

May I set the table here?
メイアイ セッ ザ テイブゥ ヒア

테이블은 여기다 놓으면 되겠습니까？
テイブルン ヨギダ ノウミョン トェゲッスムニッカ

⑪ お済みになりましたら、ドアの外にお出しください

Yòngwán cān, qǐng fàngzài fángmén wàibian.
用完餐，请放在房门外边。
ヨンワンツァン チン ファンヅァイ ファンメン ワイビエン

Please put them outside the door when you're finished.
ブリーズ プッ ゼム アウトサイッ ザ ドア ウェン ユーアー フィニシュトゥ

다 드신 후에는 문 밖에 내 놓아 주십시오.
タ トゥシン フエヌン ムン バッケ ネ ノア ジュシァシオ

⑫ お部屋の掃除[ベッドメイク]をしてもよろしいですか？

Kěyǐ dǎsǎo fángjiān [pūchuáng] ma?
可以打扫房间[铺床]吗？
クァイー ダァサオ ファンジエン [プゥチュアン] マ

May I clean your room [make the bed]?
メイアイ クリーン ユア ルーム [メイッ ザ ベッ]

방 청소를[침대 정돈을] 해도 되겠습니까？
パン チョンソルル[チムデ ジョンドヌル] ヘド デゲッスムニッカ

⑬ では、後ほどまいります（※お客様が取り込み中のため）

Hǎo de. Guò yíhuǐr zài lái dǎjiǎo nín.
好的。过一会再来打搅您。
ハオダ グオ イーホァル ヅァイライ ダァジァオ ニン

Alright. I'll come back later.
オーライッ アイゥ カム バッ レイター

그럼 잠시 후에 오겠습니다.
クロム チャムシ フエ オゲッスムニダ

⑭ ほかにご用はございませんか？

Nín hái yǒu shénme shì ma?
您还有什么事吗？
ニン ハイヨウ シェンマ シーマ

Is there anything else I can do for you?
イズ ゼア エニシンッ エゥス アイ キャン ドゥ フォー ユー

다른 용건은 없으십니까？
タルン ヨンコヌン オプスシムニッカ

ホテル　客室（サービス）

客室（トラブル対応）

① すぐに別のお部屋をご用意いたします

We'll find another room for you right away.
ウィゥ ファインツ アナザー ルーム フォー ユー ライッ アウェイ

Mǎshàng wèi nín tiáohuàn fángjiān.
马上为您调换房间。
マァシャン ウェイニン ティアオホワン ファンジエン

곧 다른 방으로 모시겠습니다.
コッ タルン パんウロ モシゲッスムニダ

② 明日、別のお部屋にお移りいただいてもよろしいですか？

Would you mind moving to another room tomorrow?
ウデユー マインツ ムーヴィン トゥ アナザー ルーム トゥモロゥ

Míngtiān néng tiáohuàn yīxià fángjiān ma?
明天能调换一下房间吗？
ミンティエン ヌォン ティアオホワンイーシア ファンジエンマ

내일, 다른 방으로 옮겨도 괜찮으시겠습니까?
ネイル タルン パんウロ オムギョド クェンチャヌシゲッスムニッカ

③ ただいまお調べいたします

Let me check on it right away.
レッ ミー チェッ オン イッ ライッ アウェイ

Mǎshàng chá yīxià.
马上查一下。
マァシャン チャアイーシア

지금 곧 알아보겠습니다.
チグム ゴッ アラボゲッスムニダ

④ すぐにスペアキーを持ってお部屋に伺います

I'll bring you a spare key in a moment.
アイゥ ブリンッ ユー ア スペアー キー インア モーメンッ

Xiànzài dài zhe bèiyòng yàoshi guòqu.
现在带着备用钥匙过去。
シエンヅァイ ダイヂャ ペイヨンヤオシ グオチュイ

지금 곧 스페어 키를 가지고 방으로 가겠습니다.
チグム ゴッ スペオキルル カジゴ パんウロ カゲッスムニダ

⑤ お待たせして申し訳ございません

I'm sorry to have kept you waiting.
アイム ソーリー トゥ ハヴ ケプッ ユー ウェイティンッ

Bàoqiàn, ràng nín jiǔ děng le.
抱歉，让您久等了。
バオチエン ランニン ジウデゥンラ

기다리시게 해서 죄송합니다.
キダリシゲ ヘソ チェソんハムニダ

⑥ 申し訳ございません。こちらの手違いでございました

We're terribly sorry. It was our mistake.
ウィア テリブリー ソーリー イッ ワズ アワー ミステイッ

Duìbuqǐ, shì wǒmen de chācuò.
对不起，是我们的差错。
ドゥイブチィ シー ウォメンダ チャーツオ

죄송합니다. 저희 실수였습니다.
チェソんハムニダ チョイ シルスヨッスムニダ

ワードバンク　トラブル対応

交換する	exchange エクスチェインジ	更換 gēnghuàn グンホワン	교환하다 キョファナダ
掃除する	clean クリーン	打扫 dǎsǎo ダァサオ	청소하다 チョんソハダ
修理する	repair リペア	修理 xiūlǐ シウリィ	수리하다 スリハダ
故障している	doesn't work ダズンッ ワーク	出了故障 chū le gùzhàng チュウラ グゥチャン	고장났다 コジャんナッタ
汚い	dirty ダーティ	脏 zāng ヅァン	더럽다 トロプタ
うるさい	noisy ノイズィー	吵 chǎo チャオ	시끄럽다 シクロプタ
くさい	smell スメゥ	臭 chòu チョウ	냄새나다 ネムセナダ

🔊 9

コラム：お客様が言う表現(1) ―客室でのトラブル―

以下では、客室内でトラブルが生じた際によく使うフレーズをご紹介します。いずれもお客様の側が言うセリフですので、聞いた内容を理解してうまく対応することができるように、あらかじめ表現をチェックしておきましょう。

- 「〜が故障しています」㊇ "〜 doesn't work. /ダズンッ ワーク" ㊥ "〜出了故障。/...chū le gùzhàng. /チュウラ グゥチャン" ㊗ "〜가 고장났어요. /ガ[イ] コジャンナッソヨ"
- 「〜がありません」㊇ "I've run out of 〜. /アイヴ ランアウッオヴ" ㊥ "〜没有了。/...méiyou le. /メイヨウラ" ㊗ "〜가[이] 없어요. /ガ[イ] オプソヨ"
- 「トイレが流れません」㊇ "The toilet doesn't flush. /ザ トイレッ ダズンッ フラッシュ" ㊥ "卫生间堵了。/Wèishēngjiān dǔ le. /ウェイションジエン ドゥーラ" ㊗ "화장실이 막혔어요. /ファジャンシリ マクキョッソヨ"
- 「隣の部屋がうるさいです」㊇ "The room next door is too noisy. /ザ ルーム ネクスドドア イズ トゥー ノイズィー" ㊥ "隔壁太吵了。/Gébì tài chǎo le. /グァビィ タイチャオラ" ㊗ "옆 방이 시끄러워요. /ヨプ パンイ シクロウォヨ"
- 「〜が汚いです」㊇ "〜 is not clean. /イズノッ クリーン" ㊥ "〜不干净。/...bù gānjìng. /ブガンジン" ㊗ "〜가[이] 지저분해요. /ガ[イ] チジョブネヨ"
- 「締め出されてしまいました(=鍵を置いて部屋を出てしまいました)」㊇ "I'm locked out of my room. /アイム ロックトゥ アウッオヴ マイルーム" ㊥ "我被锁在外面了。/ Wǒ bèi suǒ zài wàimian le. /ウォ ベイ スオ ヅァイ ワイミエンラ" ㊗ "키를 방에다 두고 나왔어요. /キルル パンエダ トゥゴ ナワッソヨ"

ホテル

客室（トラブル対応）

📝 ワードバンク ─ ホテルの部署名

フロント	front desk フロンッ デスク	服务台 fúwùtái フウータイ	프런트 プロントゥ
予約係	reservations リザヴェイションズ	客房部 kèfángbù クァファンブウ	예약 담당 イェーヤク タムダん
ルームサービス	room service ルーム サーヴィス	客房服务 kèfáng fúwù クァファンフウー	룸 서비스 ルム ソビス
ハウスキーピング	housekeeping ハウスキーピンッ	客房服务 kèfáng fúwù クァファンフウー	하우스키핑 ハウスキピん
ポーター	porter ポーター	行李员 xínglǐyuán シンリィユエン	퍼터 ポト
ランドリーサービス	laundry service ローンドリー サーヴィス	洗衣服务 xǐyī fúwù シィイーフウー	세탁 서비스 セタク ソビス
クローク	cloak room クローク ルーム	衣帽寄存处 yīmào jìcúnchù イーマオ ジィツンチュー	클록 룸 クルロク ルム
コンシェルジュ	concierge コンシエージュ	礼宾员 lǐbīnyuán リィビンユエン	컨시어지 コンシオジ
レセプション	receptionr レセプション	接待处 jiēdàichù ジエダイチュー	리셉션 リセプション
会計	cashier キャシュア	收款台 shōukuǎntái ショウクワンタイ	계산대 ケサンデ
両替所	money exchange counter マニー エクスチェインジ カウンター	外币兑换处 wàibì duìhuànchù ワイビィ ドゥイホワンチュー	환전 ファンジョン

33

ランドリーサービス laundry service 洗衣服务 xǐyī fúwù
ローンドリー サーヴィス　シィイー フゥウー

① 洗濯物は袋にお入れください
Please put your laundry in the bag.
プリー プッ ユア ロードリー イン ザ バッ

Yào xǐ de yīfu fàngdào dàizi li.
要洗的衣服放到袋子里。
ヤオシィダ イーフ ファンダオ ダイヅリィ

세탁물은 봉지에 넣어 주십시오.
セタムルン ポンジエ ノオ ジュシプシオ

② ランドリーリストにご記入ください
Please fill out the laundry list.
プリー フィゥ アウッ ザ ロードリー リスッ

Qǐng tiánxiě yíxià xǐyīdān.
请填写一下洗衣单。
チン ティエンシエ イーシア シィイーダン

세탁 리스트에 기입해 주십시오.
セタク リストゥエ キイペ ジュシプシオ

③ 明日の朝7時までに仕上がります
It will be ready by 7 a.m. tomorrow.
イッ ウィゥ ビー レディ バイ セヴン エイエム トゥモロウ

Míngtiān zǎoshang qī diǎn yǐqián kěyǐ xǐhǎo.
明天早上七点以前可以洗好。
ミンティエンツァオシャン チーディエンイーチエン クァイーシィハオ

내일 아침 7 시까지 해 드리겠습니다.
ネイル アチム イルゴアシカジ ヘ ドゥリゲッスムニダ

④ 当日仕上げをご希望ですか？
Would you like it returned today?
ウデュー ライッ イッ リターンドゥ トゥデイ

Xǐ de yīfu xīwàng dàngtiān qǔ ma?
洗的衣服希望当天取吗？
シィダ イーフ シィワン ダンティエン チュイマ

당일 세탁을 원하십니까?
タンイル セタグル ウォナシムニッカ

⑤ 洗濯物は10時までにお預けください
Please drop off your laundry by 10.
プリー ドロップ オフ ユア ロードリー バイ テン

Qǐng bǎ yào xǐ de yīfu shí diǎn qián jiāogěi wǒmen.
请把要洗的衣服十点前交给我们。
チンバァ ヤオシィダイーフ シーディエンチエン ジアオゲイウォメン

세탁물은 10 시까지 맡겨 주십시오.
セタムルン ヨルシカジ マッキョ ジュシプシオ

⑥ 洗濯物はフロントまでお持ちください
Please bring your laundry to the front desk.
プリー ブリンツ ユア ロードリー トゥ ザ フロンッデスク

Yào xǐ de yīfu qǐng nádào fúwùtái.
要洗的衣服请拿到服务台。
ヤオシィダ イーフ チン ナアダオ フウゥタイ

세탁물을 프런트까지 가져오십시오.
セタムルル プロントゥカジ カジョオシプシオ

⑦ 客室係が洗濯物を取りに伺います
Housekeeping will come and collect your laundry.
ハウスキーピンッ ウィゥ カム アンッ コレクトゥ ユア ロードリー

Fúwùyuán lái qǔ yào xǐ de yīfu.
服务员来取要洗的衣服。
フウゥユエン ライチュィ ヤオシィダ イーフ

객실담당이 세탁물을 가지러 가겠습니다
ケクシルタムダンイ セタムルル カジロ カゲッスムニダ

⑧ 洗濯物はこちらに干すことができます
You can hang your laundry here.
ユー キャン ハング ユア ロードリー ヒア

Xǐ de yīfu kěyǐ zài zhèli liàng.
洗的衣服可以在这里晾。
シィダイーフ クァイー ヅァイヂョアリ リアン

빨래는 여기다 너시면 됩니다.
パルレヌン ヨギダ ノシミョン デェムニダ

세탁 서비스
セタク ソビス

⑨ 洗濯機[乾燥機]はこちらです

Here's the washing machine [dryer].
ヒアズ ザ ウォッシュインッ マシーン [ドライヤー]

Xǐyījī [Hōnggānjī] zài zhèibiān.
洗衣机[烘干机]在这边。
シィイージー[ホンガンジー] ヅァイ ヂェイビエン

세탁기[건조기]는 여기 있습니다.
セタクキ[コンジョギ] ヌン ヨギ イッスムニダ

⑩ 洗剤は無料でお使いいただけます

Detergents are available for free.
ディタージェンツ アー アヴェイラブゥ フォー フリー

Xǐyīfěn miǎnfèi shǐyòng.
洗衣粉免费使用。
シィイーフェン ミエンフェイ シーヨン

세제는 무료로 사용하실 수 있습니다.
セジェヌン ムリョロ サヨンハシルス イッスムニダ

⑪ アイロン[アイロン台]もございます

We have an iron [ironing board].
ウィ ハヴ アン アイアーン [アイアニンッ ボードゥ]

Bèiyǒu diànyùndǒu [yùntái].
备有电熨斗[熨台]。
ベイヨウ ディエンユンドウ [ユンタイ]

다리미[다리미대]도 있습니다.
タリミ[タリミデ] ド イッスムニダ

ホテル

ランドリーサービス

ワードバンク　ランドリーサービス

日本語	ローマ字/カナ	中国語	韓国語
スーツ	suit スートゥ	套装 tàozhuāng タオヂュアン	양복 ヤンボク
ジャケット	jacket ジャケッ	西服 xīfú シィフゥ	쟈켓 ジャケッ
コート	coat コゥト	大衣 dàyī ダァイー	코트 コトゥ
スラックス	slacks スラックス	裤子 kùzi クゥヅ	슬랙스 / 바지 スルレクス / パジ
ワイシャツ	shirt シャーツ	衬衫 chènshān チェンシャン	와이셔츠 ワイショチュ
ブラウス	blouse ブラウス	罩衫 zhàoshān ヂャオシャン	블라우스 ブルラウス
スカート	skirt スカーツ	裙子 qúnzi チュンヅ	스커트 スコトゥ
ワンピース	dress ドレス	连衣裙 liányīqún リエンイーチュン	원피스 ウォンピス
パジャマ	pajamas パジャーマズ	睡衣 shuìyī シュイイー	파자마 パジャマ
下着	underwear アンダーウェア	内衣 nèiyī ネイイー	속옷 ソゴッ
ドライクリーニングする	dry-clean ドライ クリーン	干洗 gānxǐ ガンシィ	드라이클리닝하다 トゥライクルリニンハダ
水洗いする	wash ウォッシュ	水洗 shuǐxǐ シュイシィ	물로 씻다 ムルロ シッタ
プレスする	press プレス	熨平 yùnpíng ユンピン	다리다 タリダ
糊づけする	starch スターチ	浆洗 jiāngxǐ ジアンシィ	풀을 먹이다 プルル モギダ
コインランドリー	laundromat ローンドラマッ	投币式洗衣房 tóubìshì xǐyīfáng トウビイシー シィイーファン	코인 세탁기 コイン セタクキ
受け取る	pick up ピッ アップ	收取 shōuqǔ ショウチュイ	받다 パッタ

PC

PC ピースィー
电脑 diànnǎo ディエンナオ
컴퓨터 コムピュト

---

① 全室で無線インターネットをご利用いただけます

Suǒyǒu fángjiān dōu kěyǐ wúxiàn shàngwǎng.
所有房间都可以无线上网。
スオヨウ ファンジエン ドウ クァイー ウゥシエン シャンワン

Wireless internet is available in all rooms.
ワイアレス インターネッ イズ アヴェイラブゥ イン オーゥ ルームズ

모든 객실에서 무선 인터넷을 이용하실 수 있습니다.
モドゥン ケクシレソ ムソン イントネスル イヨンハシルス イッスムニダ

---

② インターネットの接続は無料です

Shàngwǎng shì miǎnfèi de.
上网是免费的。
シャンワン シー ミエンフェイダ

The Internet access is free of charge.
ジ インターネッ アクセス イズ フリー オブ チャージ

인터넷 접속은 무료입니다.
イントネッ チョァソグン ムリョイムニダ

---

③ インターネットのご利用は1日2000円です

Shàngwǎngfèi yì tiān liǎngqiān rìyuán.
上网费一天两千日元。
シャンワンフェイ イーティエン リアンチエンリーユエン

The Internet access fee is 2,000 yen per day.
ジ インターネッ アクセス フィー イズ トゥー サウザンッ イエン パー デイ

인터넷 요금은 하루에 2000 엔입니다.
イントネッ ヨグムン ハルエ イーチョネニムニダ

---

④ 変圧器はご入用ですか？

Nín xūyào biànyāqì ma?
您需要变压器吗？
ニン シュィヤオ ビエンヤァチィマ

Do you need a transformer?
ドゥユー ニーッ ア トランスフォーマー

변압기가 필요하십니까？
ピョナプキガ ピリョハシムニッカ

---

⑤ 変換プラグをお持ちいたします

Xiànzài gěi nín sòng zhuǎnhuàn chātou.
现在给您送转换插头。
シエンツァイ ゲイニン ソン チュワンホワン チャートウ

I'll bring a plug adapter soon.
アイゥ ブリンッ ア プラグ アダプター スーン

변환플러그를 갖다 드리겠습니다.
ピョヌァンプルログルル カッタ ドゥリゲッスムニダ

ワードバンク　PC・ビジネスセンター

プリンター	printer プリンター	打印机 dǎyìnjī ダァインジィ	프린터 プリント
スキャナー	scanner スキャナー	扫描器 sǎomiáoqì サオミァオチィ	스캐너 スケノ
バッテリー	battery バッタリー	蓄电池 xùdiànchí シュィディエンチィ	밧데리 パッテリ
コピー機	copier コピアー	复印机 fùyìnjī フゥインジィ	복사기 ポクサギ
印刷する	print out プリントアウッ	打印 dǎyìn ダァイン	인쇄하다 インスェハダ
コピーする	photocopy フォゥトコピー	复印 fùyìn フゥイン	카피하다 カピハダ
カラー	full-color フゥカラー	彩色 cǎisè ツァイスァ	컬러 コルロ
モノクロ	black-and-white ブラッアンッホワイッ	单色 dānsè ダンスァ	흑백 フクベク
充電する	charge チャージ	充电 chōngdiàn チォンディエン	충전하다 チュンジョナダ

🔊 11

コラム：お客様が言う表現（2） —質問と依頼・要求—

接客表現をマスターすると同時に、お客様が使う最低限の表現を知らないと会話が成立しません。①質問の表現、②依頼・要求の表現の2つを覚えましょう。

質問の表現で代表的なものは、品物を尋ねる「これは何ですか？」英"What is it?/ワッイズイッ"中"这是什么？/Zhè shì shénme?/チョアシー シェンマ"韓"이게 뭐예요？/イゲ ムォーエヨ"です。

次に「いくらですか？」と値段を聞くときは、英"How much is it?/ハウマッチ イズイッ"（靴などペアになっている場合は"How much are they?"）中"多少钱？/Duōshǎo qián?/ドゥオシャオチエン"韓"얼마예요？/オルマエヨ"となります。

場所を尋ねる表現、例えば「お手洗いはどこですか？」は、英"Where is the restroom?/ウェア イズザ レストルーム"中"洗手间在哪儿？/Xǐshǒujiān zài nǎr?/シィショウジェン ツァイナァル"韓"화장실이 어디예요？/ファジャンシリ オディエヨ"です。

お店に置いてあるものを尋ねる表現「〜はありますか？」は、英"Do you have 〜？"中"有〜吗？/Yǒu... ma?/ヨウ マ"（または"有没有〜？/Yǒuméiyǒu...?/ヨウメイヨウ"）韓"〜 있어요？/イッソヨ"がよく使われます（⇒答え方はp.7）。

依頼・要求の表現は、まず「〜をください」英"〜, please."（または"I'd like 〜."）中"我要〜。/Wǒ yào.../ウォ ヤオ"韓"주세요。/チュセヨ"と、「〜したいのですが」英"I'd like to 〜. /アイドゥ ライトゥ"中"我要〜。/Wǒ yào.../ウォ ヤオ"韓"〜고 싶어요。/ゴ シボヨ"を覚えましょう。

次に、話し手自身がしたいことについて「〜してもいいですか？」と尋ねるときは、英"May I 〜？/メィアイ"中"可以〜吗？/Kěyǐ...ma?/クァイー マ"韓"〜해도 돼요？/ヘド ドェヨ"を使って表現されます（⇒答え方はp.8）。

相手に何かしてもらいたいときの「〜していただけますか？／〜してください」という依頼表現は、英"Could you 〜？/クテユー"（または"Would you 〜？"）中"请... /Qǐng.../チン"韓"〜해 주세요。/ヘジュセヨ"を使うことができます（⇒答え方はp.7-8）。

そのほか、お客様がよく使う表現の具体例をいくつか以下に紹介します。

- 「すみません」（※店員を呼ぶとき）英"Excuse me./エクスキューズ ミー"中"服务员！/Fúwùyuán!/フウゥュェン"（または男性に対し"先生！/Xiānshen!/シエンション"、女性に対し"小姐！/Xiǎojiě!/シアオジェ"）韓"저기요。/チョギヨ"
- 「安くしてもらえませんか？」英"Can I get a discount?/キャナイ ゲッ ア ディスカウンツ"中"能便宜点儿吗？/Néng piányi yìdiǎnr ma?/ヌゥン ビエンイー イーディアルマ"韓"좀 깎아 주세요。/チョム カクカ ジュセヨ"
- 「お会計お願いします」英"Check, please./チェック プリー"中"埋单。/Máidān./マイダン"（または"结账。/Jiézhàng./ジエヂャン"）韓"계산해 주세요。/ケサネ ジュセヨ"
- 「〜へ行きたいのですが」英"I'd like to go to 〜./アイドゥ ライトゥ ゴゥトゥ"中"我要去〜。/Wǒ yào qù.../ウォ ヤオ チュイ"韓"-에 가고 싶어요。/エ カゴ シボヨ"
- 「材質は何ですか？」英"What is it made of?/ワッ イズイッ メイッオヴ"中"是什么材料的？/Shì shénme cáiliào de?/シー シェンマ ツァイリアオダ"韓"뭘로 만들었어요?/ムォルロ マンドゥロッソヨ"

お客様は、自分の希望することを店員に伝えようとします。どうしても言われていることがわからない場合は、「もう一度おっしゃってください」（⇒p.9）と聞き返すことが必要です。時間がかかってても確認することこそ最大のhospitalityです。

ホテル

PC

両替

money exchange / マニー エクスチェインジ
兌换 duìhuàn / ドゥイホワン
환전 / ファンジョン

① ご宿泊のお客様でいらっしゃいますか？
Are you staying with us, sir [ma'am]?
アーユー ステイインッ ウィズ アス サー [マム]

Nín shì zhùsù kèrén ma?
您是住宿客人吗？
ニンシー ヂュウスゥクァレンマ

저희 호텔에 묵고 계십니까?
チョイ ホテレ ムッコ ゲシムニッカ

② ドル[元/ウォン]から円への両替でよろしいですか？
Would you like to exchange dollar to yen?
ウデュー ライッ トゥ エクスチェインジ ダラー トゥ イエン

Shì rénmínbì huànchéng rìyuán ma?
是人民币换成日元吗？
シー レンミンビィ ホワンチョン リーユエンマ

원화를 엔화로 바꾸시겠습니까？
ウォヌァルル エヌァロ パクシゲッスムニッカ

③ おいくら両替いたしましょうか？
How much would you like to exchange?
ハウ マッチ ウデュー ライッ トゥ エクスチェインジ

Nín duìhuàn duōshao?
您兑换多少？
ニン ドゥイホワン ドゥオシャオ

얼마나 바꾸시겠습니까？
オルマナ パクシゲッスムニッカ

④ 本日のレートはこちらでございます
This is the today's exchange rate.
ディス イズ ザ トゥデイズ エクスチェインジ レイッ

Zhè shì jīntiān de páijià.
这是今天的牌价。
ヂョアシー ジンティエンダ パイジア

오늘 환율은 이렇습니다.
オヌル ファンニュルン イロッスムニダ

⑤ 100ドルですので日本円で1万円です
100 dollars is equal to 10,000 yen.
ア ハンドレッ ダラーズ イズ イクォール トゥ テン サウザンッ イエン

Nín zhè shì yìbǎi měijīn, huànchéng yíwàn rìyuán.
您这是一百美金，换成一万日元。
ニンヂョアシー イーバイメイジン ホワンチョン イーワンリーユエン

100 달러니까 일본엔화로 10000 엔입니다.
ペクタルロニカ イルボネヌァロ マーネニムニダ

⑥ お金とレシートでございます
Here's your money and receipt.
ヒアズ ユア マニー アンッ レスィーッ

Zhè shì nín de qián hé shōujù.
这是您的钱和收据。
ヂョアシー ニンダ チエン ホア ショウジュイ

돈과 영수증입니다.
トングァ ヨンスジュんイムニダ

⑦ トラベラーズチェックは扱っておりません
I'm afraid we don't accept traveler's checks.
アイム アフレイッ ウィ ドンッ アクセプッ トラヴェラーズ チェックス

Zhèli bù néng shǐyòng lǚxíng zhīpiào.
这里不能使用旅行支票。
ヂョアリ ブウノォン シーヨン リュイシン ヂーピアオ

여행자수표는 취급하지 않습니다.
ヨへんジャスピョヌン チウィグパジ アンスムニダ

⑧ 銀行で外貨の両替が可能でございます
You can exchange money at the bank.
ユー キャン エクスチェインジ マニー アッ ザ バンク

Yínháng kěyǐ duìhuàn wàibì.
银行可以兑换外币。
インハン クァイー ドゥイホワン ワイビィ

은행에서 외화를 환전하실 수 있습니다.
ウネんエソ ウェファルル ファンジョナシルス イッスムニダ

コラム： 丁寧な言い方を心がけよう（英語）（1）

接客には丁寧な表現が必須です。いろいろな言い方がありますが、基本パターンを覚えましょう。

まずは "Would you like ～?" を使った「お客様に勧める表現」です。接客で一番重要なことはお客様の希望を正確に把握して対応することです。"Would you like to ～?"（～してはいかがですか?）は婉曲的に丁寧にお客様の意向を伺うことができます。例えば、ブティックでは "Would you like to try it on?"（試着なさいますか?）とお客様に試着を促すことができます。"Do you want to ～?"（～したいですか?）は直接的で接遇表現にはあまり向きませんので注意しましょう。

また、"Would you like some more tea?"（もう少しお茶はいかがですか?）とお茶を勧めたり、支払い時に "Would you like a receipt?"（領収書はご入用ですか?）と領収書が必要かどうかを尋ねることもできます。これらは "Would you like＋名詞?" の形です。

より丁寧な表現は "Would you mind ～ing?"（～していただいても構いませんでしょうか?）です。例えばレストランが混んでいるときに "Would you mind sharing a table?"（相席でもよろしいでしょうか?）と、申し訳ない気持ちを伝えながらご提案します。このとき、お客様の返答に要注意です！「～は気にしますか?」と尋ねていますので、お客様が「気にしません」「構いません」と了解する場合は No と答えます。日本語ですと「はい、気にしません」と言いますから、英語でも Yes と答えるものと思ってしまいますが、これでは「はい、気にします」と逆の意味になります。この点をよく頭に入れて対応してください。

Would you の前に How をつけた応用表現で表現の幅を広げましょう。レストランで "How would you like your steak?"（ステーキの焼き加減はどうなさいますか?）とお客様の希望を尋ねたり、銀行やホテルのフロントで "How would you like your money?"（換金の仕方はどのようになさいますか?）と、紙幣と硬貨の希望を確認することができます。

また、「～しましょうか?」と店員側が申し出る際には、"May I ～?" や "Could I ～?" "Would you like me to ～?" などの表現が丁寧です。

クローク　cloakroom　衣帽寄存处 yīmào jìcúnchù　클록 룸
クロゥクルーム　イーマオ　ジィツンチュー　クルロク　ルム

① お荷物[コート]をお預かりいたしましょうか？
May I take your bags [coat]?
メィアイ　テイク　ユァ　バッグズ　[コット]

Nín cúnfàng xíngli [dàyī] ma?
您存放行李[大衣]吗？
ニン　ツンファン　シンリィ　[ダァイー]　マ

짐을[코트를] 맡기시겠습니까？
チムル[コトゥルル]　マッキシゲッスムニッカ

② こちらで全てでございますか？
Is that everything, sir [ma'am]?
イズ　ザッ　エヴリスィンッ　サー　[マム]

Jiù zhèixiē ma?
就这些吗？
ジウ　チェイシエマ

이게 전부이십니까？
イゲ　チョンブイシムニッカ

③ 貴重品はございませんか？
Is there anything valuable inside?
イズ　ゼァ　エニシンッ　ヴァリュアブゥ　インサイッ

Yǒu guìzhòng wùpǐn ma?
有贵重物品吗？
ヨウ　グイヂォン　ウゥピンマ

귀중품은 들어있지 않습니까？
クィジュンプムン　トゥロイッチ　アンスムニッカ

④ 恐れ入りますが、こちらはお預かりできません
I'm afraid we can't keep this one.
アイム　アフレイッ　ウィ　キャンッ　キーブ　ディス　ワン

Duìbuqǐ, zhèi ge bù néng cúnfàng.
对不起，这个不能存放。
ドゥイブチィ　チェイガ　ブゥヌォン　ツンファン

죄송합니다만, 이것은 맡아 드릴 수 없습니다.
チェソンハムニダマン　イゴスン　マッタ　ドゥリルス　オプスムニダ

⑤ 引換証でございます
Here's your tag, sir [ma'am].
ヒァズ　ザ　タグ　サー　[マム]

Zhè shì lǐngqǔpái.
这是领取牌。
チョアシー　リンチュィパイ

교환증입니다.
キョファンチュンイムニダ

⑥ 引換証を拝見できますか？
May I have your tag?
メィアイ　ハヴ　ユァ　タッ

Néng kàn yíxià lǐngqǔpái ma?
能看一下领取牌吗？
ヌォン　カンイーシア　リンチュィパイマ

교환증을 보여 주시겠습니까？
キョファンチュンウル　ポヨ　ジュシゲッスムニッカ

⑦ コートとバッグでございます
Here's your coat and bag.
ヒァズ　ユァ　コゥト　アンッ　バッ

Zhè shì nín de dàyī hé bāor.
这是您的大衣和包儿。
チョアシー　ニンダ　ダァイー　ホァ　バオル

코트하고 백, 여기 있습니다.
コトゥハゴ　ペク　ヨギ　イッスムニダ

🔊 13

コラム：**物の数え方**

英語：英語では、"a person"（1人）、"two tickets"（チケット2枚）などのような "数＋名詞（単数形または複数形）" という数え方のほかに、物の前に "数＋単位＋of" をつける数え方があります。

a piece of 名詞：	a piece of paper（1枚の紙）　a piece of cake（1切れのケーキ）
a pair of 名詞：	a pair of shoes（1足の靴）　a pair of jeans（ジーンズ1足）
a cup of 名詞：	a cup of coffee（コーヒー1杯）　a cup of tea（紅茶1杯）
a glass of 名詞：	a glass of beer（ビール1杯）　a glass of milk（ミルク1杯）
a slice of 名詞：	a slice of bread（パン1切れ）
a loaf of 名詞：	a loaf of bread（パンの1かたまり）

お店で商品を詳しく説明するときや、レストランで料理の説明をするときに、これらの言い方を知っていると便利ですし、お客様の質問やオーダーの中に含まれていることがあります。決まった表現として覚えておきましょう。

中国語：中国語で物を数えるときは、基本的に日本語と同じで、数える物によって助数詞が異なります。例えば、本なら "一本 /yī běn/ イーベン"（1冊）、チケットなら "三张 /sān zhāng/ サンチャン"（3枚）と言います。

ひとつひとつはおいおい覚えるとして、とりあえずは「〜個」を意味する "〜个 / ...ge / ガ" を覚えましょう。使い方は "数＋个（+名詞）" です。例えば「ひとつ」は "一个 / yī ge / イーガ"、「10個」は "十个 / shí ge / シーガ" です。人の場合も "一个人 / yī ge rén / イーガレン"（1人）のように数えることができます。

なお、数字が「2」のときだけ注意してください。中国語では「2」の言い方が2通りあり、「〜番目」のように順序を数えるときは "二 /èr/ アル"、「〜個」のように物の数を数えるときは "两 / liǎng / リアン" を使います（⇒ p.160 参照）。したがって、個数を数える「2個」の場合は、"二个 / èr ge / アルガ" ではなく "两个 / liǎng ge / リアンガ" と言わなければなりません。

韓国語：韓国語では、数える対象によって、漢字語の数の言い方 "일、이、삼…/ イル　イー　サム"（いち、に、さん…）と、固有語の数の言い方 "하나、둘、셋…/ ハナ トゥル セッ"（ひとつ、ふたつ、みっつ…）を使い分けます（⇒ p.158-160 参照）。例えば、「3 泊」と言うときは "삼박 / サムバッ" と漢字語を使い、「3 名様」と言うときは "세 분 / セーブン" と固有語を使います。例外もありますが、目に見える具体的な物を数えるときは、固有語を使って数えることの方が多いです。

また、日本語と同じように、数える対象によって助数詞が異なります。例えば、本なら "한 권 / ハングォン"（1冊）、チケットなら "한 장 / ハンジャン"（1枚）です。ただし、固有語の数の言い方は、助数詞がつくと「1」から「4」までの数字の読みが少し変化しますので注意してください。

最も基本的な言い方としては、「〜個」を意味する "〜개 / ケ" をつけて覚えておくと便利です。この場合の数字は固有語を使います。「1個」から「10個」までの言い方は、"한 개 / ハンゲ、두 개 / トゥーゲ、세 개 / セーゲ、네 개 / ネーゲ、다섯 개 / タソッケ、여섯 개 / ヨソッケ、일곱 개 / イルゴプケ、여덟 개 / ヨドルケ、아홉 개 / アホプケ、열 개 / ヨルケ" となります。

ホテル　クローク

レストラン

restaurant	餐厅 cānting	레스토랑
レストゥラン	ツァンティン	レストらン

---

① いらっしゃいませ、何名様ですか？

Good evening, sir! How many people?
グッ イヴニンッ サー ハウ メニイ ピープゥ

Huānyíng guānglín, nín jǐ wèi?
欢迎光临，您几位？
ホワンイン グアンリン ニン ジィウェイ

어서 오십시오. 몇 분이십니까？
オソ オシプシオ ミョップニシムニッカ

---

② ご予約いただいていますか？

Do you have a reservation?
ドゥユー ハヴ ア リザヴェイション

Nín yùdìng le ma?
您预定了吗？
ニン ユーディンラマ

예약하셨습니까？
イェーヤクカショッスムニッカ

---

③ お待ちしておりました、ブラウン様

Welcome, Mr. Brown.
ウェッカム ミスター ブラウン

Brown xiānsheng [nǚshì], nín hǎo, huānyíng guānglín.
Brown 先生[女士]，您好，欢迎光临。
ブラウンシエンション[ニュイシー] ニンハオ ホワンイン グアンリン

어서 오십시오. 브라운님.
オソ オシプシオ ブラウンニム

---

④ お席にご案内いたします。こちらへどうぞ

I'll show you to your table. This way, please.
アイウ ショウ ユー トゥ ユア テイブゥ ディス ウェイ プリー

Wǒ lái wèi nín lǐng zuò. Zhèibiān qǐng.
我来为您领座。这边请。
ウォライ ウェイニン リンヅオ チェイビエン チン

자리로 안내해 드리겠습니다. 이쪽으로 오십시오.
チャリロ アンネヘ ドゥリゲッスムニダ イチョグロ オシプシオ

---

⑤ 恐れ入りますが、ただいま満席でございます

I'm sorry, but we are all full right now.
アイム ソゥリー バッ ウィ アー オーゥ フゥ ライッ ナゥ

Duìbuqǐ, xiànzài mǎn zuò le.
对不起，现在满座了。
ドゥイブチィ シエンツァイ マンヅオラ

죄송합니다만, 지금 빈 자리가 없습니다.
チェソンハムニダマン チグム ピンジャリガ オプスムニダ

---

⑥ 10分ほどお待ちいただけますか？

Could you wait for about 10 minutes?
クデュー ウェイッ フォー アバウッ テン ミニッツ

Qǐng nín děng shí fēnzhōng, kěyǐ ma?
请您等十分钟，可以吗？
チン ニン デゥン シーフェンヂォン クァイーマ

10 분 정도 기다리셔도 괜찮겠습니까？
シップン ジョンド キダリショド クェンチャンケッスムニッカ

---

⑦ ビュッフェはあちらにございます。ご利用くださいませ

There's a buffet over there. Please help yourself.
ゼアス ア バフェイ オウヴァー ゼア プリー ヘウプ ユアセウフ

Zìzhùcān zài nèibiān. Qǐng suíbiàn yòng.
自助餐在那边。请随便用。
ツーヂュウツァン ツァイネイビエン チン スイビエン ヨン

뷔페는 저쪽에 있습니다. 이용해 주십시오.
ブイペヌン チョッチョゲ イッスムニダ イヨンヘ ジュシプシオ

---

⑧ こちらがメニューでございます

Here's the menu.
ヒアズ ザ メニュー

Zhè shì càidān.
这是菜单。
ヂョアシー ツァイダン

메뉴입니다.
メニュイムニダ

🔊 14

⑨ こちらが「本日のおすすめ」でございます
This is today's recommendation.
ディス イズ トゥデイズ レコメンディション

Zhè shì "jīntiān de tècài".
这是"今天的特菜"。
ヂョアシー ジンティエンダ ターツァイ

이게 "오늘의 추천 메뉴" 입니다.
イゲ オヌレ チュチョン メニュイムニダ

⑩ こちらは別料金がかかります
There's an extra charge for these items.
ゼアズ アン エクストラ チャージ フォー ジーズ アイテムズ

Zhèixiē cài yào lìng jiā qián.
这些菜要另加钱。
ヂェイシエツァイ ヤオ リン ジアチエン

이건 별도 요금을 받습니다.
イゴン ビョルト ヨグムル パッスムニダ

ワードバンク　レストラン (1)

朝食	breakfast ブレックファスト	早餐 zǎocān ヅァオツァン	아침식사 アチムシクサ
ランチ	lunch ランチ	午餐 wǔcān ウゥツァン	점심(식사) チョムシム(シクサ)
ディナー	dinner ディナー	晚餐 wǎncān ワンツァン	저녁식사 チョニョクシクサ
フルコース	full course フゥコース	全席 quánxí チュエンシィ	풀코스 プルコス
アラカルト	à la carte アラ カート	单点 dāndiǎn ダンディエン	아라카르트 / 일품 요리 アラカルトゥ / イルプム ヨリ
セット	set menu セッ メニュー	套餐 tàocān タオツァン	세트 セトゥ
前菜	appetizer アパタイザー	凉菜 liángcài リアンツァイ	전채요리 チョンチェヨリ
サラダ	salad サラッ	色拉 sèlā サァラァ	샐러드 セルロドゥ
スープ	soup スープ	汤 tāng タン	수프 スプ
(〜の)盛り合わせ	assorted (〜s) アソーティッ	(〜)拼盘 pīnpán ピンパン	모듬요리 モドゥムニョリ
メインディッシュ	main dish メイン ディシュ	主菜 zhǔcài ヂュウツァイ	메인 요리 メインニョリ
魚料理	fish dish フィッシュ ディッシュ	鱼菜 yúcài ユィツァイ	생선 요리 センソンニョリ
肉料理	meat dish ミーッ ディッシュ	肉菜 ròucài ロウツァイ	고기 요리 コギヨリ
パスタ	pasta パスタ	面食 miànshí ミエンシー	파스타 パスタ
パン	bread ブレッドゥ	面包 miànbāo ミエンパオ	빵 パン
ライス	rice ライス	米饭 mǐfàn ミィファン	라이스 ライス
ドレッシング	dressing ドレッシンッ	色拉调料 sèlā tiáoliào サァラァ ティアオリアオ	드레싱 トゥレシン
ソース	sauce ソース	沙司 shāsī シャースー	소스 ソス
自家製の	house made ハウス メイッ	自制的 zìzhì de ヅーヂーダ	홈메이드 ホムメイドゥ
温かい	hot ホッ	热的 rè de ルァダ	따뜻한 タットゥッタン
冷たい	cold コーゥドゥ	冷的 lěng de ルォンダ	차가운 チャガウン
デザート	dessert ディザーッ	甜点 tiándiǎn ティエンディエン	디저트 / 후식 ティジョトゥ / フシク
コーヒー	coffee カフィー	咖啡 kāfēi カフェイ	커피 コピ
紅茶	tea ティー	红茶 hóngchá ホンチァー	홍차 ホンチャ
水	water ウォーター	冰水 bīngshuǐ ビンシュイ	물 ムル
ミネラルウォーター	mineral water ミネロゥ ウォーター	矿泉水 kuàngquánshuǐ クアンチュエンシュイ	미네랄 워터 ミネラル ウォトゥ

ホテル

レストラン

レストラン

きほんの接客

① ご注文はお決まりでしょうか？
- Xiànzài kěyǐ diǎn cài le ma?
- 现在可以点菜了吗？
- シエンツァイ クァイー ディエン ツァイラマ
- Are you ready to order?
- アーユー レディ トゥ オーダー
- 주문하시겠습니까?
- チュムナシゲッスムニッカ

② 食べられない食材はございますか？
- Yǒu jìkǒu de ma?
- 有忌口的吗？
- ヨウ ジィコウダマ
- Is there anything you can't eat?
- イズ ゼア エニシンッ ユー キャンッ イーッ
- 못 드시는 식품이 있으십니까?
- モッ トゥシヌン シクプミ イッスシムニッカ

③ （この料理には）北海道産の新鮮なホタテを使っています
- Cáiliào yòng de shì Běihǎidào chǎn de xīnxiān shànbèi.
- 材料用的是北海道产的新鲜扇贝。
- ツァイリアオヨンダシー ベイハイダオチャンダ シンシエンシャンベイ
- We use fresh scallops from Hokkaido for this dish.
- ウィ ユーズ フレッシュ スキャロップス フロム ホッカイドウ フォー ディッ ディシュ
- 홋카이도산 신선한 가리비로 만들었습니다.
- ホッカイドサン シンソナン カリビロ マンドゥロッスムニダ

④ 前菜はこの中からお選びください
- Liángcài qǐng cóng zhèli zi tiāoxuǎn.
- 凉菜请从这里自挑选。
- リアンツァイ チン ツォンヂョアリ ズー ティアオシュエン
- Please choose one of these appetizers.
- プリー チューズ ワン オヴ ジーズ アパタイザーズ
- 전채요리는 이 중에서 고르십시오.
- チョンチェヨリヌン イジュンエソ コルシプシオ

⑤ お飲み物は何になさいますか？
- Nín yòng shénme yǐnliào?
- 您用什么饮料？
- ニン ヨン シェンマ インリアオ
- What would you like to drink?
- ワッ ウデュー ライッ トゥ ドリンッ
- 마실 건 뭘로 하시겠습니까?
- マシル コン ムォルロ ハシゲッスムニッカ

⑥ お飲み物はお食事と一緒にお持ちしますか、後になさいますか？
- Yǐnliào hé cài yīqǐ shàng, háishi hòu shàng?
- 饮料和菜一起上，还是后上？
- インリアオ ホァ ツァイ イーチィシャン ハイシー ホウシャン
- Would you like your drink during your meal or after?
- ウデュー ライッ ユア ドリンク デュアリンッ ユア ミーゥ オア アフター
- 마실 건 식사하고 같이 드릴까요? 식후에 드릴까요?
- マシル コン シクサハゴ カッチ トゥリルカヨ シクエ トゥリルカヨ

⑦ ステーキはどのようにいたしましょうか？
- Niúpái yào jǐ fēn shú?
- 牛排要几分熟？
- ニウパイ ヤオ ジィフェンシュゥ
- How would you like your steak?
- ハウ ウデュー ライッ ユア ステイッ
- 스테이크는 어떻게 구워 드릴까요?
- ステイクヌン オットッケ クウォ ドゥリルカヨ

⑧ デザート［コーヒー/紅茶］はいかがですか？
- Nín yào tiándiǎn [kāfēi / hóngchá] ma?
- 您要甜点［咖啡 / 红茶］吗？
- ニン ヤオ ティエンディエン［カーフェイ / ホンチァア］マ
- Would you care for some dessert [coffee / tea]?
- ウデュー ケアー フォー サム ディザーッ［カフィー / ティー］
- 디저트［커피 / 홍차］는 어떻게 하시겠습니까?
- ティジョトゥ［コピ / ホンチャ］ヌン オットッケ ハシゲッスムニッカ

ワードバンク　レストラン (2)

ノンオイル	oil-free オイゥフリー	不含油 bù hán yóu ブゥハンヨウ	논오일 ノンオイル
〜を控えめにする	add less 〜 アッド レス	减〜 jiǎn ジエン	-를/-을 조금만 넣다 ルル/ウル チョグムマン ノッタ
〜を除く	without 〜 ウィザウト	不放〜 bú fàng ブゥファン	-를/-을 빼다 ルル/ウル ペダ
〜人分	〜 portion(s) ポーション(ズ)	〜份儿 fènr フェル	〜인분 インブン
半サイズ	half portion ハーフ ポーション	一半的份量 yíbàn de fènliang イーバンダ フェンリァン	반 사이즈 パン サイジュ
レア	rare レア	三分熟 sān fēn shú サンフェンシュゥ	레어 レオ
ミディアム	medium ミディアム	五分熟 wǔ fēn shú ウゥフェンシュゥ	미디엄 ミディオム
ウェルダン	well-done ウェルダン	全熟 quán shú チュエンシュゥ	웰던 ウェルドン
焼く	roast ローストゥ	烤 kǎo カオ	굽다 クプタ
煮込む	stew ステュー	炖 dùn ドゥン	푹 끓이다 プク クリダ
ゆでる	boil ボイル	煮 zhǔ ジュウ	데치다 テチダ
蒸す	steam スティーム	蒸 zhēng ヂョン	찌다 チダ
炒める	fry フライ	炒 chǎo チャオ	볶다 ボクタ
揚げる	deep-fry ディープフライ	炸 zhá ヂャー	튀기다 テゥィギダ

コラム：細かい注文に対応する（卵料理）

　欧米では、食事を注文するときに自分の好みを細かく伝えることが一般的です。例えばホテルの朝食でも、卵料理について細かい要望が出されることが多いようです。以下では、卵料理の調理法を英語でどのように表現するかをご紹介します。

　まず、「ゆで卵」は boiled egg ですが、「固ゆで」なら hard-boiled、「半熟」なら soft-boiled と言います。half-boiled とは言いませんので注意してください。「3分ゆでる」は boil it [them] for 3 minutes です。

　「目玉焼き」は fried eggs です。片面だけ焼く場合、卵黄 (yolk) を太陽に喩えて sunny-side up とも言います。日本の目玉焼きは卵黄が半熟ですが、欧米では両面をよく焼く方が一般的で、over で説明します。お客様に希望を聞くなら "Over?" と尋ねましょう。また、boiled egg と違って、fried eggs は複数形で言います。卵が1つだけ焼かれることはなく、2つ以上だからです。

　「スクランブルエッグ」は scrambled eggs、「ポーチドエッグ(落とし卵)」は poached eggs と言います。これらも eggs と複数になりますから注意しましょう。「オムレツ」は omelet ですが、フランス語の omelette から来ています。卵だけで、チーズやハムなどの具を入れないものは plain omelet と呼ばれます。

　そして、日本の国民的卵料理の「卵焼き」は sweet egg rolls と呼ばれています。卵を使ったお料理の「茶碗蒸し」は savory egg custard で、savory は「風味のある」という意味です。日本料理も英語にすると、なんだか新しいお料理に聞こえますね。

　なお、海外では卵を生で食べることは一般的ではありませんので、生玉子をお出しするときは大丈夫かどうか尋ねる方がいいでしょう。

レストラン

① パンとライス、どちらになさいますか？

Nín yào miànbāo, háishi mǐfàn?
您要面包，还是米饭？
ニン ヤオ ミェンバオ ハイシー ミィファン

Which would you like, bread or rice?
ウィッチ ウデュー ライッ ブレッ オア ライス

빵하고 밥, 어느 쪽으로 하시겠습니까？
パンハゴ パブ オヌ チョグロ ハシゲッスムニッカ

② かしこまりました。ご注文は以上でしょうか？

Hǎo de. Nín hái xūyào shénme?
好的。您还需要什么？
ハオダ ニン ハイシューヤオ シェンマ

Certainly. Would you like anything else?
サートゥンリー ウデュー ライッ エニシッンツ エゥス

알겠습니다. 다 주문하셨습니까？
アルゲッスムニダ タ チュムナショッスムニッカ

③ ご注文のお品[本日のスープ]でございます

Zhè shì nín de cài [jīntiān de tāng].
这是您的菜[今天的汤]。
ヂョアシー ニンダ ツァイ [ジンティエンダ タン]

Here's your order [the soup of the day].
ヒアズ ユア オーダー [ザ スープ オヴ ザ デイ]

주문하신 요리[오늘의 수프]입니다.
チュムナシン ヨリ[オヌレ スプ] イムニダ

④ ご注文のお品は全てお揃いですか？

Nín yào de cài dōu qí le ma?
您要的菜都齐了吗？
ニン ヤオダ ツァイ ドウ チィラマ

Have you got everything you ordered?
ハヴ ユー ガッ エヴリシッンツ ユー オーダードゥ

주문하신 요리는 다 나왔습니까？
チュムナシン ヨリヌン タ ナワッスムニッカ

⑤ ごゆっくりどうぞ ／ お味はいかがですか？

Qǐng màn yòng. / Wèidào zěnmeyàng?
请慢用。／味道怎么样？
チン マンヨン／ウェイダオ ゼンマヤン

Please enjoy your meal. / Is everything alright?
プリー エンジョイ ユア ミーゥ／イズ エヴリスィンツ オーゥライツ

맛있게 드십시오. / 맛은 어떻습니까？
マシッケ トゥシプシオ／マスン オットッスムニッカ

⑥ パンのおかわりはいかがですか？

Zài jiā diǎnr miànbāo ma?
再加点儿面包吗？
ヅァイ ジア ディアル ミェンバオマ

Would you like some more bread?
ウデュー ライッ サム モア ブレッ

빵, 더 드시겠습니까？
パン ト ドゥシゲッスムニッカ

⑦ 取り皿[スプーン]をお持ちしましょうか？

Yào xiǎodiézi [sháozi] ma?
要小碟子[勺子]吗？
ヤオ シアオディエヅ[シャオヅ]マ

May I bring you extra plates [spoons]?
メィアイ プリンツ ユー エクストラ プレイツ [スプーンズ]

앞접시를[숟가락을] 갖다 드릴까요？
アプチョプシルル[スッカラグル] カッタ ドゥリルカヨ

⑧ 申し訳ありません。すぐにお持ち[お取り換え]します

Duìbuqǐ, mǎshàng wèi nín ná [huàn].
对不起，马上为您拿[换]。
ドゥイブチィ マァシャン ウェイニン ナァ[ホワン]

I'm sorry. I'll bring [change] it right away.
アイム ソゥリー アイゥ プリンツ [チェインジ] イッ ライッ アウェイ

죄송합니다. 즉시 갖다[바꿔] 드리겠습니다.
チェソンハムニダ チュクシ カッタ[パクォ] ドゥリゲッスムニダ

🔊 16

⑨ お皿をお下げしてもよろしいですか？	May I take your plate? メィアイ テイク ユア プレイッ
Pánzi kěyǐ chèdiào ma? 盘子可以撤掉吗？ パンヅ クァイー チャーディアオマ	접시를 치워 드릴까요？ チョプシルル チウォ ドゥリルカヨ

⑩ ただいま伝票をお持ちいたします	I'll bring your check right away. アイゥ プリンッ ユア チェック ライッ アウェイ
Xiànzài gěi nín ná jiézhàngdān lái. 现在给您拿结帐单来。 シエンヅァイ ゲイニン ナァ ジエヂャンダン ライ	곧 계산서를 갖다 드리겠습니다． コッ ケサンソルル カッタ ドゥリゲッスムニダ

ワードバンク　レストラン（3）

はし	chopsticks チョップスティックス	筷子 kuàizi クアイヅ	젓가락 チョッカラㇰ
スプーン	spoon スプーン	勺子 sháozi シャオヅ	스푼(숟가락) スプン(スッカラㇰ)
フォーク	fork フォーク	叉子 chāzi チァヅ	포ㅋ ポㇰ
ナイフ	knife ナイフ	餐刀 cāndāo ツァンダオ	나이프 ナイプ
グラス	glass グラス	玻璃杯 bōlibēi ボーリィベイ	글라스 クラス
ナプキン	napkin ナプキン	餐巾 cānjīn ツァンジン	내프킨 ネプキン
灰皿	ashtray アシュトレイ	烟灰缸 yānhuīgāng イエンホイガン	재떨이 チェットリ

コラム：外国語メニューを作る

　寿司や焼き鳥、しゃぶしゃぶは海外でも知られていますから問題ありませんが、一般的な日本料理の中にはあまり馴染みのないものがあります。海外からのお客様が多いお店では、外国語のメニューを準備しておくのも一案です。

　外国語メニューを作るには、単にお料理の名前を翻訳しても、お客様はどんなお料理なのかイメージが湧きません。以下は、お客様にそれぞれのお料理を理解してもらうためのアドバイスです。

　まず、食材（ingredients）を記載しましょう。例えば天ぷら（*tempura*）ならば、エビ（*prawn*）、キス（*sillago*）、ナス（*eggplant*）、大葉（*perilla*）、椎茸（*shiitake* mushroom）、三つ葉（*honewort*）など、具体的に食材が書かれているとわかりやすいですし、いちいち説明する手間も省けます。食物アレルギーなど食べられない物があるお客様にとっても、この方がずっと安心です（⇒食材に関する単語は pp. 49-53）。

　次に、どんなお料理かに触れることも親切です。天ぷらならば、"one of Japan's celebrated foods and consists of deep-fried vegetables or seafood"（日本の伝統料理の一つ。野菜や魚介類を揚げたもの）と説明できれば、はっきりとお料理の内容がわかります。調理法を説明した部分 "deep-fried vegetables or seafood"（⊕ "油炸蔬菜或海鲜" ㊩ "야채나 어패류를 튀긴 것"）だけを入れても効果があります（⇒調理法に関する単語は p. 45）。

　最後に、それぞれのお料理が写真で紹介されていれば最高です。メニューに番号をつけるのも便利ですね。第一歩として食材を記載することから始めてはいかがでしょうか？

レストラン

（サイド: きほんの接客 / ホテル / 旅館 / 案内・買い物 / 会計《応用》 / 温泉・レジャー / 電話・トラブル）

① お食事はお楽しみいただけましたか？
Nín duì yǐnshí mǎnyì ma?
您对饮食满意吗？
ニン ドゥイ インシー マンイーマ

I hope you enjoyed your meal.
アイ ホウプ ユー エンジョイドゥ ユア ミーゥ

음식은 맛있게 드셨습니까？
ウムシグン マシッケ トゥショッスムニッカ

② お部屋付けになさいますか？
Fèiyòng xiàn fù, háishi guà zhàng?
费用现付，还是挂帐？ ★
フェイヨン シエンフゥ ハイシー グアヂャン

May I charge it to your room?
メイアイ チャージ イットゥ ユア ルーム

계산은 체크아웃하실 때 하시겠습니까？
ケサヌン チェクアウタシルテ ハシゲッスムニッカ

③ お名前とお部屋番号を、文字をくずさずにご記入ください
Qǐng yòng kǎishū xiěxia nín de míngzi hé fángjiān hàomǎ.
请用楷书写下您的名字和房间号码。
チンヨンカイシュウ シエシア ニンダミンヅ ホァ ファンジエンハオマァ

Please print your name and room number here.
プリー プリンツ ユア ネイム アンヅ ルーム ナンバー ヒア

성함하고 방 번호를 정확하게 적어 주십시오.
ソンハムゴ パンボノルル チョンファカゲ チョゴ ジュシプシオ

④ 恐れ入りますが、チップはいただいておりません
Bàoqiàn, zhèli bù shōu xiǎofèi.
抱歉，这里不收小费。
パオチエン ヂョアリ ブゥショウ シアオフェイ

Thank you sir, but we don't accept tips.
サンキュー サー バッ ウィ ドンッ アクセプッ ティップス

손님, 팁은 받지 않습니다.
ソンニム ティプン パッチ アンスムニダ

ワードバンク — 味の表現

おいしい	tasty テイスティー	好吃 hǎochī ハオチー	맛있다 マシッタ
甘い	sweet スウィーッ	甜 tián ティエン	달다 タルダ
すっぱい	sour サワー	酸 suān スワン	시다 シダ
しょっぱい	salty ソゥティ	咸 xián シエン	짜다 チャダ
辛い	spicy スパイスィー	辣 là ラァ	맵다 メプタ
苦い	bitter ビター	苦 kǔ クゥ	쓰다 スダ
あっさりした	plain プレイン	清淡 qīngdàn チンダン	담백한 タムベカン
こってりした	rich リッチ	油腻 yóunì ヨウニィ	기름진 キルムジン
熟成した	matured マチュアードゥ	熟透的 shútòu de シュウトウ ダ	숙성이 잘 된 スクソンイ チャル ドェン
～風味	～ flavor フレイヴァー	～风味的 fēngwèi de フォンウェイダ	～맛 マッ
～に合う	go with ～ ゴゥ ウィズ	适合～ shìhé シーホァ	-에 맞다 エ マッタ
和風	Japanese style ジャパニーズ スタイゥ	日式风味 rìshì fēngwèi リーシーフォンウェイ	일본식 イルボンシク
洋風	Western style ウェスタン スタイゥ	西洋风味 xīyáng fēngwèi シィヤンフォンウェイ	서양식 ソヤンシク

★ ② の中国語訳は、「今お支払いになりますか？ それとも代金を付けておきますか？」という意味です。

ワードバンク　調味料

醤油	soy sauce ソイ ソース	酱油 jiàngyóu ジアンヨウ	간장 カンジャん
塩	salt ソーゥト	盐 yán イエン	소금 ソグм
砂糖	sugar シュガー	糖 táng タン	설탕 ソルたン
はちみつ	honey ハニー	蜂蜜 fēngmì フォンミィ	꿀 クル
味噌	miso ミソ	酱 jiàng ジアン	된장 トェンジャん
わさび	wasabi ワサビ	日本芥末 Rìběn jièmo リーベンジエモォ	와사비 ワサビ
辛子	mustard マスターッ	芥末 jièmò ジエモォ	겨자 キョジャ
唐辛子	red pepper レッ ペッパー	辣椒 làjiāo ラァジアオ	고추 コチュ
こしょう	pepper ペッパー	胡椒 hújiāo フゥジアオ	후추 フチュ
油	oil オイゥ	油 yóu ヨウ	기름 キルм
ごま	sesame セサミ	芝麻 zhīma ヂーマァ	깨 ケ
酢	vinegar ヴィネガー	醋 cù ツゥ	식초 シクチョ
ケチャップ	ketchup ケチャップ	番茄酱 fānqiéjiàng ファンチエジアン	케첩 ケチョプ
ドレッシング	dressing ドレッシンッ	色拉调料 sèlā tiáoliào サァラァ ティアオリアオ	드레싱 トゥレシん
マヨネーズ	mayonnaise メイォネイズ	蛋黄酱 dànhuángjiàng ダンホアンジアン	마요네즈 マヨネジュ
ソース	sauce ソース	沙司 shāsī シャースー	소스 ソス
化学調味料	MSG エムエスジー	化学调料 huàxué tiáoliào ホアシュエ ティアオリアオ	화학 조미료 ファハク チョミリョ

ホテル

レストラン

コラム：**アレルギー・ベジタリアンについて**

　お客様が"I have some food allergies."（食物アレルギーがあるんです）と申し出てきたら、具体的にどんな食物が問題かを尋ねる必要があります。
　例えば「卵アレルギーがある」場合は、"I have an allergy to eggs." とか "I'm allergic to eggs." と言います。「大豆が原因の食物アレルギー」の場合は、a food allergy caused by soybean です。「魚介類アレルギーがある」なら、"I have allergies to seafood." と言ってくるでしょう。
　「花粉アレルギー」は an allergy to pollen、「薬物アレルギー」は an allergy to a medication です。「アトピー」は atopy と言います。なお「アレルギー」は日本語的な読み方で、そのままでは通じないことがあります。allergy は最初にアクセントがつきますので、「**ア**レジ ー」と発音されます。
　また、食習慣や宗教上の理由から vegetarian（菜食主義者）を申し出るお客様がいらっしゃいます。お店によってはベジタリアン食（vegetarian food, vegetarian meal）を用意しているところもあります。ベジタリアンの中には、健康上の理由で菜食を好む人と、豚肉や鶏肉や牛肉など肉類を食べられないために菜食を選びたいという人がいます。料理の見た目では肉が含まれていなくても、スープのだしが肉でとられていたり、細かく刻まれて料理に肉が入っていたりすることを気にするお客様もいますから、細心の注意が必要です。
　飛行機の機内食については、次のような注意書きがなされていることがあります。

Passengers requiring vegetarian meals, please indicate this at the time of reservation.
（ベジタリアン食をご希望のお客様は、ご予約の際にお申し出ください）

　こうした配慮があってこそ、お客様も安心して食事ができるのです。p. 44 の「食べられない食材はございますか？」や、p. 71 の「わさびは大丈夫ですか？」といった表現を覚えて、接客に使ってみましょう。

レストラン

ワードバンク — 肉・魚介類

豚肉	pork ポーク	猪肉 zhūròu ヂューロウ	돼지고기 トェジゴギ
鶏肉	chicken チキン	鸡肉 jīròu ジィロウ	닭고기 タクコギ
牛肉	beef ビーフ	牛肉 niúròu ニウロウ	소고기 ソゴギ
羊肉	mutton マトン	羊肉 yángròu ヤンロウ	양고기 ヤンゴギ
仔羊肉	lamb ラム	羊羔肉 yánggāoròu ヤンガオロウ	어린 양고기 オリン ヤンゴギ
鴨肉	duck meat ダッ ミーッ	野鸭肉 yěyāròu イエヤーロウ	오리고기 オリゴギ
ひき肉	ground meat グラウンドゥ ミーッ	肉馅儿 ròuxiànr ロウシアル	다진 고기 タジン ゴギ
ハム	ham ハム	火腿 huǒtuǐ フオトゥイ	햄 ヘム
ソーセージ	sausage ソーシッジ	香肠 xiāngcháng シアンチャン	소시지 ソシジ
魚のすり身	fish paste フィッシュ ペイスト	鱼肉泥 yúròuní ユィロウニィ	다진 생선 タジン センソン
マグロ	tuna トゥナ	金枪鱼 jīnqiāngyú ジンチアンユィ	참치 チャムチ
トロ	fatty tuna ファティ トゥナ	肥金枪鱼 féijīnqiāngyú フェイジンチアンユィ	도로(참치뱃살) トロ(チャムチベッサル)
鮭	salmon サーモン	鲑鱼 guīyú グイユィ	연어 ヨノ
かつお	bonito ボニートゥ	鲣鱼 jiānyú ジエンユィ	가다랑어 カダラノ
たい	sea bream スィー ブリーム	鲷鱼 diāoyú ディアオユィ	도미 トミ
ひらめ	flatfish フラッフィッシュ	比目鱼 bǐmùyú ビムゥユィ	광어 クァンオ
ぶり	yellowtail イエロゥテイウ	大鰤鱼 dàshīyú ダァシーユィ	방어 パンオ
あじ	horse mackerel ホース マッカラゥ	鲹科鱼 shēnkēyú シェンクァユィ	전갱이 チョンゲンイ
さんま	saury ソーリー	秋刀鱼 qiūdāoyú チウダオユィ	꽁치 コンチ
さば	mackerel マッカラゥ	青花鱼 qīnghuāyú チンホアユィ	고등어 コドゥンオ
いか	squid スクウィッ	墨鱼 mòyú モォユィ	오징어 オジんオ
たこ	octopus オクトパス	章鱼 zhāngyú ヂャンユィ	문어 ムノ
えび	shrimp / prawn シュリンプ/プローン	海虾 hǎixiā ハイシア	새우 セウ
うに	sea-urchin eggs スィーアーチン エッグス	海胆 hǎidǎn ハイダン	성게 ソンゲ
いくら	salmon roe サーモン ロゥ	鲑鱼子 guīyúzǐ グイユィズ	연어알 ヨノアル
かに	crab クラブ	海蟹 hǎixiè ハイシエ	게 ケ
ホタテ	scallop スキャロップ	扇贝 shànbèi シャンベイ	가리비 カリビ
あなご	conger eel カンガー イーゥ	星鳗 xīngmán シンマン	바다장어 パダジャんオ
うなぎ	eel イーゥ	鳗鱼 mányú マンユィ	민물장어 ミンムルジャんオ
あわび	abalone アバロゥニ	鲍鱼 bàoyú パオユィ	전복 チョンボク
さざえ	turban shell ターバン シェゥ	拳螺 quánluó チュエンルオ	소라 ソラ
かき	oyster オイスター	牡蛎 mǔlì ムゥリィ	굴 クル
たらこ	cod roe コッ ロゥ	鳕鱼子 xuěyúzǐ シュエユィヅ	명란젓 ミョんナンジョッ
ししゃも	smelt スメッ	柳叶鱼 liǔyèyú リウイエユィ	시샤모 シシャモ

ワードバンク　野菜・穀類

野菜	vegetable ヴェジタボゥ	蔬菜 shūcài シューツァイ	야채 ヤチェ
にんじん	carrot キャロッ	胡萝卜 húluóbo フゥルオボ	당근 タングン
キャベツ	cabbage キャビッヂ	洋白菜 yángbáicài ヤンバイツァイ	양배추 ヤンベチュ
白菜	Chinese cabbage チャイニーズ キャビッヂ	白菜 báicài バイツァイ	배추 ペチュ
ほうれん草	spinach スピニッチ	菠菜 bōcài ボォツァイ	시금치 シグムチ
アスパラガス	asparagus アスパラガス	芦笋 lúsǔn ルゥスン	아스파라거스 アスパラゴス
大根	*daikon* radish ダイコン ラディシュ	萝卜 luóbo ルオボ	무 ムー
きゅうり	cucumber キューカンバ	黄瓜 huángguā ホアングヮ	오이 オイ
レタス	lettuce レティス	生菜 shēngcài ションツァイ	양상치 ヤンサンチ
もやし	bean sprout ビーン スプラウッ	豆芽菜 dòuyácài ドウヤァツァイ	콩나물 コンナムル
ブロッコリー	broccoli ブラッカリー	绿菜花 lǜcàihuā リュィツァイホア	브로콜리 プロコルリ
セロリ	celery セラリ	芹菜 qíncài チンツァイ	샐러리 セルロリ
トマト	tomato トメイトゥ	西红柿 xīhóngshì シィホンシー	토마토 トマト
なす	eggplant エッグプランッ	茄子 qiézi チエヅ	가지 カジ
ピーマン	green pepper グリーン ペッパー	青椒 qīngjiāo チンジァオ	피망 ピㇺ
ねぎ	leek リーㇰ	葱 cōng ツォン	파 パ
玉ねぎ	onion アニャン	洋葱 yángcōng ヤンツォン	양파 ヤンパ
じゃがいも	potato ポテイトゥ	土豆 tǔdòu トゥードゥ	감자 カㇺジャ
さつまいも	sweet potato スウィート ポテイトゥ	红薯 hóngshǔ ホンシュー	고구마 コグマ
山芋	yam ヤㇺ	山药 shānyao シャンヤオ	참마 チャㇺマ
かぼちゃ	pumpkin パンプキン	南瓜 nánguā ナングヮ	호박 ホバㇰ
とうもろこし	corn コーン	玉米 yùmǐ ユィミィ	옥수수 オㇰスス
にんにく	garlic ガーリッㇰ	蒜 suàn スワン	마늘 マヌル
しょうが	ginger ジンジャー	姜 jiāng ジアン	생강 センガン
しいたけ	*shiitake* mushroom シイタケ マシュルーㇺ	香菇 xiānggū シアングゥ	표고버섯 ピョゴボソッ
ゴボウ	burdock バードッㇰ	牛蒡 niúbàng ニウバン	우엉 ウオン
たけのこ	bamboo shoot バンブー シューッ	竹笋 zhúsǔn ヂュゥスン	죽순 チュㇰスン
大豆	soybean ソイビーン	大豆 dàdòu ダァドウ	콩 コㇴ
あずき	*adzuki* bean アズキ ビーン	小豆 xiǎodòu シアオドウ	팥 パッ
枝豆	green soybean グリーン ソイビーン	毛豆 máodòu マオドウ	풋콩 プッコㇴ
米	rice ライス	大米 dàmǐ ダァミィ	쌀 サル
小麦粉	flour フラゥアー	小麦粉 xiǎomàifěn シアオマイフェン	밀가루 ミルカル

ホテル　レストラン

レストラン

ワードバンク 果物・ナッツ類

果物	fruit フルーツ	水果 shuǐguǒ シュイグオ	과일 クァイル
オレンジ	orange オリンジ	橙子 chéngzi チェンヅ	오렌지 オレンジ
グレープフルーツ	grapefruit グレイプフルーツ	葡萄柚 pútaoyòu プゥタオヨウ	그레이프프루츠/자몽 クレイプブルチュ/チャモン
みかん	mandarin orange マンダリン オリンジ	橘子 júzi ジュィヅ	귤 キュル
りんご	apple アップゥ	苹果 píngguǒ ピングオ	사과 サグァ
ぶどう	grape グレイプ	葡萄 pútao プゥタオ	포도 ポド
いちご	strawberry ストローベリー	草莓 cǎoméi ツァオメイ	딸기 タルギ
スイカ	watermelon ウォーターメロン	西瓜 xīguā シィグヮ	수박 スバク
もも	peach ピーチ	桃子 táozi タオヅ	복숭아 ポクスんア
さくらんぼ	cherry チェリー	樱桃 yīngtáo インタオ	버찌 ポチ
ライチ	lychee ライチー	荔枝 lìzhī リーヂー	라이치 ライチ
ブルーベリー	blueberry ブルーベリー	蓝莓 lánméi ランメイ	블루베리 ブルベリ
マンゴー	mango マンゴゥ	芒果 mángguǒ マングオ	망고 マんゴ
梨	pear ペア	梨 lí リィ	배 ペ
柿	persimmon パーシモン	柿子 shìzi シーヅ	감 カム
あんず	apricot アプラカッ	杏 xìng シン	살구 サルグ
ゆず	citron シトロン	柚子 yòuzi ヨウヅ	유자 ユジャ
バナナ	banana バナァナ	香蕉 xiāngjiāo シアンジアオ	바나나 バナナ
メロン	melon メロン	甜瓜 tiánguā ティエングヮ	멜론 メルロン
パイナップル	pineapple パイナポゥ	菠萝 bōluó ボルオ	파인애플 パイネブル
レモン	lemon レマン	柠檬 níngméng ニンモン	레몬 レモン
キウイ	kiwi fruit キーウィーフルーツ	猕猴桃 míhóutáo ミィホウタオ	키위 キウィ
ナッツ	nut ナッ	坚果 jiānguǒ ジエングオ	너츠 ノチュ
ピーナッツ	peanut ピーナッ	花生豆 huāshēngdòu ホアションドゥ	땅콩 タんコん
くるみ	walnut ウォルナッ	核桃 hétao ホァタオ	호두 ホドゥ
アーモンド	almond アーマンドゥ	杏仁 xìngrén シンレン	아몬드 アモンドゥ
栗	chestnut チェスナッ	栗子 lìzi リィヅ	밤 バム

ワードバンク　お菓子・乳製品・卵

ゼリー	jelly ジェリー	果冻 guǒdòng グオドン	젤리 チェルリ
プリン	pudding プッディンツ	布丁 bùdīng ブディン	푸딩 プディん
寒天	agar アーガー	洋粉 yángfěn ヤンフェン	한천 ハンチョн
チョコレート	chocolate チョーカラッ	巧克力 qiǎokèlì チアオクァリィ	초콜릿 チョコルリッ
あめ	candy キャンディ	糖果 tángguǒ タングオ	사탕 サタん
クッキー	cookie クッキー	饼干 bǐnggān ビンガン	쿠키 クキ
せんべい	rice cracker ライス クラッカー	脆饼 cuìbǐng ツゥイビン	전병 チョンビョн
餅	rice cake ライス ケイク	年糕 niángāo ニエンガオ	떡 トク
つぶあん	red bean jam レッビーン ジャム	带皮豆馅儿 dàipí dòuxiànr ダイピィ ドウシァル	통팥 トンパッ
こしあん	smooth red bean paste スムース レッビーン ペイスト	细豆沙 xìdòushā シィドウシャー	앙금팥 アングムパッ
きな粉	soybean flour ソイビーン フラァアー	黄豆粉 huángdòufěn ホアンドウフェン	콩가루 コんガル
ケーキ	cake ケイク	蛋糕 dàngāo ダンガオ	케이크 ケイク
パイ	pie パイ	馅饼 xiànbǐng シエンビン	파이 パイ
アイスクリーム	ice cream アイス クリーム	冰激凌 bīngjīlíng ビンジィリン	아이스크림 アイスクリム
シャーベット	sorbet ソァベイ	果汁冰霜 guǒzhī bīngshuāng グオチービンシュアン	샤벳 シャベッ
ジャム	jam ジャム	果酱 guǒjiàng グオジアン	잼 チェム
牛乳	milk ミゥク	牛奶 niúnǎi ニゥナイ	우유 ウユ
豆乳	soymilk ソイミゥク	豆浆 dòujiāng ドゥジアン	두유 トゥユ
チーズ	cheese チーズ	奶酪 nǎilào ナイラオ	치즈 チジュ
バター	butter バター	黄油 huángyóu ホアンヨウ	버터 ボト
マーガリン	margarine マージャリン	人造黄油 rénzào huángyóu レンザオ ホアンヨウ	마가린 マガリン
生クリーム	fresh cream フレッシュ クリーム	鲜奶油 xiānnǎiyóu シエンナイヨウ	생크림 センクリム
ヨーグルト	yogurt ヨウガーッ	酸奶 suānnǎi スワンナイ	요구르트 ヨグルトゥ
卵	egg エッグ	鸡蛋 jīdàn ジィダン	계란 ケラん

レストラン（予約）

① レストランABCでございます
Good evening, Restaurant ABC. May I help you?
グッ イヴニンッ レストゥラン エイビースィー メィアイ ヘゥプ ユー

Zhèlǐ shì ABC cāntīng.
这里是 ABC 餐厅。
ヂョアリ シー エイビースィーツァンティン

레스토랑 ABC 입니다.
レストら ン　エイビシイムニダ

---

② 何日[何時]のご予約でしょうか？
For what day [what time] would you like?
フォー ワッ デイ [ワッ タイム] ウデュー ライッ

Nín yùdìng nèi tiān [shénme shíjiān]?
您预订哪天[什么时间]？
ニン ユーディン ネイティエン [シェンマシージエン]

예약은 몇 일[몇 시]로 하시겠습니까？
イェーヤグン ミョッチル [ミョッシ] ロ ハシゲッスムニッカ

---

③ 何名様でいらっしゃいますか？
How many people are in your party?
ハウ メニィ ピープゥ アー イン ユア パーティ

Nín jǐ wèi?
您几位？
ニン ジィウェイ

몇 분이십니까？
ミョップニシムニッカ

---

④ 明日の6時、3名様のご予約ですね
A party of 3, at 6 p.m. tomorrow.
ア パーティ オヴ スリー アッ シックス ピーエム トゥモロゥ

Nín dìng de shì míngtiān liù diǎn, yígòng sān wèi.
您订的是明天六点，一共三位。
ニンディンダ シー ミンティエン リウディエン イーゴン サンウェイ

내일 6 시, 세 분 예약, 맞습니까？
ネイル ヨソッシ セーブン イェーヤク マッスムニッカ

---

⑤ その時間の予約はすでにいっぱいです
I'm sorry. We're fully booked.
アイム ソゥリー ウィ アー フーリー ブックトゥ

Zhèi duàn shíjiān yǐjīng dìngmǎn le.
这段时间已经订满了。
ヂェイドワン シージエン イージン ディンマンラ

그 시간대는 벌써 예약이 다 찼습니다.
ク シガンテヌン ポルソ イェーヤギ ター チャッスムニダ

---

⑥ お席のご希望はございますか？
Do you have any preference for seating?
ドゥ ユー ハヴ エニィ プレファランス フォー スィーティンッ

Nín duì zuòwèi yǒu yāoqiú ma?
您对座位有要求吗？
ニン ドゥイ ヅオウェイ ヨウ ヤオチウマ

어떤 자리를 원하십니까？
オットン チャリルル ウォナシムニッカ

---

⑦ ご予算はどのくらいですか？
How much would you like to spend?
ハウ マッチ ウデュー ライッ トゥ スペンドゥ

Nín yùsuàn shì duōshao?
您预算是多少？
ニン ユースワン シー ドゥオシャオ

예산은 어느 정도십니까？
イェーサヌン オヌ ジョンドシムニッカ

---

⑧ 特別に準備するものはございますか？
Do you have any special requests?
ドゥユー ハヴ エニィ スペシャゥ リクエスッ

Yǒu shénme xūyào tèshū zhǔnbèi de ma?
有什么需要特殊准备的吗？
ヨウ シェンマ シュイヤオ ターシュ ヂュンベイダマ

저희가 특별히 준비해야 할 게 있습니까？
チョイガ トゥクピョリ チュンビヘヤ ハルケ イッスムニッカ

🔊 18

⑨ お名前と電話番号をお願いします	May I have your name and phone number? メィアイ ハヴ ユァ ネイム アンッ フォン ナンバー
Qǐng shuō yíxià xìngmíng hé diànhuà hàomǎ. 请说一下姓名和电话号码。 チン シュオイーシア シンミン ホァ ディエンホワ ハオマァ	성함하고 전화번호를 말씀해 주십시오. ソンハマゴ チョヌァボノルル マルスメ ジュシァシオ

⑩ ありがとうございます。お待ちしております	Thank you. We're looking forward to seeing you. サンキュー ウィアー ルッキンゥ フォワーッ トゥ スィーインッ ユー
Xièxie, gōnghòu guānglín. 谢谢，恭候光临。 シエシエ ゴンホウ グアンリン	감사합니다. 기다리고 있겠습니다. カムサハムニダ キダリゴ イッケッスムニダ

ホテル

レストラン（予約）

ワードバンク　レストラン（4）

窓際の	by the window バイ ザ ウィンドゥ	窗边 chuāngbiān チュアンビエン	창가 쪽(의) チャンカ チョク(エ)
隅の	in a corner イン ア コーナー	角落 jiǎoluò ジアオルオ	구석(의) クソク(エ)
テラス	terrace テラッ	平台 píngtái ピンタイ	테라스 テラス
個室	private room プライベイッ ルーム	单间 dānjiān ダンジエン	룸 / 방 ルム / パン
テーブル	table テイブゥ	餐桌 cānzhuō ツァンヂュオ	테이블 テイブル
いす	chair チェァ	椅子 yǐzi イーツ	의자 ウィジャ
お子様用の	children's チゥドレンズ	儿童用 értóng yòng アルトンヨン	어린이용 オリニヨン
バースデーケーキ	birthday cake バースデイ ケイク	生日蛋糕 shēngrì dàngāo ションリー ダンガオ	생일 케이크 センイル ケイク
花束	bouquet ブゥケイ	花束 huāshù ホアシュウ	꽃다발 コッタバル

コラム：接客のマナー

　レストラン等での接客の際に、レディーファーストにすべきか、それとも年長者を優先すべきかは、国や地域によって様々です。欧米では古くからレディーファースト（ladies first）の習慣がありますが、現代では男女平等が基本ということもあって、それほどこだわる必要もなくなってきているようです。
　一方、中国や韓国は、伝統的に年長者が優先の社会です。例えば韓国では、家族とみんなで食事をするとき、一番の年長者が匙を取るまでは先に食べてはいけない、また目上の人の食事が終わっていないのに席を立つのは失礼、といったマナーがあるそうです。
　レディーファーストにしても年長者優先にしても、もっとも大切なのはその場にふさわしい接客をすることです。お客様の様子を見て、臨機応変な対応を心がけましょう。

バー

bar　酒吧 jiǔbā　바
バー　ジウバァ　パ

① いらっしゃいませ、こちらへどうぞ

Huānyíng guānglín, zhèibiān qǐng.
欢迎光临，这边请。
ホワンイン グアンリン ヂェイビエン チン

Good evening, sir! Come this way, please.
グッ イヴニンッ サー カム ディス ウェイ プリー

어서 오십시오. 이쪽으로 오십시오.
オソ オシプシオ イチョグロ オシプシオ

② メニュー［ワインリスト］はこちらです

Zhè shì càidān [pútaojiǔ dān].
这是菜单［葡萄酒单］。
チョアシー ツァイダン ［プウタオジウダン］

Here's the menu [wine list].
ヒアズ ザ メニュー ［ワインリスト］

메뉴［와인 리스트］입니다.
メニュ ［ワイン リストゥ］イムニダ

③ 甘口と辛口どちらがお好みですか？

Yào tiánkǒu de, háishi làkǒu de?
要甜口的，还是辣口的？
ヤオ ティエンコウダ ハイシー ラァコウダ

Which do you prefer, dry or sweet?
ウイッチ ドゥ ユー プリファー ドライ オア スイーッ

순한 것과 드라이한 것, 어느 쪽으로 하시겠습니까?
スナンゴックァ トゥライハンゴ オヌチョグロ ハシゲッスムニッカ

④ こちらが当店のおすすめです

Zhè shì běndiàn de tuījiàn jiǔshuǐ.
这是本店的推荐酒水。
チョアシー ベンディエンダ トゥイジエン ジウシュイ

This is our recommendation.
ディス イズ アワー レコメンディション

이게 저희 집에서 권해 드리는 술입니다.
イゲ チョイ ジベソ クォネドゥリヌン スリムニダ

⑤ こちらは軽めで飲みやすいですよ

Zhèi zhǒng jiǔ dùshù dī, hǎohē.
这种酒度数低，好喝。
ヂェイヂョンジウ ドゥシュゥ ディー ハオホァ

This isn't too strong. I hope you like it.
ディス イズンッ トゥ ストロンッ アイ ホウプ ユー ライクィッ

이건 가볍고 마시기 좋습니다.
イゴン カビョプコ マシギ チョッスムニダ

⑥ これはカリフォルニア産10年ものです

Zhè shì Jiāzhōu chǎn de shí nián niàng.
这是加州产的十年酿。
チョアシー ジアチョウチャンダ シーニエン ニアン

This is a 10-year old California wine.
ディス イズ ア テン イヤー オールドゥ キャリフォーニア ワイン

이건 캘리포니아산 10년짜리입니다.
イゴン ケルリポニアサン シムニョンチャリイムニダ

⑦ テイスティングなさいますか？

Yào pǐncháng yíxià ma?
要品尝一下吗？
ヤオ ピンチャン イーシアマ

Would you like to taste it?
ウデュー ライッ トゥ テイスッ イッ

테스팅 해 보시겠습니까？
テスティん ヘ ボシゲッスムニッカ

⑧ オンザロック［ストレート］になさいますか？

Yào jiā bīng [chúnyǐn] de ma?
要加冰［纯饮］的吗？
ヤオ ジアビン ［チュンイン］ダマ

Would you like it on the rocks [straight]?
ウデュー ライキッ オン ザ ロックス ［ストレイッ］

온더록으로［스트레이트로］드릴까요？
オンドログロ ［ストゥレイトゥロ］ トゥリルカヨ

きほんの接客　ホテル　旅館　案内・買い物　会計〈応用〉　温泉・レジャー　電話・トラブル

🔊 19

⑨ シングルですか、ダブルですか？

Would you like it a single or a double?
ウデュー ライクィッ ア シングゥ オア ア ダブゥ

Xiǎo bēi liàng, háishi dà bēi liàng de?
小杯量，还是大杯量的？
シアオベイリァン ハイシー ダァベイリァンダ

싱글로 하시겠습니까？ 더블로 하시겠습니까？
シンクルロ ハシゲッスムニッカ トブルロ ハシゲッスムニッカ

⑩ お飲み物のおかわりはいかがですか？

Would you like another drink?
ウデュー ライッ アナザー ドゥリンク

Hái yào jiā jiǔshuǐ ma?
还要加酒水吗？
ハイヤオ ジア ジウシュイマ

한 잔 더 드시겠습니까？
ハンジャン ト ドゥシゲッスムニッカ

ホテル

バー

ワードバンク　バー

赤ワイン	red wine レッ ワイン	红葡萄酒 hóng pútaojiǔ ホン プゥタオジウ	레드와인 レドゥワイン
白ワイン	white wine ワイッ ワイン	白葡萄酒 bái pútaojiǔ バイ プゥタオジウ	화이트와인 ファイトゥワイン
ロゼ	rosé wine ロゥゼイ ワイン	桃红葡萄酒 táohóng pútaojiǔ タオホン プゥタオジウ	로즈와인 ロジュワイン
シャンパン	champagne シャンペイン	香槟酒 xiāngbīnjiǔ シアンビンジウ	샴페인 シャムペイン
カクテル	cocktail カックテイゥ	鸡尾酒 jīwěijiǔ ジィウェイジウ	칵테일 カクテイル
ウイスキー	whiskey ウィスキー	威士忌 wēishìjì ウェイシージィ	위스키 ウィスキ
ジン	gin ジン	杜松子酒 dùsōngzǐjiǔ ドゥソンヅジウ	진 チン
テキーラ	tequila タキーラ	特奎拉酒 tèkuílājiǔ タークイラァジウ	테킬라 テキルラ
ウォッカ	vodka ヴォドゥカ	伏特加 fútèjiā フゥタージア	보드카 ボドゥカ
ブランデー	brandy ブランディ	白兰地 báilándì バイランディー	브랜디 ブレンディ
生ビール	draft beer ドラフト ビア	纯生啤酒 chúnshēng píjiǔ チュンションピィジウ	생맥주 センメクチュ
日本酒	sake サキ	日本酒 Rìběnjiǔ リーベンジウ	일본술 イルボンスル
氷	ice アイス	冰块 bīngkuài ビンクァイ	얼음 オルム
強い(お酒)	strong ストロンッ	度数高 dùshù gāo ドゥシュウ ガオ	센(술) セン(スル)
弱い(お酒)	weak ウィーッ	度数低 dùshù dī ドゥシュウ ディー	약한(술) ヤクカン(スル)
ソーダ割り	~ and soda アンッ ソーダ	加苏打水 jiā sūdáshuǐ ジア スゥダァシュイ	소다 칵테일 ソダ カクテイル
スナック	snack スナック	小吃 xiǎochī シアオチー	스낵(마른 안주) スネク(マルン アンジュ)
ソフトドリンク	soft drink ソフト ドリンク	清凉饮料 qīngliáng yǐnliào チンリアン インリアオ	소프트 드링크 ソフトゥ ドゥリンク
ボトル	bottle ボトゥ	瓶子 píngzi ピンヅ	보틀 ボトゥル
グラス	glass グラス	杯子 bēizi ベイヅ	글라스 クラス
席料	cover charge カヴァー チャージ	座位费 zuòwèifèi ヅオウェイフェイ	테이블 차지 テイブル チャジ

57

チェックアウト

check-out チェックアウツ　**退房** tuìfáng トゥイファン　**체크아웃** チェクアウッ

---

① チェックアウトでございますか？
Are you checking out?
アーユー チェッキンッ アウッ

Nín yào tuìfáng ma?
您要退房吗?
ニン ヤオ トゥイファンマ

체크아웃하시겠습니까？
チェクアウタシゲッスムニッカ

---

② お部屋の鍵をいただけますか？
May I have your room key, please?
メィアイ ハヴ ユア ルーム キー プリー

Néng shōu yíxià fángjiān de yàoshi ma?
能收一下房间的钥匙吗?
ヌォン ショウ イーシア ファンジエンダ ヤオシーマ

룸 키를 주시겠습니까？
ルム キルル チュシゲッスムニッカ

---

③ ミニバーはご利用なさいましたか？
Did you have anything from the minibar?
ディデュー ハヴ エニシンッ フロム ザ ミニバー

Nín yòng bīngxiāng li de jiǔshuǐ le ma?
您用冰箱里的酒水了吗?
ニン ヨン ビンシアンリィダ ジウシュイラマ

미니바를 이용하셨습니까？
ミニバルル イヨンハショッスムニッカ

---

④ 合計金額［差額］は3万円でございます
The total [balance] is 30,000 yen.
ザ トウタゥ［バランス］イズ サーティー サウザンッ イエン

Yígòng [Chā'é] shì sānwàn rìyuán.
一共［差额］是 三万日元。
イーゴン［チャーウァ］シー サンワンリーユエン

총액이［차액은］30000엔입니다．
チョンエギ［チャエグン］サムマネニムニダ

---

⑤ レイトチェックアウトは2000円追加になります
The late check-out fee will be 2,000 yen.
ザ レイッ チェックアウッ フィー ウィゥ ビー トゥー サウザンッ イエン

Wǎn tuìfáng yào zhuījiā liǎngqiān rìyuán.
晚退房要追加两千日元。
ワントゥイファン ヤオ ヂュイジア リアンチエンリーユエン

체크아웃이 늦어지실 경우엔 2000 엔이 추가됩니다．
チェクアウシ ヌジョジシル キョンウエン イーチョネ チュガドェムニダ

---

⑥ こちらが明細書でございます。ご確認ください
Here's an itemized bill. Could you check it, please?
ヒアズ アン アイテマイズドゥ ビゥ クデュー チェッキッ プリー

Zhè shì míngxìdān, qǐng nín quèrèn yíxià.
这是明细单，请您确认一下。
ヂョアシー ミンシィダン チン ニン チュエレン イーシア

여기, 명세서입니다．내용을 확인해 주시겠습니까？
ヨギ ミョンセソイムニダ ネヨンウル ファギネ ジュシゲッスムニッカ

---

⑦ 電話代が加算されています
The telephone charges are added to the bill.
ザ テレフォゥン チャージズ アー アディッ トゥ ザ ビゥ

Fèiyòng li jiāshang le diànhuà shǐyòngfèi.
费用里加上了电话使用费。
フェイヨンリ ジアシャンラ ディエンホワ シーヨンフェイ

사용하신 전화 요금이 들어 있습니다．
サヨンハシン チョヌァヨグミ トゥロ イッスムニダ

---

⑧ 申し訳ありません。お取り消しいたします（※明細に間違いがあった場合）
We're sorry. I'll deduct it from the bill.
ウィアー ソーリー アイゥ ディダクト イッ フロム ザ ビゥ

Duìbuqǐ, zhèi ge zuòfèi.
对不起，这个作废。
ドゥイブチィ ヂェイガ ズオフェイ

죄송합니다．다시 계산해 드리겠습니다．
チェソンハムニダ タシ ケサネ ドゥリゲッスムニダ

🔊 20

⑨ お支払いはどのようになさいますか？	How would you like to make your payment? ハウ　ウデュー　ライッ　トゥ　メイク　ユア　ペイメンッ
Nín yòng shénme zhīfù? 您用什么支付？ ニン　ヨン　シェンマ　ヂーフゥ	계산은 뭘로 하시겠습니까？ ケサヌン　ムォルロ　ハシゲッスムニッカ

⑩ お支払いは現金でお願いいたします	Would you pay in cash, please? ウデュー　ペイ　イン　キャッシュ　プリー
Qǐng yòng xiànjīn zhīfù. 请用现金支付。 チン　ヨン　シエンジン　ヂーフゥ	계산은 현금으로 부탁드리겠습니다. ケサヌン　ヒョングムロ　プータクトゥリゲッスムニダ

⑪ こちらにサインをいただけますか？	Could you sign here, please? クデュー　サイン　ヒア　プリー
Qǐng zài zhèlǐ qiānzì. 请在这里签字。 チン　ツァイチョアリ　チエンヅー	여기다 사인 좀 해 주십시오. ヨギダ　サイン　ジョム　ヘジュシプシオ

⑫ ご滞在ありがとうございました	Thank you for staying with us. サンキュー　フォー　ステイインッ　ウィズ　アス
Xièxie guānglín. 谢谢光临。 シエシエ　グアンリン	저희 호텔을 이용해 주셔서 감사합니다. チョイ　ホテルル　イヨンヘ　ジュショソ　カムサハムニダ

⑬ またのお越しをお待ちしております	We hope to see you again soon. ウィ　ホープ　トゥ　スィー　ユー　アゲン　スーン
Gōnghòu nín zàicì guānglín. 恭候您再次光临。 ゴンホウ　ニン　ヅァイツー　グアンリン	저희 호텔을 또 찾아 주십시오. チョイ　ホテルル　ト　チャジャ　ジュシプシオ

ホテル / チェックアウト

コラム：丁寧な言い方を心がけよう（英語）（2）

　英語は外国語なので、私たちにはお客様に不快な感じを与えてしまう表現がどのようなものかよくわかりません。接客を職業としている者にとって、失礼な表現だけは避けたいものです。
　英語が苦手なために、ついつい単語だけで応答してしまうことがあります。例えば、"Where can I find ～？"（～はどこにありますか？）と尋ねられて、「こちらです」を "This way." と表現しがちです。ここでもうひとこと please をつけて "This way, please." と言うことによって丁寧な印象を与えます。また、"Do you have ～？"（～を扱ってますか？）には、Yes だけより "Yes, we do." とフルセンテンスで答えるように心がけてください。
　名前を尋ねるときに "Who are you?" と言うと「おまえは誰だ？」と失礼に聞こえます。"May I ask your name?"（お名前を伺ってもよろしいですか？）と、"May I ask ～?" という表現を用いると丁寧に響きます。
　あとは、"Thank you for waiting, sir." や、"Good morning, Mr. and Mrs. Brown." のように、文末（場合によって文頭）に、"sir [ma'am / miss]" などの敬称や、"Mr. [Ms. / Mrs.]+お客様の名字"を加えると丁寧さが増します。このようにちょっとした工夫で、相手に不快感を与えない表現を使いこなすことができるようになります。

予約

reservation / リザヴェイション
预订 yùdìng / ユーディン
예약 / イェーヤク

---

① はい、富士旅館でございます

Zhèlǐ shì Fùshì lǚguǎn.
这里是富士旅馆。
チョアリシー フゥシーリュィグアン

Hello, this is Fuji ryokan.
ハロウ ディスィズ フジ リョカン

예, 후지여관입니다.
イェー フジヨグァニムニダ

---

② いつのご予約でございますか？

Nín yùdìng shénme shíhou?
您预订什么时候？
ニン ユーディン シェンマ シーホウ

For when would you like to make a reservation?
フォー ウェン ウデュー ライト トゥ メイク ア リザヴェイション

언제로 예약하시겠습니까？
オンジェロ イェーヤカシゲッスムニッカ

---

③ 何名様ですか？

Nín jǐ wèi?
您几位？
ニン ジィウェイ

How many people?
ハウ メニイ ピープゥ

몇 분이십니까？
ミョップニシムニッカ

---

④ 何泊のご利用ですか？

Nín zhù jǐ tiān?
您住几天？
ニン チュウ ジィティエン

How many nights would you like to stay?
ハウ メニイ ナイツ ウデュー ライト トゥ ステイ

며칠 묵으실 겁니까？
ミョチル ムグシル コムニッカ

---

⑤ 6月8日から10日の2泊でございますね？

Cóng liùyuè bā hào dào shí hào zhù liǎng xiǔ, duì ba?
从六月八号到十号住两宿，对吧？
ツォン リウユエバーハオ ダオシーハオ チュゥリアンシウ ドゥイバ

2-night stay from June 8th to the 10th?
トゥーナイツ ステイ フロム ジューン エイス トゥ ザ テンス

6월 8일부터 10일까지 2박이시죠？
ユウォルパリルブト シビルカジ イーバギシジョ

---

⑥ お部屋に空きがございます

Xiànzài yǒu kòngfáng.
现在有空房。
シエンヅァイ ヨウ コンファン

We have a vacancy.
ウィ ハヴ ア ヴェイキャンスィー

빈 방이 있습니다.
ピンバンイ イッスムニダ

---

⑦ あいにく、満室となっております

Duìbuqǐ, fángjiān yǐjīng dìngmǎn le.
对不起，房间已经订满了。
ドゥイブチィ ファンジエン イージン ディンマンラ

I'm sorry, but we have no vacancies.
アイム ソーリィ バッ ウィ ハヴ ノゥ ヴェイキャンスィーズ

죄송합니다. 그 날은 빈 방이 없습니다.
チェソンハムニダ クナルン ピンバンイ オプスムニダ

---

⑧ どういったお部屋をご希望ですか？

Nín yào dìng shénmeyàng de fángjiān?
您要订什么样的房间？
ニン ヤオ ディン シェンマヤンダ ファンジエン

What kind of room would you like?
ワッ カインヅ オヴ ルーム ウデュー ライツ

어떤 방을 원하십니까？
オットン バンウル ウォナシムニッカ

🔊 21

⑨ バス付きとバスなし、どちらになさいますか？
Yào dài yùshì de, háishi bú dài yùshì de?
要带浴室的，还是不带浴室的？
ヤオ ダイ ユーシーダ ハイシー ブゥダイ ユーシーダ

Would you like a room with or without a bath?
ウデュー ライッ ア ルーム ウィズ オア ウィズアウッ ア バス

욕실이 있는 방, 없는 방, 어느 쪽으로 하시겠습니까?
ヨクシリ インヌン バン オムヌン バン オヌチョグロ ハシゲッスムニッカ

⑩ 和室と洋室、どちらになさいますか？
Yào rìshì de, háishi yángshì de?
要日式的，还是洋式的？
ヤオ リーシーダ ハイシー ヤンシーダ

Would you prefer a Japanese or Western-style room?
ウデュー プリファー ア ジャパニーズ オア ウェスタン スタイゥ ルーム

다다미방하고 침대방, 어느 쪽으로 하시겠습니까?
タダミバンハゴ チムデバン オヌチョグロ ハシゲッスムニッカ

⑪ バスなしの和室でしたらご用意できます
Kěyǐ tígōng bú dài yùshì de rìshì fángjiān.
可以提供不带浴室的日式房间。
クァイーティーゴン ブゥダイ ユーシーダ リーシーファンジエン

A Japanese-style room without a bath is available.
ア ジャパニーズ スタイゥ ルーム ウィズアウッ ア バス イズ アヴェイラブゥ

욕실이 없는 다다미방은 예약하실 수 있습니다.
ヨクシリ オムヌン タダミバンウン イェーヤカシルス イッスムニダ

⑫ お部屋にベッド[いす]はございません
Fángjiān li méiyou chuáng [yǐzi].
房间里没有床[椅子]。
ファンジエンリ メイヨウ チュアン[イーヅ]

There is no bed [chair] in the room.
ゼア イズ ノウ ベッ[チェアー] イン ザ ルーム

방에 침대[의자]는 없습니다.
バンエ チムデ[ウィジャ] ヌン オプスムニダ

⑬ 1泊2食付きですと9000円でございます
Yī xiǔ dài liǎng cān jiǔqiān rìyuán.
一宿带两餐九千日元。
イーシウ ダイ リアンツァン ジウチエンリーユエン

The daily rate including 2 meals is 9,000 yen.
ザ デイリーレイッ インクルーディンッ トゥーミールズ イズ ナインサウザンッイエン

1 박에 식사 두 번이시면 9000 엔입니다.
イルバゲ シクサ トゥーボニシミョン クチョネニムニダ

⑭ 素泊まりですと1泊8000円でございます
Bú dài cān de zhùsùfèi, yī xiǔ bāqiān rìyuán.
不带餐的住宿费，一宿八千日元。
ブゥダイツァンダ ジュウスゥフェイ イーシウ バーチエンリーユエン

The rate without meals is 8,000 yen per night.
ザ レイッ ウィズアウッ ミールズ イズ エイッ サウザンッ イエン パー ナイッ

숙박만 하시면 1 박에 8000 엔입니다.
スクパンマン ハシミョン イルバゲ パルチョネニムニダ

旅館 予約

ワードバンク 旅館（予約）

シングル	single シンゴゥ	单人房 dānrénfáng ダンレンファン	싱글 シングル
ダブル	double ダボゥ	双人床房 shuāngrénchuángfáng シュワンレンチュアンファン	더블 トブル
ツイン	twin トゥイン	双人房 shuāngrénfáng シュワンレンファン	트윈 トゥウィン
シャワー	shower シャウアー	淋浴 línyù リンユィ	샤워 シャウォ
トイレ	toilet トイレッ	卫生间 wèishēngjiān ウェイションジエン	화장실 ファジャンシル
朝食	breakfast ブレックファスッ	早餐 zǎocān ヅァオツァン	아침식사 アチムシクサ
夕食	dinner ディナー	晚餐 wǎncān ワンツァン	저녁식사 チョニョクシクサ

チェックイン　check-in　入住手续 rùzhù shǒuxù　체크인
チェックイン　ルゥジュウ　ショウシュィ　チェクイン

① いらっしゃいませ。富士旅館へようこそ

Good afternoon. Welcome to Fuji ryokan.
グッ　アフタヌーン　ウェゥカム　トゥ　フジ　リョカン

Huānyíng guānglín Fùshì lǚguǎn.
欢迎光临富士旅馆。
ホワンイン　グアンリン　フゥシーリュィグアン

어서 오십시오. 후지여관을 찾아 주셔서 감사합니다.
オソ　オシプシオ　フジヨグァヌル　チャジャ　ジュショ　カムサハムニダ

② ご予約いただいていますか？

Do you have a reservation?
ドゥユー　ハヴ　ア　リザヴェイション

Nín yùdìng fángjiān le ma?
您预订房间了吗？
ニン　ユィディン　ファンジエンラマ

예약을 하셨습니까？
イェーヤグル　ハショッスムニッカ

③ お名前をいただけますか？

May I ask your name?
メィアイ　アスク　ユア　ネイム

Nín guì xìng?
您贵姓？
ニン　グイシン

성함이 어떻게 되십니까？
ソンハミ　オットッケ　テシムニッカ

④ ワンさまですね、お待ちしておりました

Mr. [Ms.] Wang, we've been waiting for you.
ミスター　[ミズ]　ワン　ウィーヴ　ビーン　ウェイティンッ　フォー　ユー

Wáng xiānsheng [nǚshì], huānyíng guānglín.
王先生[女士]，欢迎光临。
ワンシエンション[ニュィシー]　ホワンイン　グアンリン

왕선생님이시네요. 잘 오셨습니다.
ワンソンせんニミシネヨ　チャロショッスムニダ

⑤ こちらにご記帳ください

Could you fill out this form?
クデュー　フィゥ　アウッ　ディッ　フォーム

Qǐng nín zài zhèlǐ dēng yíxià jì.
请您在这里登一下记。
チン　ニン　ヅァイヂョアリ　デゥンイーシア　ジー

여기다 기입해 주십시오.
ヨギダ　キイペ　ジュシプシオ

⑥ お支払いは前払いでお願いいたします

We ask for a payment in advance.
ウィ　アスク　フォー　ア　ペイメンッ　イン　アドヴァンス

Běndiàn shì xiān fùkuǎn.
本店是先付款。
ベンディエンシー　シエン　フゥクワン

숙박비는 선불로 부탁드립니다.
スクパクピヌン　ソンブルロ　プタクトゥリムニダ

⑦ クレジットカード[パスポート]を拝見いたします

May I have your credit card [passport]?
メィアイ　ハヴ　ユア　クレディッカーッ　[パスポート]

Néng kàn yíxià nín de xìnyòngkǎ [hùzhào] ma?
能看一下您的信用卡[护照]吗？
ヌォン　カンイーシア　ニンダ　シンヨンカァ[フゥヂャオ]マ

신용카드를[여권을] 보여 주십시오.
シニョンカドゥルル　[ヨックォヌル]　ポヨ　ジュシプシオ

⑧ 2階の205号室をご用意しております

Your room is number 205 on the 2nd floor.
ユア　ルーム　イズ　ナンバー　トゥ　オウ　ファイヴ　オン　ザ　セカンッ　フロア

Nín de fángjiān shì èr lóu èr líng wǔ hào.
您的房间是二楼205号。
ニンダ　ファンジエンシー　アルロウ　アル　リン　ウーハオ

2 층 205 호 실입니다.
イーチュン　イーベゴホシリムニダ

🔊 22

⑨ こちらがルームキー[朝食券]でございます	Here's your room key [breakfast ticket]. ヒアズ ユア ルーム キー [ブレックファスト ティケッ]
Zhè shì fángjiān yàoshi [zǎocānquàn]. 这是房间钥匙[早餐券]。 ヂョアシー ファンジエン ヤオシ [ヅァオツァンチュエン]	이게 방 열쇠[아침식사권]입니다. イゲ パンニョルスェ [アチムシクサクォン] イムニダ

⑩ お部屋には鍵がございません	The room does not have a key. ザ ルーム ダズ ノッ ハヴァ キー
Fángjiān bú dài yàoshi. 房间不带钥匙。 ファンジエン ブゥダイ ヤオシ	방에는 열쇠가 없습니다. パんエヌン ヨルスェガ オプスムニダ

⑪ お部屋にご案内いたします。こちらへどうぞ	I'll show you to your room. This way, please. アイゥ ショウ ユー トゥ ユア ルーム ディス ウェイ プリー
Wǒ dài nín qù fángjiān. Qǐng zhèibiān zǒu. 我带您去房间。请这边走。 ウォ ダイニン チュィ ファンジエン チン チェイビエン ゾウ	방으로 안내해 드리겠습니다. 이쪽입니다. パんウロ アンネヘ ドゥリゲッスムニダ イチョギムニダ

旅館 / チェックイン

ワードバンク — 館内設備

フロント	front desk フロンッ デスク	服务台 fúwùtái フウゥタイ	프런트 プロントゥ
コインランドリー	laundromat ローンドロマッ	投币式洗衣机 tóubìshì xǐyījī トウビィシー シーイージィ	코인 세탁기 コイン セタッキ
備品	equipment イクウィップメンツ	设备 shèbèi シャーベイ	비품 ビブム
施設	facilities ファシリティーズ	设施 shèshī シャーシー	시설 シソル
無料の	free (of charge) フリー (オヴチャージ)	免费 miǎnfèi ミエンフェイ	무료 ムリョ
有料の	charged チャージドゥ	收费 shōufèi ショウフェイ	유료 ユリョ
自動販売機	vending machine ヴェンディンッ マシーン	自动售货机 zìdòng shòuhuòjī ヅードン ショウフオジィ	자판기 チャパンギ
売店	shop ショップ	小卖部 xiǎomàibù シオマイブゥ	매점 メジョム
ロビー	lobby ロビー	前厅 qiántīng チエンティン	로비 ロビ
電話	telephone テレフォゥン	电话 diànhuà ディエンホワ	전화 チョヌァ
パソコン	PC ピースィー	电脑 diànnǎo ディエンナオ	컴퓨터 コムピュト
電子レンジ	microwave マイクロウェイヴ	微波炉 wēibōlú ウェイボォルゥ	전자레인지 チョンジャレインジ
キッチン	kitchen キッチン	厨房 chúfáng チュウファン	주방 チュバん

フロント

front desk
フロンッ デスク

服务台 fúwùtái
フゥウゥタイ

프런트
プロントゥ

---

① フロントの営業時間は朝7時から夜10時です

Fúwùtái cóng zǎoshang qī diǎn yíngyè dào wǎnshang shí diǎn.
服务台从早上七点营业到晚上十点。
フゥウゥタイ ツォン ザオシャンチーディエン インイエダオ ワンシャンシーディエン

The desk is open from 7 a.m. to 10 p.m.
ザ デスク イズ オゥプン フロムセヴンエイエム トゥテンピーエム

프런트는 아침 7 시부터 밤 10 시까지입니다.
プロントゥヌン アチム イルゴアシブト バム ヨルシカジイムニダ

---

② ご用の際はベルを鳴らしてください

Yǒu shì qǐng àn diànlíng.
有事请按电铃。
ヨウシー チン アン ディエンリン

Please ring the bell when you need help.
プリー リンッ ザ ベゥ ウェン ユー ニードゥ ヘゥプ

용건이 있으실 땐 벨을 눌러 주십시오.
ヨンコニ イッスシルテン ベルル ヌルロ ジュシプシオ

---

③ 外出の際はフロントに鍵をお預けください

Wàichū shí qǐng jiāng yàoshi jiāogěi fúwùtái.
外出时请将钥匙交给服务台。
ワイチゥシー チン ジアン ヤオシ ジアオゲイ フゥウゥタイ

Please leave the key at the desk when you go out.
プリー リーヴ ザ キー アッ ザ デスク ウェン ユー ゴゥ アウッ

외출하실 때는 프런트에 열쇠를 맡기십시오.
ウェチュラシルテヌン プロントゥエ ヨルスェルル マッキシプシオ

---

④ 門限は11時でございます

Běndiàn wǎnshang shíyī diǎn guān dàmén.
本店晚上十一点关大门。
ベンディエン ワンシャン シーイーディエン グワン ダァメン

Curfew is 11 p.m.
カーフュー イズ イレヴン ピーエム

11 시에는 문을 잠급니다.
ヨランシエヌン ムヌル チャムグムニダ

---

⑤ お帰りが遅い方には玄関の鍵をお貸しできます

Huílaiwǎn de huà, kěyǐ bǎ dàmén yàoshi jiègěi nín.
回来晚的话，可以把大门钥匙借给您。
ホイライワンダドホワ ヶァイー バァ ダァメンヤオシ ジェゲイニン

You can borrow an entrance key if you'll be back late.
ユー キャン ボロゥ アン エントランス キー イフ ユーゥ ビー バッ レイッ

늦게 돌아오시는 분께는 현관 열쇠를 빌려 드립니다.
ヌッケ トラオシヌン ブンケヌン ヒョングァン ヨルスェルル ビルリョ ドゥリムニダ

---

⑥ 11時以降はインターホンを鳴らしてください

Shíyī diǎn yǐhòu huílai qǐng àn duìjiǎngjī.
十一点以后回来请按对讲机。
シーイーディエン イーホウ ホイライ チンアン ドゥイジアンジー

Please call us on the intercom after 11 p.m.
プリー コゥ アス オン ジ インターコム アフター イレヴン ピーエム

11 시 이후는 인터폰으로 연락을 주십시오.
ヨランシ イフヌン イントポヌロ ヨルラグル チュシプシオ

---

⑦ お気をつけて行ってらっしゃいませ

Qǐng màn zǒu.
请慢走。
チン マンヅォウ

Have a nice day!
ハヴ ア ナイス デイ

안녕히 다녀오십시오.
アンニョンイ タニョオシプシオ

---

⑧ お帰りなさいませ。今日のご旅行はいかがでしたか？

Nín huílai la! Jīntiān wánrde zěnmeyàng?
您回来啦！今天玩儿得怎么样？
ニン ホイライラ ジンティエン ワルダ ゼンマヤン

Good evening. Did you enjoy your day?
グッ イヴニンッ ディデュー エンジョイ ユア デイ

잘 다녀오셨습니까？ 오늘 여행은 즐거우셨습니까？
チャル タニョオショッスムニッカ オヌル ヨヘンウン チュルゴウショッスムニッカ

きほんの接客 / ホテル / 旅館 / 案内・買い物 / 会計〈応用〉 / 温泉・レジャー / 電話・トラブル

🔊 23

⑨ お部屋は何号室ですか？	May I have your room number? メィアイ ハヴ ユア ルーム ナンバー
Nín shì jǐ hào fángjiān? 您是几号房间？ ニンシー ジィハオ ファンジエン	방은 몇 호실입니까？ パんウん ミョットシリムニッカ

⑩ こんばんは／お休みなさいませ	Good evening. / Good night. グッ イヴニンッ／グッ ナイッ
Wǎnshang hǎo! / Wǎn'ān! 晚上好！／晚安！ ワンシャンハオ／ワンアン	안녕하십니까？／안녕히 주무십시오． アンニョンハシムニッカ／アンニョンイ ジュムシァシオ

⑪ おはようございます。よくお休みになれましたか？	Good morning. Did you have a good sleep? グッ モーニンッ ディデュー ハヴ ア グッ スリープ
Zǎoshang hǎo! Nín xiūxi hǎo le ma? 早上好！您休息好了吗？ ヅァオシャンハオ ニン シウシィ ハオラマ	안녕하십니까？ 안녕히 주무셨습니까？ アンニョンハシムニッカ アンニョンイ ジュムショッスムニッカ

⑫ 今日はいいお天気[寒い／暑い]です	It's nice weather [cold / hot] today. イッツ ナイス ウェザー ［コードゥ／ハッ］ トゥデイ
Jīntiān tiānqi hěn hǎo [hěn lěng / hěn rè]. 今天天气很好［很冷／很热］。 ジンティエン ティエンチィ ヘンハオ［ヘンルォン／ヘンルァ］	오늘은 날씨가 좋[춥／덥]습니다． オヌルン ナルシガ チョッ［チュア／トア］ スムニダ

⑬ 午後から雨[雪]になるようです	It looks like rain [snow] this afternoon. イッ ルックス ライク レイン［スノゥ］ ディス アフタヌーン
Xiàwǔ kěnéng yǒu yǔ [xuě]. 下午可能有雨［雪］。 シアウゥ ァヌォン ヨウユィ［シュエ］	오후부터는 비가［눈이］ 온다고 합니다． オーフブトヌン ビガ［ヌーニ］ オンタゴ ハムニダ

旅館
フロント

コラム：間違えやすい掲示の英語表現

　掲示の英語はとても簡潔でシンプルです。よく目にするのは「営業時間」を知らせるもので、"**Business Hours: 9 A.M. to 6 P.M.**"（営業時間：午前9時から午後6時）が一般的です。一見簡単そうですが、**Hours** と複数にするのがポイントです。日本で見かける掲示の多くは **Hour** と単数形になっていますが、これは間違いです。「営業時間が9時から6時までの9時間」を意味しますから複数でなければなりません。

　「閉店」を表す掲示で多いのは "**We are closed.**" ですが、"**We are close.**" という間違った掲示が目立ちます。この **close** は形容詞で、「私たちはごく近くにいます」とか「私たちは似ている」という意味になってしまいます。正しくは **are closed** で、「終業している」という動詞を使います。

　こんなふうにちょっとしたことで意味が違ってしまいますので、「たかが掲示、されど掲示」にお気をつけください。

フロント（館内の案内）

① お茶、コーヒーはご自由にどうぞ
Help yourself to tea and coffee.
ヘゥプ ユアセゥフ トゥ ティー アンヅ カフィー

Cháshuǐ hé kāfēi, qǐng suíbiàn yòng.
茶水和咖啡，请随便用。
チャーシュイ ホァ カァフェイ チン スイビエン ヨン

일본차나 커피는 마음대로 드십시오.
イルポンチャナ コピヌン マウムデロ トゥシアシオ

② バス、トイレ [冷蔵庫] は共用です
The bathroom and toilets [refrigerator] are shared.
ザ バスルーム アンヅ トイレッツ [リフレジレイター] アー シェアードゥ

Yùshì hé xǐshǒujiān [bīngxiāng] shì gòngyòng de.
浴室和洗手间 [冰箱] 是共用的。
ユーシー ホァ シーショウジエン [ピンシアン] シー ゴンヨンダ

목욕탕、화장실은 [냉장고는] 공용입니다.
モギョクタン ファジャンシルン [ネンジャンゴヌン] コンヨンイムニダ

③ お風呂は地下1階に2箇所ございます
There are 2 bathrooms in the basement.
ゼアラー トゥー バスルームズ イン ザ ベイスメンツ

Yùshì zài dìxià yī céng, yǒu liǎng ge.
浴室在地下一层，有两个。
ユーシー ヅァイ ディーシア イーツォン ヨウリアンガ

목욕탕은 지하 1 층에 두 군데 있습니다.
モギョクタンウン チハ イルチュンエ トゥグンデ イッスムニダ

④ パソコンは無料でお使いいただけます
You can use the computer without charge.
ユー キャン ユーズ ザ コンピューター ウィザウッ チャージ

Diànnǎo miǎnfèi shǐyòng.
电脑免费使用。
ディエンナオ ミエンフェイ シーヨン

컴퓨터는 무료로 사용하실 수 있습니다.
コムピュトヌン ムリョロ サヨンハシルス イッスムニダ

⑤ 英字新聞やガイドブックもございます
We have English newspapers and guidebooks.
ウィ ハヴ イングリッシュ ニューズペイパーズ アンヅ ガイッブックス

Bèiyǒu Yīngwén bàozhǐ hé lǚyóu zhǐnán.
备有英文报纸和旅游指南。
ベイヨウ インウェン バオヂー ホァ リュィヨウ ヂーナン

영자신문하고 가이드북도 있습니다.
ヨンチャシンムナゴ カイドゥブクト イッスムニダ

⑥ 傘をお貸ししましょうか？
Would you like to borrow an umbrella?
ウデユー ライッ トゥ ボロゥ アン アンブレラ

Jiè nín yī bǎ yǔsǎn ba!
借您一把雨伞吧！
ジエニン イーバ ユィサンバ

우산을 빌려 드릴까요？
ウサヌル ピルリョ トゥリルカヨ

⑦ 洗濯のサービスはございません
We don't have laundry service.
ウィ ドンッ ハヴ ローンドリー サーヴィス

Méiyǒu xǐ yīfu de yèwù.
没有洗衣服的业务。
メイヨウ シィ イーフダ イエウゥ

세탁 서비스는 하지 않습니다.
セタク ソビスヌン ハジ アンスムニダ

⑧ 貴重品 [お荷物] はお預かりできます
We can keep your valuables [baggage].
ウィ キャン キープ ユア ヴァリュアブズ [バギッヂ]

Kěyǐ tì nín bǎoguǎn guìzhòngpǐn [xínglǐ].
可以替您保管贵重品 [行李]。
クァイー ティーニン バオグヮン グイヂョンピン [シンリィ]

귀중품은 [짐은] 보관해 드립니다.
クィジュムプムン [チムン] ボグァネ トゥリムニダ

🔊 24

⑨ 館内は禁煙でございます	Smoking is prohibited in the building.
Lǚguǎn nèi jìnzhǐ xīyān. 旅馆内禁止吸烟。 リュィグワンネイ ジンヂー シーイエン	スモーキンッ イズ プロヒビティッ イン ザ ビゥディンッ 건물 내에서는 담배를 피우실 수 없습니다. コンムルレエソヌン タムベルル ピウシルス オプスムニダ

ワードバンク　室内設備

敷き布団	futon mattress フトン マットレス	褥子	rùzi ルゥヅ	요	ヨ
掛け布団	comforter カンファター	被子	bèizi ベイヅ	이불	イブル
枕	pillow ピロウ	枕头	zhěntou チェントウ	베개	ペゲ
座布団	floor cushion フロア クッション	座垫	zuòdiàn ヅオディエン	방석	パンソク
座椅子	legless chair レッグレス チェア	无腿椅子	wútuǐ yǐzi ウゥトゥイ イーヅ	등받침 의자	トゥンパッチム ウィジャ
ハンガー	hanger ハンガー	衣架	yījià イージア	옷걸이	オッコリ
浴衣	yukata ユカタ	浴衣	yùyī ュイーィ	유카타 (잠옷)	ユカタ(チャモッ)
タオル	towel タゥオル	毛巾	máojīn マオジン	타월	タウォル
急須	teapot ティーポッ	茶壶	cháhú チャアフゥ	차 주전자	チャ ジュジョンジャ
ポット	thermos サーマス	暖壶	nuǎnhú ヌアンフゥ	포트	ポトゥ
緑茶	green tea グリーン ティー	绿茶	lǜchá リュイチャァ	녹차	ノクチャ
湯のみ	teacup ティーカッ	茶碗	cháwǎn チャアワン	찻잔	チャッチャン
金庫	safe セイフ	保险柜	bǎoxiǎnguì バオシエングイ	금고	クムゴ

コラム：トイレの説明

　日本には、腰掛式の洋式トイレ（Western-style toilets）としゃがんで用を足す和式トイレ（Japanese-style toilets）の2種類ありますが、海外の方は和式トイレの使い方で戸惑うことがあります。洋式トイレの使い方の習慣にしたがって、ドア側に体を向けて用を足す傾向があるからです。特に、段差のある和式トイレではこうした使い方をするためか、トイレを汚してしまうことがあります。トイレに入った正面にトイレの使い方を絵で示しておくことをお勧めします。

　また、使い終わったトイレットペーパーを、便器に流すのではなく、備え付けのゴミ箱に捨てるという習慣の国もあります。「紙はトイレに流してください」⊕ "Please flush toilet paper down the toilet." ⊕ "用过的手纸请冲掉。" ⊕ "화장지는 변기 속에 넣어 주세요."といった張り紙をしておくと便利です。

旅館　フロント（館内の案内）

67

客室

guest room　ゲスト　ルーム
客房 kèfáng　 クァファン
객실　ケクシル

---

① **室内では靴[スリッパ]をお脱ぎください**

Jìn wū qǐng tuō xié [tuōxié].
进屋请脱鞋[拖鞋]。
ジンウゥ　チン　トゥオシエ[トゥオシエ]

Please take off your <u>shoes</u> [slippers] in the room.
ブリー　テイク　オフ　ユア　シューズ[スリッパーズ]　イン　ザ　ルーム

실내에서는 <u>신을</u>[슬리퍼를] 벗어 주십시오.
シルエソヌン　シヌル[スルリッポルル]　ポソ　ジュシプシオ

---

② **お部屋にいすは持ち込めません**

Fángjiān li bù néng fàng yǐzi.
房间里不能放椅子。
ファンジエンリ　ブゥヌォン　ファン　イーツ

Please refrain from bringing <u>chairs</u> into the room.
ブリー　リフレイン　フロム　ブリンギンッ　チェアーズ　イントゥ　ザ　ルーム

의자를 방에 가져가시면 안 됩니다.
ウィジャルル　バンエ　カジョガシミョン　アンドェムニダ

---

③ **各部屋にドライヤー[テレビ]がございます**

Měi ge fángjiān dōu bèiyǒu chuīfēngjī [diànshì].
每个房间都备有吹风机[电视]。
メイガ　ファンジエン　ドウベイヨウ　チュイフォンジィ[ディエンシー]

A <u>hair dryer</u> [TV set] is provided in each room.
ア　ヘアドライヤー[ティーヴィーセッ]　イズ　プロヴァイディッ　イン　イーチ　ルーム

방마다 <u>드라이기가</u>[텔레비전이] 있습니다.
バンマダ　トゥライギガ[テルレビジョニ]　イッスムニダ

---

④ **フロントの電話は9番です**

Gěi fúwùtái de diànhuà qǐng bō jiǔ.
给服务台的电话请拨 9。
ゲイ　フゥウゥタイダ　ディエンホワ　チン　ボォ　ジウ

Please dial <u>9</u> for the front desk.
ブリー　ダイアル　ナイン　フォー　ザ　フロンッ　デスク

프런트 전화 번호는 <u>9</u> 번입니다.
プロントゥ　チョヌァボノヌン　クボニムニダ

---

⑤ **何かございましたらお申し付けください**

Yǒu shénme shì, qǐng fēnfù.
有什么事，请吩咐。
ヨウ　シェンマシー　チン　フェンフゥ

Please let us know if you need any help.
ブリー　レッ　アス　ノウ　イフ　ユー　ニードゥ　エニィ　ヘゥプ

용건이 있으시면 불러 주십시오.
ヨンコニ　イッスシミョン　プルロ　ジュシプシオ

---

⑥ **どうぞごゆっくりお過ごしください**

Zhù nín guòde yúkuài.
祝您过得愉快。
チュウニン　グオダユークアイ

Please enjoy your stay.
ブリー　エンジョイ　ユア　ステイ

좋은 시간 되십시오.
チョウン　シガン　トェシプシオ

---

⑦ **お食事中にお布団を敷いておきます**

Nín yòngcān shí gěi nín pūhǎo bèirù.
您用餐时给您铺好被褥。
ニン　ヨンツァンシー　ゲイニン　プゥハオ　ベイルゥ

I'll spread out the *futon* while you're having dinner.
アイゥ　スプレッ　アウッ　ザ　フトン　ワイ　ユア　ハヴィン　ディナー

식사하시는 동안 주무실 준비를 해 놓겠습니다.
シクサハシヌン　ドンアン　チュムシル　チュンビルル　ヘ　ノッケッスムニダ

---

⑧ **客室係でございます。入ってもよろしいですか？**

Wǒ shì fúwùyuán. Néng jìnlai ma?
我是服务员。能进来吗？
ウォシー　フゥウゥユエン　ヌォン　ジンライマ

<u>Housekeeping</u>. May I come in?
ハウスキーピンッ　メィアイ　カム　イン

객실 담당입니다. 들어가도 괜찮습니까?
ケクシル　タムダンイムニダ　トゥロガド　クェンチャンスムニッカ

🔊 25

⑨ お布団を敷きに［上げに］まいりました	May I spread out [put away] your *futon*?
Gěi nín shōushi [pū] bèirù lái le. 给您收拾［铺］被褥来了。 ゲイニン ショウシー［プウ］ ベイルゥ ライラ	メィアィ スプレッ アウッ［プッ アウェィ］ ユア フトン 주무실 준비를 해 드리러［이불을 정리하러］ 왔습니다. チュムシル チュンビルル ヘ ドゥリロ［イブルル チョンリハロ］ ワッスムニダ

⑩ 1時から3時までの間にお部屋を掃除します	We'll clean your room between 1 and 3 p.m.
Yì diǎn dào sān diǎn shí dǎsǎo fángjiān de shíjiān. 一点到三点是打扫房间的时间。 イーディエンダオサンディエンシー ダァサオファンジエンダ シージエン	ウィゥ クリーン ユアルーム ビトゥィーン ワン アンッ スリーピーエム 1 시부터 3 시 사이에 방 청소를 하겠습니다. ハンシブト セーシ サイエ バん チョンソルル ハゲッスムニダ

⑪ 掃除が必要のない場合はお知らせください	Please tell us if you don't need room cleaning service.
Bù xūyào dǎsǎo fángjiān, qǐng gàosu wǒmen. 不需要打扫房间，请告诉我们。 プゥシュィヤオ ダァサオ ファンジエン チン ガオス ウォメン	ブリー テゥ アス イフ ユー ドンッ ニーッ ルーム クリーニンッ サーヴィス 청소가 필요없으시면 말씀해 주십시오. チョンソガ ビリョオプスシミョン マルスメ ジュシァシオ

⑫ 備品は持ち帰らないでください	Please don't take any equipment out of the room.
Kèfáng shèbèi qǐng bú yào dàizǒu. 客房设备请不要带走。 クァファン ショァベイ チン ブヤオ ダイヅォウ	ブリー ドンッ テイッ エニィ エクウィップメンッ アウッ オヴ ザ ルーム 비품은 가져가지 마십시오. ビブムン カジョガジ マシァシオ

⑬ 浴衣の着方をお教えしましょうか？	Would you like to know how to wear a *yukata*?
Wǒ bāng nín chuān yùyī ba? 我帮您穿浴衣吧？ ウォ バンニン チュワン ユーイーバ	ウデュー ライッ トゥ ノウ ハウトゥ ウェア ア ユカタ 유카다 입는 법을 가르쳐 드릴까요？ ユカタ イムヌンボブル カルチョドゥリルカヨ

旅館 / 客室

コラム：和室の説明

　外国人にとって、和室はとてもエキゾチックで魅力のあるものです。
　国・地域によっては靴を脱ぐ習慣がないので、お部屋に入って靴を脱いでもらうところからスタートです。「靴をお脱ぎください」（⇒ p. 68）とご案内しましょう。
　そして、「座布団をどうぞ」（🈂 "Please sit on a floor cushion. / ブリー シッ オン ア フロア クッション"🈁 "给您个坐垫。/ Gěi nín ge zuòdiàn. / ゲイニンガ ヅオディエン"🈂 "방석을 깔고 앉으십시오. / パンソグル カルゴ アンジュシブシオ"）と、座布団を勧めましょう。外国からのお客様は、お座敷を好んでも正座は苦手な方がほとんどです。ですから「（足を伸ばして）お楽になさってください」🈂 "Make yourself comfortable. / メィッ ユアセゥフ カンファタボゥ"🈁 "伸开腿坐着舒服。/ Shēnkāi tuǐ zuò zhe shūfu."🈂 "(다리를 쭉 뻗고) 편히 앉으십시오. / (タリルル チュク ッポッコ) ピョニ アンジュシブシオ"と声をかけるとご安心いただけます。
　掘りごたつ式のテーブルは問題ありませんが、座敷に長いこと座るのは、慣れない外国人にとっては大変です。背もたれのある座椅子を勧めましょう。より一層リラックスした気分で、和室の良さを楽しんでいただくことができます。

和食 Japanese food / 日餐 rìcān / 일식

ジャパニーズ フーツ / リーツァン / イルシク

① 食事は食堂[お部屋]でお出しします

Yòngcān zài cāntīng [kèfáng li].
用餐在餐厅[客房里]。
ヨンツァン ツァイ ツァンティン[クァファンリ]

Meals are served in the dining room [your room].
ミールズ アー サーヴドゥ イン ザ ダイニンッ ルーム [ユア ルーム]

식사는 식당[방]에서 준비하겠습니다.
シクサヌン シクタン [パン] エソ チュンビハゲッスムニダ

② ご朝食は7時から10時までです

Zǎocān cóng qī diǎn dào shí diǎn.
早餐从七点到十点。
ザオツァン ツォン チーディエン ダオ シーディエン

Breakfast is served from 7 to 10 a.m.
ブレックファスト イズ サーヴドゥ フロム セヴン トゥ テン エイエム

아침식사는 7시부터 10시까지입니다.
アチムシクサヌン イルゴプシブト ヨルシカジイムニダ

③ ご夕食は何時にお持ちしましょうか?

Nín shénme shíhou yòng wǎncān?
您什么时候用晚餐？
ニン シェンマ シーホウ ヨンワンツァン

What time would you like to have dinner?
ワッ タイム ウデュー ライッ トゥ ハヴ ディナー

저녁식사는 몇 시에 준비할까요?
チョニョクシクサヌン ミョッシエ チュンビハルカヨ

④ お醤油をかけてお召し上がりください

Qǐng jiāoshang jiàngyóu chī.
请浇上酱油吃。
チン ジアオシャン ジアンヨウ チー

Please pour soy sauce over it.
プリー ポア ソイ ソース オゥヴァー イッ

간장을 쳐서 드십시오.
カンジャンウル チョソ トゥシプシオ

⑤ こちらのたれにつけてお召し上がりください

Qǐng zhàn tiáoliàozhī chī.
请蘸调料汁吃。
チン ヂャン ティアオリアオヂー チー

Please dip it in the dipping sauce.
プリー ディップ イッ イン ザ ディッピング ソース

이 소스에 찍어서 드십시오.
イ ソスエ チゴソ トゥシプシオ

⑥ 薬味はお好みでお使いください

Qǐng àn kǒuwèi tiānjiā zuǒliào.
请按口味添加佐料。
チン アン コウウェイ ティエンジア ヅオリアオ

Please add condiments to your taste.
プリー アッ コンディメンツ トゥ ユア テイスッ

고명은 기호에 맞게 넣어 드십시오.
コミョンウン キホエ マッケ ノオ ドゥシプシオ

⑦ こちらはてんぷら用です

Zhè shì chī tiānfūluó yòng de.
这是吃天麸罗用的。
ヂョアシー チー ティエンフゥルオ ヨンダ

This is for the tempura.
ディス イズ フォー ザ テンプラ

이건 튀김용입니다.
イゴン トゥィギムニョンイムニダ

⑧ これは魚のすり身を使っています

Zhè shì yòng yúròuní zuò de.
这是用鱼肉泥做的。
ヂョアシー ヨン ユィロウニィ ヅオダ

This is made from fish paste.
ディス イズ メイッ フロム フィッシュ ペイスト

이건 다진 생선을 쓰고 있습니다.
イゴン タジン センソヌル スゴ イッスムニダ

きほんの接客 | ホテル | 旅館 | 案内・買い物 | 会計〈応用〉 | 温泉・レジャー | 電話・トラブル

🔊 26

⑨ こちらでお作りしましょうか？	Can I cook it for you? キャナイ クック イッ フォー ユー
Wǒ lái gěi nǐmen zuò ba. 我来给你们做吧。 ウォ ライ ゲイ ニィメン ヅオバ	제가 만들어 드릴까요？ チェガ マンドゥロ ドゥリルカヨ

⑩ わさびは大丈夫ですか？	Is *wasabi* okay with you? イズ ワサビ オゥケイ ウィズ ユー
Néng chī Rìběn jièmo ma? 能吃日本芥末吗？ ヌォンチー リーベンジエモォマ	와사비는 괜찮습니까？ ワサビヌン クェンチャンスムニッカ

⑪ 温かいうちにどうぞ	Help yourself while it's hot. ヘゥプ ユアセゥフ ワイゥ イッツ ハッ
Qǐng chèn rè yòng ba. 请趁热用吧。 チン チェンルァ ヨンバ	따끈할 때 드십시오． タックナルテ トゥシァシオ

旅館

和食

コラム：和食を楽しんでもらう（1）（食材の説明）

　日本料理には healthy というイメージが強く、外国人の間でも評判がいいようですが、日本の食材を英語で説明するとなるといろいろ苦労があります。
　例えば「長ネギ」。一番多い英訳は leek ですが、これは「西洋ネギ」のことで、日本のネギとは形が違います。ユリ科のネギ属を指す shallot もありますし、green onion もありますが、どの単語も少しずつ違うので、Japanese leek として「長ネギ」の特徴を残します。
　次は「ごぼう」。きんぴらごぼうやさまざまなお料理に好んで使われていますが、欧米では雑草扱いされていて食用とは考えられていません。そのため、ごぼう（burdock）を食材としてあげると、"Burdock root?" と驚いたような顔をする外国人が多いのです。
　ほかにも驚かれるのが「タコ」（octopus）です。英語圏では devil's fish（悪魔の魚）として嫌われているため、スペインなどの一部を除いて食べられません。日本では「タコのはっちゃん」などと親しまれていますが、英語圏は違います。大海原を航海する船を突然大きなタコが襲うといった獰猛なイメージがあります。食材のひとつひとつに、その国の文化が根付いていますので、説明するときは単に英語に訳すのではなく、各国の文化背景を理解することがとても大切です。
　devil を使った食材の表現がもうひとつあります。devil's tongue（悪魔の舌）と呼ばれている「こんにゃく」です。こんにゃく自体は日本の食材なので、外国人には具体的なイメージがわかないようですが、名前を聞いて驚く外国人も多いといいます。この場合は英訳名よりもむしろ、"*Konnyaku* is a jelly-like food made from a kind of potato."（こんにゃくはゼリーのような食べ物で、イモの一種からできています）のように説明した方が伝わりやすいかもしれません。
　豆腐（tofu）は外国でも有名ですが、木綿（cotton tofu）と絹ごし（silk tofu）があることはあまり知られていません。「どう違うか？」と尋ねられたら「絹ごしはふわっとした食感があります」"Silk tofu has a soft texture." と説明してあげましょう。「食感」は texture を使います。「パリパリの食感」なら crispy texture ですし、「シャキシャキ感」は crisp と言います。
　「香り」というとすぐ smell が思い浮かびますが、smell には良いにおいも嫌なにおいもあります。お料理では aroma を使い、香ばしさが強いことを伝えます。「香ばしい」は aromatic がぴったりです。「おいしい」にも delicious と tasty があります。delicious は「甘さ」を想像させますので、「風味があるおいしさ」なら tasty を使って説明しましょう。

和食

ワードバンク — 和食

日本語	ローマ字/英語	中国語	韓国語
そば	soba ソバ	荞面 qiáomiàn チアオミエン	메밀국수 メミルグクス
うどん	udon ウドン	面条 miàntiáo ミエンティアオ	우동 ウドん
寿司	sushi スシ	寿司 shòusī ショウスー	스시 スシ
とろろ	grated yam グレーティッ ヤム	山药泥 shānyàoní シャンヤオニィ	마 マ
山菜	edible wild plant エディブル ワイルッ プランツ	野菜 yěcài イエツァイ	산채 サンチェ
鰹だし	fish stock フィッシュ ストッ	鲣鱼汤 jiānyútāng ジエンユィタン	가다랑어 국물 カダラんオ グんムル
昆布だし	kombu stock コンブ ストッ	海带汤 hǎidàitāng ハイダイタン	다시마 국물 タシマ グんムル
大根おろし	grated daikon グレイティドゥ ダイコン	萝卜泥 luóboní ルオボォニィ	무즙 ムージュア
玄米	brown rice ブラウン ライス	糙米 cāomī ツァオミィ	현미 ヒョンミ
味噌汁	miso soup ミソ スープ	酱汤 jiàngtāng ジアンタン	된장국 トェンジャんククゥ
〜丼	〜 on rice オン ライス	〜盖饭 gàifàn ガイファン	〜덮밥 トァパブ
鍋物	hot-pot dish ハッ ポッ ディシュ	火锅 huǒguō フオグオ	냄비 요리 ネムビ ヨリ
刺身	sashimi サシミ	生鱼片 shēngyúpiàn ションユィピエン	회 フェ
とんかつ	pork cutlet ポーク カトゥレッ	炸猪排 zházhūpái チァチュウパイ	돈까스 トンカス
茶碗蒸し	savory egg custard セイヴォリー エッグ カスターッ	蛋羹 dàngēng ダンゲン	(일본식)계란찜 (イルボンシク)ケランチム
漬物	pickles ピクゥズ	咸菜 xiáncài シエンツァイ	채소 절임 チェソジョリム
のり	dried seaweed ドゥライ スィーウィード	紫菜 zǐcài ツーツァイ	김 キム
海藻	seaweed スィーウィードゥ	海藻 hǎizǎo ハイザオ	해초 ヘチョ
豆腐	tofu トウフ	豆腐 dòufu ドウフ	두부 トゥブ
油あげ	deep-fried tofu ディーップフライッ トウフ	炸豆腐 zhá dòufu チァァドウフ	유부 ユブ
ゆば	soymilk skin ソイミゥク スキン	豆腐皮 dòufupí ドウフピィ	두유의 막 トゥユエ マク
じゃこ	baby sardines ベイビー サーディンズ	小杂鱼 xiǎozáyú シアオザァユィ	잡어 チャボ
ごまだれ	creamy sesame sauce クリーミィ セサミ ソース	芝麻调料 zhīma tiáoliào ジーマァ ティアオリアオ	참깨 소스 チャムケ ソス
ポン酢	citrus-based soy sauce シトゥラスベイスト ソイソース	橙子汁 chéngzizhī チョンヅチー	레몬식초 レモンシクチョ

コラム：和食を楽しんでもらう(2)（食べ方の説明）

お客様が日本食の食べ方で戸惑っている場合には "You can eat like this." （このようにして食べます）と動作で説明したり、醤油をかける、たれにつけて食べるなどの必要があるときには、説明を補足すると親切です（⇒ p. 70 の表現）。

箸が苦手な方には "May I bring you a fork [spoon]?" （フォーク［スプーン］をお持ちしましょうか？）とお尋ねするといいでしょう。なお、中国や韓国では日本と同様箸を使いますが、箸だけで全てを食べるのではなく、汁ものなどは必ずスプーンやれんげを使って食べるなど、マナーには違いが存在します。p. 46 の「スプーンをお持ちしましょうか？」は、中国語、韓国語でも言えるようにしましょう。また、中国、韓国では、箸の置き方が日本と違って縦向きなのも興味深い点です。

コラム：英語になった日本語表現

外国の町々には *teriyaki* や *yakitori* や *sushi* など日本料理の看板があふれています。日本料理が受け入れられるにつれて、*tofu* などの食材の日本語も定着しています。*satsuma* orange というみかんも有名ですが、これは、薩摩（鹿児島）から苗木が出荷されたところから *satsuma* という名前がついたようです。

衣類関連の言葉もあります。*kimono* は着物風の化粧着のことで、*tabi* も Oxford English Dictionary に載っています。ほかにも *happi* がありますが、英語の *happy* の発音と似ているために、英語圏の人たちから広く受け入れられています。

こうしてみると、ずいぶんいろいろな日本語が英語の中に息づいていることがわかりますね。ただ、もとが日本語だからといって油断は禁物です。中には、英語特有のアクセントに注意が必要なものもあります。例えば、*sake* は「サキ」とアクセントが前について発音され、とても日本語と同じようには聞こえません。ほかには、英文法のルールにしたがって、*kimono* → *kimonos*, *tabi* → *tabis* のように複数形の s がついたりと、日本語とは違った言い方になることもあります。

上記以外にも、Oxford English dictionary に載っている例をいくつかご紹介しましょう。なお、通じる・通じないには地域差や個人差があります。

飲食物：*konniak* (*konjak* や *konnyaku* とも), *adzuki*, *nori*, *wakame*, *miso*, *shochu*, *soba*, *udon*, *ramen*, *shiitake*, *edamame*...

その他：*obi*, *geta*, *yukata*, *origami*, *ryokan*. *karaoke*. *sumo*, *Kabuki*, *Noh*, *bunraku*, *matsuri*...

道案内　telling directions　指路 zhǐlù　길 안내
テリンッ　ダレクシャンズ　ヂールゥ　キル　アンネ

① 地図でいうと現在地はここです
We are here on the map.
ウィ　アー　ヒア　オン　ザ　マッ

Xiànzài de wèizhi zài zhèli.
现在的位置在这里。
シエンヅァイダ　ウェイヂー　ヅァイ　ヂョアリィ

지도 상으로는 현재 위치는 여깁니다.
チド　サンウロヌン　ヒョンジェ　ウィチヌン　ヨギムニダ

② どちらへ行かれるのですか？
Where would you like to go?
ウエア　ウデュー　ライッ　トゥ　ゴゥ

Nín xiǎng qù nǎr?
您想去哪儿？
ニン　シアンチュィ　ナァル

어디로 가실 겁니까？
オディロ　カシル　コムニッカ

③ 地図はお持ちですか？
Do you have a map?
ドゥユー　ハヴ　ア　マッ

Nín yǒu dìtú ma?
您有地图吗？
ニン　ヨウ　ディートゥーマ

지도는 갖고 계세요？
チドヌン　カッコ　ゲセヨ

④ 住所はご存知ですか？
Do you know the address?
ドゥユー　ノウ　ジ　アドレッ

Nín yǒu dìzhǐ ma?
您有地址吗？
ニン　ヨウ　ディーヂーマ

주소는 아세요？
チュソヌン　アセヨ

⑤ 最寄駅は梅田です
The nearest station is <u>Umeda</u>.
ザ　ニアレスッ　ステイション　イズ　<u>ウメダ</u>

Zuìjìn de chēzhàn shì Méitián zhàn.
最近的车站是梅田站。
ヅイジンダ　チョアヂャン　シー　メイティエンヂャン

제일 가까운 역은 우메다예요.
チェイル　カッカウン　ヨグン　<u>ウメダ</u>エヨ

⑥ 駅前からの直行バスが便利です
The best way is to take a direct bus from the <u>station</u>.
ザ　ベスッ　ウェイ　イズ　トゥ　テイクァ　ダレクトゥ　バス　フロム　ザ　<u>ステイション</u>

Chēzhàn kǒu yǒu zhídá gōngjiāochē.
车站口有直达公交车。
チョアヂャンコウ　ヨウ　ヂーダアー　ゴンジアオチョア

역 앞에서 직행 버스를 타시면 편리합니다.
ヨガペソ　チクヘンボスルル　タシミョン　ピョルリハムニダ

⑦ 徒歩で約20分かかります
It will take about <u>20</u> minutes on foot.
イッ　ウィゥ　テイク　アバウッ　<u>トゥエンティ</u>　ミニッツ　オン　フッ

Bùxíng yào èrshí fēnzhōng.
步行要二十分钟。
ブゥシン　ヤオ　<u>アルシーフェン</u>ヂョン

걸어서 약 20 분 정도 걸립니다.
コロソ　ヤク　<u>イーシップ</u>　ジョンド　コルリムニダ

⑧ ここから10kmほど離れています
It's <u>10</u> km away from here.
イッツ　<u>テン</u>　キロミターズ　アウェイ　フロム　ヒア

Lí zhèli yǒu shí gōnglǐ.
离这里有十公里。
リィー　ヂョアリィ　ヨウ　<u>シーゴン</u>リィ

여기서 10 킬로 정도 떨어져 있습니다.
ヨギソ　<u>シプ</u>キロ　ジョンド　トロジョ　イッスムニダ

🔊 27

⑨ 近くですので、ご案内いたします
Hěn jìn, wǒ dài nín qù.
很近，我带您去。
ヘンジン ウォ ダイ ニン チュイ

It's near here. Let me take you there.
イッツ ニア ヒア レッ ミー テイク ユー ゼア

가까우니까, 모셔다 드리겠습니다.
カッカウニッカ モショダ ドゥリゲッスムニダ

⑩ 地図をお描きします
Gěi nín huà zhāng dìtú.
给您画张地图。
ゲイニン ホアヂャン ディートゥー

I'll draw a map for you.
アイウ ドロウ ア マップ フォー ユー

약도를 그려 드리겠습니다.
ヤクトルル クリョ ドゥリゲッスムニダ

⑪ 案内標識にしたがってください
Qǐng àn lùbiāo zǒu.
请按路标走。
チン アン ルゥビアオ ヅォウ

You can follow the signs.
ユー キャン フォロウ ザ サインズ

안내표지판을 따라 가세요
アンネピョジパヌル タラ ガセヨ

⑫ まず南口を出て、まっすぐ進んでください
Xiān chū nánkǒu, yìzhí zǒu.
先出南口，一直走。
シエンチュウ ナンコウ イーヂー ヅォウ

First, take the south exit and go straight.
ファースッ テイク ザ サウス エグズィット アンッ ゴウ ストレイッ

우선, 남쪽출구로 나가서 앞으로 곧장 가세요.
ウソン ナムチョクチュルグロ ナガソ アプロ コッチャン カセヨ

ワードバンク 道案内 (1)

〜の前	in front of 〜 イン フロンッ オヴ	〜的前边 de qiánbiān ダ チエンビエン	〜 앞 アプ
〜の後ろ	behind 〜 ビハインッ	〜的后边 de hòubiān ダ ホウビエン	〜 뒤 トゥィ
〜の向かい	across from 〜 アクロス フロム	〜的对面 de duìmiàn ダ ドゥイミエン	〜 반대편 パンデピョン
〜のはす向かい	diagonally opposite 〜 ダイアガナリー オパジッ	〜的斜对面 de xiéduìmiàn ダ シエドゥイミエン	비스듬히 정면 ピスドゥミ チョンミョン
〜の近く	near 〜 ニア	〜的旁边 de pángbiān ダ パンビエン	〜 근처 クンチョ
右[左]へ行く	go to the right [left] ゴゥ トゥ ザ ライッ [レフッ]	向右[左]走 xiàng yòu [zuǒ] zǒu シアン ヨウ[ヅォ] ヅォウ	오른[왼]쪽으로 걷다 オルン[ウェン]チョグロ コッタ
交差点	intersection インターセクション	路口 lùkǒu ルゥコウ	네거리 ネゴリ
信号	traffic light トラフィッ ライッ	红绿灯 hónglǜdēng ホンリュィデゥン	신호등 シノドゥン
通行止め	road closed ロゥドゥ クロウズドゥ	禁止通行 jìnzhǐ tōngxíng ジンヂー トンシン	통행 금지 トンヘンクムジ
バス	bus バス	公交车 gōngjiāochē ゴンジアオチョア	버스 ボス
電車	train トレイン	电车 diànchē ディエンチョア	전차 チョンチャ
地下鉄	subway サブウェイ	地铁 dìtiě ディーティエ	지하철 チハチョル
モノレール	monorail モノレイル	单轨电车 dāngguǐ diànchē ダングイ ディエンチョア	모노레일 モノレイル
路面電車	streetcar ストリーッカー	有轨电车 yǒuguǐ diànchē ヨウグイ ディエンチョア	노면전차 ノミョンジョンチャ

案内・買い物

道案内

道案内

① 2番目の角で右に曲がってください

Zài dì èr ge lùkǒu xiàng yòu guǎi.
在第二个路口向右拐。
ヅァイ ディーアルガ ルゥコウ シアン ヨウグワイ

Turn right at the 2nd corner.
ターン ライッ アッ ザ セカンッ コーナー

두 번째 모퉁이에서 오른쪽으로 가세요.
トゥ ボンチェ モッとゥんイエソ オルンチョグロ カセヨ

② 横断歩道を渡ってください

Qǐng guò rénxíng héngdào.
请过人行横道。
チン グオ レンシンヘゥンダオ

Cross the pedestrian crossing.
クロス ザ ペデストリアン クロスィンッ

횡단보도를 건너세요.
フェンダンボドルル コノセヨ

③ 大通り沿いにお進みください

Qǐng yán zhe dàjiē yìzhí zǒu.
请沿着大街一直走。
チン イエンヂャ ダァジエ イーヂーヅォウ

Go along the main street.
ゴゥ アロンッ ザ メイン ストリーッ

큰길을 따라서 쭉 가세요.
クンギルル タラソ チュク カセヨ

④ 歩道橋を渡って目の前です

Guò le tiānqiáo jiù shì.
过了天桥就是。
グオラ ティエンチアオ ジウシー

It's just across the footbridge.
イッツ ジャスッ アクロス ザ フッブリッジ

육교를 건너면 바로 눈 앞에 보여요.
ユクキョルル コンノミョン パロ ヌナッペ ポヨヨ

⑤ 銀行の隣です

Zài yínháng pángbiān.
在银行旁边。
ヅァイ インハン パンビエン

It's next to the bank.
イッツ ネクスッ トゥ ザ バンク

은행 옆이에요.
ウネン ヨピエヨ

⑥ 交番を過ぎたところにあります

Guò le jǐngwùzhàn jiù shì.
过了警务站就是。
グオラ ジンウゥヂャン ジウシー

It's just past the police box.
イッツ ジャスッ パースッ ザ ポリース ボックス

파출소를 지나서 바로예요.
パチュルソルル チナソ パロエヨ

⑦ この通りの左側にあります

Zài zhèi tiáo jiē de zuǒcè.
在这条街的左侧。
ヅァイ ヂェイティアオ ジエダ ヅオッァー

It's on the left side of this street.
イッツ オン ザ レフッ サイド オヴ ディッ ストリーッ

이 길 왼편에 있어요.
イ キル ウェンピョネ イッソヨ

⑧ あの公園の中にあります

Zài nèi ge gōngyuán de lǐbiān.
在那个公园的里边。
ヅァイ ネイガ ゴンユエンダ リィビエン

It's in that park.
イッツ イン ザッ パーク

저 공원 안에 있어요.
チョ コンウォナネ イッソヨ

🔊 28

⑨ 青い看板が目印です
You will find a blue signboard.
ユー ウィゥ ファインッ ア ブルー サインボードゥ

Lánsè de zhāopái shì biāozhì.
蓝色的招牌是标志。
ランスァーダ ヂャオパイ シー ビアオヂー

파란색 간판을 찾으시면 돼요.
パランセク カンパヌル チャジュシミョン ドェヨ

⑩ この地下道は駅に続いています
This underground passage leads to the station.
ディス アンダーグラウンド パッスィッジ リーズ トゥ ザ ステイション

Zhèi ge dìxià tōngdào zhídá chēzhàn.
这个地下通道直达车站。
ヂェイガ ディーシアトンダオ ヂーダア チョアヂャン

이 지하도는 역으로 통해요.
イ チハドヌン ヨグロ トンヘヨ

⑪ 駅まで行って、もう一度お聞きください
Please ask someone when you get to the station.
プリーズ アスッ サムワン ウエン ユー ゲッ トゥ ザ ステイション

Dào le chēzhàn hòu nín zài dǎting yíxià.
到了车站后您再打听一下。
ダオラ チョアヂャンホウ ニン ヅァイ ダアティン イーシア

역까지 가서 다시 한 번 물어 보세요.
ヨクカジ カソ タシハンボン ムロボセヨ

⑫ 申し訳ありませんが、わかりません
I'm sorry, I don't know.
アイム ソゥリー アイ ドンッ ノゥ

Bàoqiàn, wǒ yě bù qīngchu.
抱歉，我也不清楚。
パオチエン ウォ イエ ブゥチンチュ

죄송하지만, 잘 모르겠습니다.
チェソンハジマン チャル モルゲッスムニダ

案内・買い物

道案内

ワードバンク 道案内 (2)

タクシー乗り場	taxi stand タクシー スタンッ	出租车站 chūzūchēzhàn チューヅーチョアヂャン	택시 승차장 テクシ スンチャジャン
バス乗り場	bus stop バス ストッ	公交车站 gōngjiāochēzhàn ゴンジアオチョアヂャン	버스 승차장 ポス スンチャジャン
東	east イースッ	东 dōng ドン	동쪽 トンチョク
西	west ウェスッ	西 xī シィ	서쪽 ソッチョク
南	south サウス	南 nán ナン	남쪽 ナムチョク
北	north ノース	北 běi ペイ	북쪽 プクチョク
新〜口	new 〜 exit ニュー エグジッ	新〜口 xīn...kǒu シン コウ	신 〜출구 シン チュルグ
中央口	central exit セントラゥ エグジッ	中心口 zhōngxīnkǒu チォンシンコウ	중앙 출구 チュンアン チュルグ
公衆電話	public phone パブリッ フォゥン	公用电话 gōngyòng diànhuà ゴンヨン ディエンホワ	공중전화 コンジュンジョヌァ
連絡通路	passage パッスィッジ	通道 tōngdào トンダオ	연결 통로 ヨンギョル トンノ
本館	main building メイン ビゥディンッ	主楼 zhǔlóu ヂューロウ	본관 ポングァン
別館	annex アネックス	配楼 pèilóu ペイロウ	별관 ピョルグァン

観光案内所 tourist information 旅游问讯处 lǚyóu wènxùnchù
トゥーリスト インフォメーション リューヨウ ウェンシュンチュウ

きほんの接客

① 地図やパンフレットは無料です
Dìtú hé lǚyóu shǒucè shì miǎnfèi de.
地图和旅游手册是免费的。
ディートゥー ホア リューヨウ ショウツアー シー ミエンフェイダ

Maps and brochures are free of charge.
マップス アンヅ ブロウシュアズ アー フリー オヴ チャージ

지도하고 팜플릿은 무료입니다.
チドハゴ パムプルリスン ムリョイムニダ

ホテル

② どれくらい滞在する予定ですか？
Nín dòuliú duōcháng shíjiān?
您逗留多长时间？
ニン ドウリウ ドゥオチャン シージエン

How long are you going to stay?
ハウ ロンッ アーユー ゴウインッ トゥ ステイ

얼마나 체재할 예정입니까？
オルマナ チェジェハル イェジョンイムニッカ

③ 日本は初めてでいらっしゃいますか？
Nín shì dìyī cì lái Rìběn ma?
您是第一次来日本吗？
ニン シー ディーイーツー ライリーベンマ

Is this your first time to Japan?
イズ ディッ ユア ファーストゥ タイム トゥ ジャパン

일본은 처음이십니까？
イルボヌン チョウミシムニッカ

旅館

④ どんな宿がよろしいですか？
Nín yào shénmeyàng de lǚdiàn?
您要什么样的旅店？
ニン ヤオ シェンマヤンダ リューディエン

What type of accommodation would you like?
ワッ タイプ オヴ アコモデイション ウデュー ライッ

어떤 숙소를 원하십니까？
オットン スクソルル ウォナシムニッカ

案内・買い物

⑤ これらは1泊8000円以下の宿です
Zhèixiē shì yī xiǔ bāqiān riyuán yǐnèi de lǚdiàn.
这些是一宿八千日元以内的旅店。
ヂェイシエシー イーシウ バーチエンリーユエンイーネイダ リューディエン

These inns charge 8,000 yen or less per night.
ジーズ インズ チャージ エイッサウザン イエン オアレス パーナイツ

이건 전부 1박에 8000엔 이하짜리 숙소입니다.
イゴン チョンブ イルバゲ パルチョネン イハチャリ スクソイムニダ

⑥ こちらに注意事項が書かれています
Zhèli xiě zhe zhùyì shìxiàng.
这里写着注意事项。
ヂョアリ シエヂャ チュウイー シーシアン

Please read the notes.
プリー リードゥ ザ ノウツ

여기에 주의 사항이 쓰여 있습니다.
ヨギエ チュイ サハンイ スヨ イッスムニダ

会計〈応用〉

⑦ この旅館は門限が10時です
Zhèi ge lǚdiàn shí diǎn guānmén.
这个旅店十点关门。
ヂェイガ リューディエン シーディエン グワンメン

Curfew is 10 p.m.
カーフュー イズ テン ピーエム

이 여관은 10시에는 문을 잠급니다.
イ ヨグァヌン ヨルシエヌン ムヌル チャムグムニダ

温泉・レジャー

⑧ 今は紅葉が見頃です
Xiànzài shì guānshǎng hóngyè de jìjié.
现在是观赏红叶的季节。
シエンヅァイ シー グワンシャン ホンイエダ ジィジエ

This is the best time to enjoy autumn leaves.
ディス イズ ザ ベスッ タイム トゥ エンジョイ オータム リーヴス

요즘은 단풍이 한창입니다.
ヨジュムン タンプンイ ハンチャンイムニダ

電話・トラブル

관광안내소
クァングァンアンネソ

🔊 29

---

⑨ **露天風呂つきのこちらはいかがですか？**
How about this one with an outdoor bath?
ハウ アバウッ ディッ ワン ウィズ アン アウドア バス

Dài lùtiān yùchí de lǚdiàn zěnmeyàng?
带露天浴池的旅店怎么样？
ダイ ルゥティエン ユィチーダ リューディエン ゼンマヤン

노천온천이 있는 여기는 어떠십니까？
ノチョンオンチョニ インヌン ヨギヌン オットシムニッカ

---

⑩ **温泉への日帰り旅行がおすすめです**
I recommend a day trip to a hot spring.
アイ リコメンッ ア デイ トリッ トゥ ア ハッ スプリング

Tuījiàn nín qù wēnquán yīrìyóu.
推荐您去温泉一日游。
トゥイジエン ニン チュイ ウェンチュエン イーリーヨウ

온천 당일치기 여행을 권해 드립니다．
オンチョン タンイルチギ ヨヘヌル クォネ ドゥリムニダ

---

⑪ **日本文化に興味はありますか？**
Are you interested in Japanese culture?
アー ユー インタレスティッド イン ジャパニーズ カウチャー

Nín duì Rìběn wénhuà yǒu xìngqù ma?
您对日本文化有兴趣吗？
ニン ドゥイ リーベン ウェンホワ ヨウ シンチュィマ

일본 문화에 관심이 있습니까？
イルボン ムヌァエ クァンシミ イッスムニッカ

ワードバンク　観光施設など

公園	park パーク	公园 gōngyuán ゴンユエン	공원 コンウォン
日本庭園	Japanese garden ジャパニーズ ガーデン	日式庭园 rìshì tíngyuán リーシー ティンユエン	일본정원 イルボンジョンウォン
世界遺産	world heritage ワールッ ヘリティッジ	世界遗产 shìjiè yíchǎn シージエ イーチャン	세계유산 セゲユサン
博物館	museum ミューズィーアム	博物馆 bówùguǎn ボォウグワン	박물관 パンムルグァン
映画館	movie theater ムーヴィ シアター	电影院 diànyǐngyuàn ディエンインユエン	영화관 ヨンファグァン
劇場	theater シアター	剧场 jùchǎng ジュィチャン	극장 ククチャン
寺	temple テンプゥ	寺庙 sìmiào スーミアオ	절 チョル
神社	Shinto shrine シントウ シュライン	神社 shénshè シェンシェ	신사 シンサ
動物園	zoo ズー	动物园 dòngwùyuán ドンウゥユエン	동물원 トンムルォン
水族館	aquarium アクウェリウム	海洋馆 hǎiyángguǎn ハイヤングワン	수족관 スジョックァン
遊園地	amusement park アミューズメンパーク	游乐园 yóulèyuán ヨウルァーユエン	유원지 ユウォンジ
銭湯	public bath パブリッバス	澡堂 zǎotáng ザオタン	대중 목욕탕 テジュン モギョクタン
伝統的	traditional トラディショナゥ	传统的 chuántǒng de チュワントンダ	전통적 チョントムジョク
現代的	modern モダーン	现代的 xiàndài de シエンダイダ	현대적 ヒョンデジョク
～祭り	～ festival フェスティヴァゥ	～节 jié ジエ	～축제 チュクチェ
絵画	picture ピクチャー	绘画 huìhuà ホイホワ	그림 クリム
城	castle キャッスゥ	城堡 chéngbǎo チョンバオ	성 ソン
桜	cherry blossoms チェリーブロッサムズ	樱花 yīnghuā インホワ	벚꽃 ポッコッ

案内・買い物　観光案内所

観光案内所

① 美術館は月曜日はお休みです
Měishùguǎn xīngqīyī xiūxi.
美术馆星期一休息。
メイシュウグワン　シンチィーイー　シウシィ

The art museum is closed on Mondays.
ジ　アーツ　ミューズィーアム　イズ　クロウズドゥ　オン　マンデイズ

미술관은 월요일은 안 합니다.
ミスルグァヌン　ウォリョイルン　アナムニダ

② 歌舞伎の一幕見に行くのはいかがですか？
Kàn yí duàn gēwǔjì zěnmeyàng?
看一段歌舞伎怎么样？
カン　イードワン　グァウゥジィ　ゼンマヤン

How about watching one act of Kabuki?
ハウ　アバウツ　ウォッチンッ　ワン　アクト　オヴ　カブキ

가부키를 한 막만 보러 가시는 건 어떻습니까？
カブキルル　ハンマンマン　ボロ　ガシヌン　ゴン　オットッスムニッカ

③ 秋葉原にいい家電量販店があります
Qiūyèyuán yǒu hǎo de diànqì shāngdiàn.
秋叶原有好的电器商店。
チウイエユェン　ヨウ　ハオダ　ディエンチイ　シャンディエン

Akihabara has some good home appliance stores.
アキハバラ　ハズ　サム　グッ　ホゥム　アプライアンス　ストーァズ

아키하바라에 좋은 가전제품 양판점이 있습니다.
アキハバラエ　チョウン　カジョンジェブム　ヤンパンジョミ　イッスムニダ

④ お寿司でしたら、葵というお店がおすすめです
Xiǎng chī shòusī de huà, tuījiàn nín qù Kuí cānguǎn.
想吃寿司的话，推荐您去葵餐馆。
シアンチー　ショウスーダホワ　トゥイジエン　ニンチュイ　クイツァングワン

I recommend the restaurant Aoi for sushi.
アイ　リコメンド　ザ　レスタランッ　アオイ　フォー　スシ

스시라면, 아오이라는 음식점이 맛있습니다.
スシラミョン　アオイラヌン　ウムシクチョミ　マシッスムニダ

⑤ ここからタクシーで5分くらいのところにございます
Zuò chūzūchē yào wǔ fēnzhōng.
坐出租车要五分钟。
ヅオ　チュゥヅゥチョア　ヤオ　ウーフェンヂォン

It takes about 5 minutes to get there by taxi.
イッ　テイクス　アバウツ　ファイヴ　ミニッ　トゥ　ゲッ　ゼア　バイ　タクシー

여기서 택시로 5분 정도 걸립니다.
ヨギソ　テクシロ　オーブン　ジョンド　コルリムニダ

⑥ 相撲の興行は今の時期は開催していません
Zhèi ge jìjié méiyǒu xiāngpū gōngyǎn.
这个季节没有相扑公演。
チェイガ　ジィジエ　メイヨウ　シアンプゥ　ゴンイエン

Sumo wrestling is currently not on.
スモウ　レスリンッ　イズ　カレントリー　ノッ　オン

스모 대회는 이 시기에는 개최하지 않습니다.
スモデフェヌン　イ　シギエヌン　ケチェハジ　アンスムニダ

⑦ アレルギーの食べ物を（日本語で）メモしました
Yǐnfā guòmǐn de shíwù dōu xiězài zhèli le.
引发过敏的食物都写在这里了。
インファア　グオミンダ　シーウゥ　ドウ　シエヅァイチョアリィラ

I wrote down the foods you are allergic to .
アイ　ロウッ　ダウン　ザ　フーズ　ユーアー　アラージッ　トゥ

알레르기 식품을 （일본어로）메모했습니다.
アルレルギ　シクプムル　（イルボノロ）　メモヘッスムニダ

⑧ これをレストランのスタッフに見せてください
Qǐng bǎ zhèi ge chūshìgěi cāntīng de rén.
请把这个出示给餐厅的人。
チン　バァチェイガ　チュウシー　ゲイ　ツァンティンダレン

Please show this to the staff at restaurants.
プリー　ショウ　ディッ　トゥ　ザ　スタッフ　アッ　レスタランツ

이걸 레스토랑 점원에게 보여 주십시오.
イゴル　レストラン　チョムオネゲ　ポヨ　ジュシプシオ

🔊 30

⑨ 英語[中国語／韓国語]ガイド付きツアーのお申込みですか？

Would you like to take a guided tour in English?
ウデュー ライク トゥ テイク ア ガイディッ トゥアー イン イングリシュ

Cānjiā yǒu Zhōngwén dǎoyóu de lǚyóutuán ma?
参加有中文导游的旅游团吗？
ツァンジア ヨウ ヂォンウェン ダオヨウダ リューヨウトワンマ

한국어 안내 투어를 신청하시겠습니까?
ハングゴ アンネ トゥオルル シンチョんハシゲッスムニッカ

⑩ ボランティアガイドツアーの一覧です

The guides on these tours are volunteers.
ザ ガイズ オン ジーズ トゥアーズ アー ヴォランティアーズ

Zhèixiē shì dài yìwù dǎoyóu de lǚyóu xiàngmù.
这些是带义务导游的旅游项目。
ヂェイシエシ ダイ イーウーダオヨウダ リューヨウシアンムゥ

자원봉사자들이 안내하는 투어의 일람표입니다.
チャウォンぼんサジャドゥリ アンネハヌン トゥオエ イルラムピョイムニダ

ワードバンク 〔商業施設・レストランなど〕

デパート	department store ディパートメンッ ストーア	百货商店 bǎihuò shāngdiàn バイフォ シャンディエン	백화점 ペックァジョム
スーパー	supermarket スーパーマーケッ	超市 chāoshì チャオシー	슈퍼 シュポ
コンビニ	convenience store カンヴィニエンス ストーア	方便店 fāngbiàndiàn ファンビエンディエン	편의점 ピョニジョム
100円ショップ	100-yen shop ワンハンドレッイエン ショッ	百元店 bǎiyuándiàn バイユエンディエン	100 엔 숍 ペゲン ショッ
ドラッグストア	drugstore ドラッグストーア	药店 yàodiàn ヤオディエン	약국 ヤックッ
ブランドショップ	designer store デザイナーストーア	名牌商店 míngpái shāngdiàn ミンパイ シャンディエン	브랜드 숍 ブレンドゥ ショッ
免税店	duty-free shop デューティフリー ショッ	免税店 miǎnshuìdiàn ミエンシュイディエン	면세점 ミョンセジョム
和食	Japanese food ジャパニーズ フーッ	日餐 rìcān リーツァン	일식 イルシク
洋食	Western food ウェスタン フーッ	西餐 xīcān シーツァン	양식 ヤんシク
中華料理	Chinese food チャイニーズ フーッ	中餐 zhōngcān ヂォンツァン	중국요리 チュグんニョリ
韓国料理	Korean food コリアン フーッ	韩餐 háncān ハンツァン	한국요리 ハングんニョリ
懐石料理	tea-ceremony dishes ティーセラモニー ディシュイズ	怀石料理 huáishí liàolǐ ホワイシー リアオリィ	일식 고급 코스요리 イルシク コグプ コースヨリ
そば	soba ソバ	荞面 qiáomiàn チアオミエン	메밀국수 メミルグクス
うどん	udon ウドン	面条 miàntiáo ミエンティアオ	우동 ウドん
ラーメン	ramen ラーメン	拉面 lāmiàn ラァミエン	라면 ラミョン
ベジタリアンの	vegetarian ヴェジタリアン	素食 sùshí スゥシー	채식주의자용 チェシクチュイジャヨん
居酒屋	pub パブ	酒铺 jiǔpù ジウプゥ	일본 선술집 イルボン ソンスルチプ
料亭	1st-class Japanese restaurant ファーッスクラス ジャパニーズ レスタランッ	日式酒家 rìshì jiǔjiā リーシー ジウジア	요정 ヨジョん
民宿	bed and breakfast ベッ アンッ ブレックファスッ	家庭旅店 jiātíng lǚdiàn ジアティん リューディエン	민박 ミンバク
郵便局	post office ポウスッ オフィス	邮局 yóujú ヨウジュィ	우체국 ウチェグク
銀行	bank バンク	银行 yínháng インハン	은행 ウネん

案内・買い物

観光案内所

観光案内所

① このツアーは相撲の稽古見学に行きます
This tour goes to the wrestlers' training room.
ディス トゥアー ゴーズ トゥ ザ レスラーズ トレイニンッ ルーム

Zhèi xiàng lǚyóu shì guānkàn xiāngpū xùnliàn.
这项旅游是观看相扑训练。
ヂェイシアンリューヨウ シー グワンカン シアンプゥ シュンリエン

이 투어는 스모 연습장을 견학하러 갑니다.
イ トゥオヌン スモ ヨンスプチャヌウル キョナカロ カムニダ

② このツアーは毎週日曜日に実施しています
This tour is available every Sunday.
ディス トゥアー イズ アヴェイラブゥ エヴリ サンデイ

Zhèi xiàng lǚyóu měi xīngqītiān jìnxíng.
这项旅游每星期天进行。
ヂェイシアン リューヨウ メイ シンチィティエン ジンシン

이 투어는 매주 일요일마다 있습니다.
イ トゥオヌン メジュ イリョイルマダ イッスムニダ

③ 皇居散策ツアーは締め切りました
The Imperial Palace walking tour is full.
ジ インペリアゥ パレス ウォーキンッ トゥアー イズ フゥ

Cānguān Huángjū de lǚyóu yǐjīng jiézhǐ le.
参观皇居的旅游已经截止了。
ツァングワン ホアンジュィダ リューヨウ イージンジエヂーラ

황궁 산책 투어는 마감했습니다.
ファんグんサンチェクトゥオヌン マガムヘッスムニダ

④ 10時に新宿駅に集合してください
Please be at Shinjuku station at 10.
プリー ビー アッ シンジュク ステイション アッ テン

Qǐng shí diǎn zài Xīnsù zhàn jíhé.
请十点在新宿站集合。
チン シーディエン ヅァイ シンスゥヂャン ジィホァ

10 시에 신주쿠역에 집합해 주십시오.
ヨルシエ シンジュクヨゲ チパペ ジュシプシオ

⑤ 宿[チケット]の手配も承ります
We can arrange accommodation [tickets] for you.
ウィ キャン アレインジ アコモデイション [ティケッツ] フォー ユー

Kěyǐ bāng nín yùdìng lǚguǎn [chēpiào].
可以帮您预订旅馆[车票]。
クァイー バンニン ユィディン リュィグワン [チョアピアオ]

숙소도 [티켓도] 대신 예약해 드립니다.
スクソド [ティケット] テシン イェーヤッケ ドゥリムニダ

⑥ 郵便局のATMで現金のお引き出しができます
You can withdraw cash from ATMs at post offices.
ユーキャン ウィズドロー キャシュ フロム エイティーエムズ アッ ポストオフィスィズ

Kěyǐ zài yóujú de ATM shang tíkuǎn.
可以在邮局的 ATM 上提款。
クァイー ヅァイ ヨウジュィダ エイティーエムシャン ティークワン

우체국의 ATM 에서 돈을 찾을 수 있습니다.
ウチェグゲ エイティエメソ トヌル チャジュルス イッスムニダ

🔊 31

コラム：アメリカ英語とイギリス英語（語彙の違い）

同じ英語でも、アメリカとイギリスでは使っている単語が違うことがあります。よくわからずに混同して使っていることもあります。いくつか例を見てみましょう。日本語の 50 音順に並べてあります。

［日］	［米］	［英］
運転免許証	driver's license	driving license
映画館	movie theater	cinema
エレベーター	elevator	lift
往復切符	round-trip ticket	return ticket
大通り	main street	high street
おむつ	diaper	nappy
ガソリンスタンド	gas station	petrol station
片道切符	one-way ticket	single ticket
（レストランの）勘定書	check	bill
クッキー	cookie	biscuit
コインランドリー	laundromat	launderette
交差点	intersection	junction
サッカー	soccer	football
紙幣	bill	note
（下着の）シャツ	undershirt	vest
ズボン	pants	trousers
セーター	sweater	jumper
地下鉄	subway	underground
駐車場	parking lot	car park
中心街	downtown	city centre
ドラッグストア	drugstore	chemist's
（車の）トランク	trunk	boot
なす	eggplant	aubergine
（下着の）パンツ	underpants	pants
ベビーベッド	crib	cot
ポテトチップス	potato chips	crisps
ミルク入りのコーヒー	coffee with milk	white coffee
持ち帰り	takeout	takeaway
郵便番号	zip code	postcode
リュックサック	backpack	rucksack
列	line	queue
ロータリー	traffic circle	roundabout
路面電車	street car	tram

このほか、階数の言い方もアメリカとイギリスでは違いがあります。「1 階、2 階、3 階…」は、アメリカでは "first floor, second floor, third floor…" と言いますが、イギリスでは "ground floor, first floor, second floor…" となります。

案内・買い物

観光案内所

観光案内所

① 行き先はどちらですか？
What's your destination?
ワッツ ユア デスティネイション

Nín qù năr?
您去哪儿?
ニン チュイ ナアル

행선지가 어디십니까?
ヘンソンジガ オディシムニッカ

---

② 片道ですか、往復ですか？
Would you like a one-way or round-trip ticket?
ウデュー ライッ ア ワンウェイ オア ラウンットゥリップ ティケッ

Dānchéngpiào háishi wăngfănpiào?
单程票还是往返票?
ダンチョンピアオ ハイシー ワンファンピアオ

편도입니까? 왕복입니까?
ピョンドイムニッカ ワんボギムニッカ

---

③ 浅草までの切符は170円です
The ticket to Asakusa is 170 yen.
ザ ティケッ トゥ アサクサ イズ ワンハンドレッ アンッ セヴンティイエン

Qù Qiăncăo de piào yìbăi qīshí rìyuán.
去浅草的票一百七十日元。
チュイ チエンツァオダ ピアオ イーバイチーシーリーユエン

아사쿠사까지는 170엔입니다.
アサクサカジヌン ペクチルシペニムニダ

---

④ 片道で大人1人3000円です
A one-way ticket for an adult is 3,000 yen.
ア ワンウェイ ティケッ フォー アン アダルッ イズ スリー サウザンッ イエン

Dānchéngpiào dàrén sānqiān rìyuán.
单程票大人三千日元。
ダンチョンピアオ ダアレン サンチエンリーユエン

어른은 편도 3000엔입니다.
オルヌン ビョンド サムチョネニムニダ

---

⑤ 出発[帰り]の日はいつですか？
What is the date of departure [returning]?
ワッ イズ ザ デイッ オヴ ディパーチュア [リターニンッ]

Chūfā [Huíchéng] rìqī shì něi tiān?
出发[回程]日期是哪天?
チュウファー [ホィチョン] リーチィ シー ネイティエン

언제 출발하십니까[돌아오십니까]?
オンジェ チュルバラシムニッカ [トラオシムニッカ]

---

⑥ 午前8時発の博多行は満席です
All the tickets to Hakata at 8 a.m. are sold out.
オーゥ ザ ティケッツ トゥ ハカタ アッ エイッ エイエム アー ソゥルッ アウッ

Zăoshang bā diăn kāiwăng Bóduō de piào méiyou le.
早上八点开往博多的票没有了。
ザオシャン バァディエン カイワンボォドゥオダ ピアオ メイヨウラ

오전 8 시발 하카타행은 만석입니다.
オージョン ヨドルシバル ハカタへウン マンソギムニダ

---

⑦ 神田で銀座線に乗り換えます
Please change trains at Kanda to the Ginza line.
プリー チェインジ トレインズ アッ カンダ トゥ ザ ギンザ ライン

Zài Shéntián huànchéng Yínzuò xiàn.
在神田换乘银座线。
ヅァイ シェンティエン ホワンチェン インヅオシエン

간다에서 긴자선으로 갈아탑니다.
カンダエソ キンジャソヌロ カラタムニダ

---

⑧ 座席の指定はなさいますか？
Would you like to make a seat reservation?
ウデュー ライッ トゥ メイクァ スィーッ リザヴェイション

Nín yào zhĭdìng zuòwèi ma?
您要指定座位吗?
ニン ヤオ ヂーディン ヅオウェイマ

좌석을 지정하시겠습니까?
チャソグル チジョンハシゲッスムニッカ

ワードバンク　交通機関・チケット

新幹線	*Shinkansen* シンカンセン	高速铁路 gāosù tiělù ガオスゥ ティエルゥ	신간선 シンガンソン
グリーン車	1st-class car ファースックラス カー	软座 ruǎnzuò ルワンヅオ	특석 トゥクソク
普通車	standard car スタンダーッ カー	散座 sǎnzuò サンヅオ	보통석 ボトンソク
特急	limited express リミテッ エクスプレス	特快车 tèkuàichē トァクワイチョア	특급 トゥククプ
急行	express エクスプレス	快车 kuàichē クワイチョア	급행 クペン
各駅停車	local train ロゥカゥ トレイン	慢车 mànchē マンチョア	완행 ワネン
寝台特急	sleeper express スリーパー エクスプレス	卧铺特快 wòpù tèkuài ウォブゥ トァクワイ	침대 특급 チムデ トゥククプ
日帰り	day trip デイ トリッ	当天往返 dàngtiān wǎngfǎn ダンティエン ワンファン	당일여행 タンイルリョヘン
自由席	unreserved seat アンリザーヴッ スィーッ	散座 sǎnzuò サンヅオ	자유석 チャユソク
窓側の席	window seat ウィンドウ スィーッ	靠窗座位 kào chuāng zuòwèi カオチュワン ヅオウェイ	창가쪽 자리 チャンカチョク チャリ
通路側の席	aisle seat アイゥ スィーッ	靠过道的座位 kào guòdào de zuòwèi カオグオダオダ ヅオウェイ	통로쪽 자리 トンノチョク チャリ
時刻表	timetable タイムテイブゥ	时刻表 shíkèbiǎo シークァビアオ	시각표 シガクピョ
路線図	route map ルーツマッ	线路图 xiànlùtú シエンルゥトゥー	노선도 ノソンド
1日乗車券	1-day pass ワンデイパス	一日周游券 yírì zhōuyóuquàn イーリー ジョウヨウチュエン	1일 승차권 イリル スンチャックォン
レンタカー	car rental カーレンタゥ	出赁汽车 chūlìn qìchē チュウリン チィチョア	렌트카 レントゥカ
飛行機	plane プレイン	飞机 fēijī フェイジィ	비행기 ピヘンギ
フライト	flight フライッ	航班 hángbān ハンバン	플라이트 プルライトゥ
航空会社	airline エアライン	航空公司 hángkōng gōngsī ハンコン ゴンスー	항공 회사 ハンゴン フェサ
便名	flight number フライッ ナンバー	航班号 hángbānhào ハンバンハオ	편명 ピョンミョン

タクシー・バス

taxi, bus
出租车、巴士 chūzūchē, bāshi
택시 · 버스

① タクシーを呼びましょうか？

Would you like me to call a taxi?

Yào jiào chūzūchē ma?
要叫出租车吗？

택시를 부르시겠습니까？

② タクシーはすぐに[10分後に]まいります

Your taxi will be here soon [in 10 minutes].

Chūzūchē mǎshàng [shí fēnzhōng yǐhòu] dào.
出租车马上[十分钟以后]到。

택시는 금방[10 분 후에] 올 겁니다.

③ そちらにおかけになってお待ちください

Please take a seat over there while you're waiting.

Qǐng nín zuòxià shāo hòu.
请您坐下稍候。

거기 앉으셔서 잠시만 기다리십시오.

④ 迎車料金が400円かかります

The pick-up charge will be 400 yen.

Yào jiā sìbǎi rìyuán de yíngkèfèi.
要加四百日元的迎客费。

콜 요금이 400 엔 추가됩니다.

⑤ 空港まではタクシーで3000円くらいです

It's about 3,000 yen to the airport by taxi.

Dào jīchǎng, dǎchē dàgài sānqiān rìyuán.
到机场，打车大概三千日元。

공항까지는 택시로 3000 엔 정도 나옵니다.

⑥ ホテルと駅の間で送迎バスを運行しております

We offer shuttles between the hotel and the station.

Cóng fàndiàn dào chēzhàn yǒu bānchē.
从饭店到车站有班车。

호텔에서 역까지는 셔틀버스를 운행하고 있습니다.

⑦ このバスは空港[駅]にまいります

This bus goes to the airport [station].

Zhèi liàng chē kāiwǎng jīchǎng [chēzhàn].
这辆车开往机场[车站]。

이 버스는 공항으로[역으로] 갑니다.

⑧ 送迎バスは10分おきに出ております

The shuttle bus runs every 10 minutes.

Bānchē shí fēnzhōng yí tàng.
班车十分钟一趟。

셔틀버스는 10 분 마다 1 대 씩 있습니다.

🔊 33

⑨ 次の[始発 / 最終]バスは9時の発車です
The next [first / last] bus leaves at 9.
ザ ネクスッ [ファースッ／ラスッ] バス リーヴズ アッ ナイン

Xià tàng [Shǒubān / Mòbān] chē jiǔ diǎn fā chē.
下趟[首班 / 末班]车九点发车。
シアタン[ショウバン／モウバン] チョア ジゥディエン ファーチョア

다음 버스[첫차 / 막차] 는 9 시 출발입니다.
タウム ボス[チョッチャ／マクチャ] ヌン アホプシ チュルバリムニダ

⑩ 料金はお乗り[お降り]の際にお支払いください
Please pay the fare when you get on [get off].
プリー ペイ ザ フェア ウェン ユー ゲッオン [ゲッオフ]

Chēfèi qǐng shàng chē [xià chē] shí fù.
车费请上车[下车]时付。
チョアフェイ チン シャンチョア [シアチョア] シー フゥ

요금은 타실[내리실] 때 지불해 주십시오.
ヨグムン タシル[ネリシル] テ チブレ ジュシアシオ

コラム：和製英語に注意！（1）

　カタカナと英語が全く違って通じないということがよくあります。いくつかパターンを知っておくと、いざというときに困らなくてすみます。

　パターン①短縮型　長い英語を短くして言いやすくしているものです。例えば「コンビニ」は convenience store が短くなったものですし、「スーパー」は supermarket が短縮されたものです。このほか、「ボールペン」（ballpoint pen）や「マーカー」（magic marker）なども同様です。

　パターン②変更型　カタカナと全く違っているためにお客様の英語が理解できないことがあります。精算をする「レジ」は cashier です。レジはもともと register（自動登録機）という単語を短くしたものですが、一般的にはレジを打つ会計係を指す cashier が使われています。「コンセント」は outlet と言います。英語の consent は「同意」や「意見の一致」を表し、「電気をとるための差し込み口」の意味はありません。concentric plug から「コンセント」になったもののようです。

　パターン③アクセント変化型　英語は強弱のアクセントがつくのが特徴です。日本語の高低アクセントとは全く違うので、戸惑うことが多いようです。ハンバーガーショップの「マクドナルド」（McDonald's）は英語のアクセントがつくと「マクダナルズ」と真ん中が強く読まれます。そのため「マクダナルズ」と「ド」が強調して聞こえますので、日本語読みの「マクドナルド」とは聞こえ方があまりにも違っています。

　「オレンジジュース」（orange juice）もお客様の英語を聞きとることのできない単語のひとつです。アクセントが最初の o につきます。そのため「オーレンジュー」となります。

　　　　　McDonald's　　　　　orange juice
　　　　　「マクダナルズ」　　　「オーレンジュー」

　パターン④発音型　カタカナは英語を日本語の発音に変化させています。そのために英語の原音とは大きく違っているものが多く、お客様の英語を聞きとる弊害となっています。「バニラ」（vanilla）をオーダーしたいお客様の英語は「ヴァニラ」となり、「ニ」が耳に残ります。V は下くちびるをしっかりと噛んで作りだされる音で、日本語に比べてとても強く発音されます。「ソファー」（sofa）は日本語でもそのまま使われているので問題がないように思われますが、「ソウファ」と母音がカタカナとは違っており、ちょっとした違いが全く別の単語のように聞こえさせます。

　なお、上記以外の具体的な和製英語の例は p. 129 のコラムで紹介していますので、ご参照ください。

みやげもの屋

souvenir shop / 礼品店 lǐpǐndiàn / 선물 가게
スーヴェニア ショッ / リィピンディエン / ソンムル カゲ

① いらっしゃいませ。何かお探しですか？
Huānyíng guānglín, nín xūyào shénme?
欢迎光临，您需要什么？
ホワンイン グアンリン ニン シューヤオ シェンマ

Hello. May I help you?
ハロウ メイアイ ヘゥプ ユー

어서 오십시오. 뭘 찾으십니까？
オソ オシプシオ ムォル チャジュシムニッカ

② 在庫を確認します。少々お待ちください
Shāo hòu, wǒ kànkan yǒuméiyǒu kùcún.
稍候，我看看有没有库存。
シャオホウ ウォ カンカン ヨウメイヨウ クゥツン

Please wait for a moment. I'll check the stock.
プリー ウェイッ フォー ア モーメンッ アイゥ チェック ザ ストック

재고를 확인해 보겠습니다. 잠시만 기다리세요.
チェゴルル ファギネ ボゲッスムニダ チャムシマン キダリセヨ

③ 申し訳ありません。売り切れです
Duìbùqǐ, dōu màiwán le.
对不起，都卖完了。
ドゥイブチィ ドウ マイワンラ

I'm sorry, it's sold out.
アイム ソゥリー イッツ ソゥルッ アウッ

죄송합니다. 다 팔렸습니다.
チェソンハムニダ ター パルリョッスムニダ

④ 当店では扱っておりません
Běndiàn méiyou zhèi zhǒng shāngpǐn.
本店没有这种商品。
ベンディエン メイヨウ チェイヂォン シャンピン

I'm sorry. We don't have it.
アイム ソゥリー ウィ ドンッ ハゥ イッ

저희 가게에서는 취급하고 있지 않습니다.
チョイ カゲエソヌン チュィグパゴ イッチ アンスムニダ

⑤ こちらはいかがですか？お買い得ですよ
Zhèi ge zěnmeyàng? Jiàgé yōuhuì.
这个怎么样？价格优惠。
チェイガ ゼンマヤン ジアグァ ヨウホイ

How about this? It's a good buy.
ハウ アバウッ ディス イッツ ア グッ バイ

이런 건 어떠세요？ 아주 쌉니다.
イロンゴン オットセヨ アジュ サムニダ

⑥ この地方の名産です
Zhè shì zhèi ge dìqū de tèchǎn.
这是这个地区的特产。
チョアシー チェイガ ディーチュイダ トォアチャン

This is a local specialty.
ディス イズ ア ロウカゥ スペシャリティ

이 지방의 명산품입니다.
イ チバンエ ミョンサンプミムニダ

⑦ こちらがおすすめです
Wǒ tuījiàn nín zhèi ge shāngpǐn.
我推荐您这个商品。
ウォ トゥイジエン ニン チェイガ シャンピン

I would recommend this one.
アイ ウドゥ リコメンッ ディス ワン

이걸 특히 권해 드리고 싶습니다.
イゴル トゥキ クォネ ドゥリゴ シプスムニダ

⑧ 北海道限定のお菓子です
Zhèi zhǒng diǎnxin zhǐ Běihǎidào yǒu.
这种点心只北海道有。
チェイヂォン ディエンシン チー ベイハイダオ ヨウ

These sweets are only sold in Hokkaido.
ジーズ スウィーツ アー オゥンリー ソゥルツ イン ホッカイドゥ

홋카이도에서만 파는 과자입니다.
ホッカイドエソマン パヌン クァジャイムニダ

🔊 34

⑨ おまんじゅうの中にはあずき餡が入っています	*Adzuki* bean jam is in the steamed buns. アズキ　ビーン　ジャム　イズ　イン　ザ　スティームッ　バンズ
Bāozi shì xiǎodòu xiànr de. 包子是小豆馅儿的。 パオヅ　シー　シアオドウシアルダ	만주 속에 단팥이 들어 있습니다. マンジュソゲ　タンパッチ　トゥロ　イッスムニダ

⑩ 個別包装になっています	They are wrapped individually. ゼイ　アー　ラップトゥ　インダヴィジュアリー
Shì xiǎobāo bāozhuāng de. 是小包装的。 シー　シアオバオ　バオヂュアンダ	개별포장 되어 있습니다. ケビョルポジャン　トェオ　イッスムニダ

⑪ 賞味期限は1か月です	The expiration date is in 1 month. ジ　エクスパレイション　デイッ　イズ　イン　ワン　マンス
Yǒuxiàoqī yí ge yuè. 有效期一个月。 ヨウシアオチィ　イーガユエ	보장기간은 한 달입니다. ポジャンギガヌン　ハンダリムニダ

ワードバンク　おみやげ (1)

伝統工芸品	traditional craftworks トラディショナゥ　クラフツワークス	传统工艺品 chuántǒng gōngyìpǐn チュワントン　ゴンイーピン	전통공예품 チョントンコンイェブム
陶器	ceramic ware セラミック　ウエア	陶器 táoqì タオチィ	도기 トギ
磁器	porcelain ポーサリン	瓷器 cíqì ツーチィ	자기 チャギ
ガラス製	made-from glass メイツフロム　グラス	玻璃制品 bōlizhìpǐn ポォリィチーピン	유리로 만든 ~ ユリロ　マンドゥン
木製	made-of wood メイツォヴ　ウッ	木制品 mùzhìpǐn ムゥチーピン	목제 モクチェ
竹	bamboo バンブー	竹子 zhúzi ヂュヅ	대나무 テナム
プラスチック	plastic プラスティッ	塑料 sùliào スゥリアオ	플라스틱 プルラスティク
金箔	gold leaf ゴゥルドリーフ	金箔 jīnbó ジンボォ	금박 クムバク
湯のみ	teacup ティーカッ	茶碗 cháwǎn チャァワン	찻잔 チャッチャン
お茶碗	rice bowl ライスボゥ	饭碗 fànwǎn ファンワン	밥공기 パァコンギ
はし置き	chopstick rest チャプスティク　レスッ	筷子架 kuàizijià クワイヅジア	젓가락 받침 チョッカラク　パッチム
はっぴ	happi coat ハッピ　コゥト	号衣 hàoyī ハオイー	핫피(윗옷) ハッピ(ウィドッ)
足袋	tabi(s) タビ(ズ)	布袜 bùwà ブゥワァ	일본식 버선 イルボンシク　ポソン
下駄	clogs クラッグス	木屐 mùjī ムゥジィ	게다 ケダ
帯	obi オビ	腰带 yāodài ヤオダイ	(일본옷의) 띠 (イルボノセ) ティ
ふろしき	wrapping cloth ラッピンッ　クロス	包袱 bāofu パオフゥ	보자기 ポジャギ
手ぬぐい	hand towel ハンッ　タウァゥ	手巾 shǒujīn ショウジン	수건 スゴン
巾着	drawstring purse ドロースト リンッ　パース	腰包 yāobāo ヤオバオ	주머니 チュモニ
うちわ	round fan ラウンッ　ファン	团扇 tuánshàn トワンシャン	부채 ブチェ

みやげもの屋

① 1箱あたり10個入っています
Yì hé yǒu shí ge.
一盒有十个。
イーホア ヨウ シーガ

There are 10 pieces in 1 box.
ゼア アー テン ピースィズ イン ワン ボックス

1 상자에 10 개씩 들어 있습니다.
ハンサンジャエ ヨルケシク トゥロ イッスムニダ

② 静岡産の新茶です
Zhè shì Jīnggāng chǎn de xīnchá.
这是静冈产的新茶。
ヂョアシー ジンガンチャンダ シンチァア

It's the first tea of the season, from Shizuoka region.
イッツ ザ ファースツ ティー オヴ ザ シーズン フロム シズオカ リージョン

시즈오카산 햇차입니다.
シジュオカサン ヘッチャイムニダ

③ ティースプーン1杯で5杯飲めます
Yì xiǎosháo kěyǐ hē wǔ bēi.
一小勺可以喝五杯。
イーシアオシャオ クァイー ホア ウゥベイ

You can drink 5 cups with 1 teaspoonful.
ユー キャン ドリンク ファイヴ カップス ウィズ ワン ティースプーンフゥ

티스푼 하나로 5 잔 만들 수 있습니다.
ティスプン ハナロ タソッチャン マンドゥルス イッスムニダ

④ こちらに説明が書いてあります
Zhèli xiě zhe shuōmíng.
这里写着说明。
ヂョアリィ シエジャ シュオミン

The directions are written here.
ザ ディレクションズ アー リトゥン ヒア

여기에 설명이 쓰여 있습니다.
ヨギエ ソルミョんイ スヨ イッスムニダ

⑤ お試しになってみませんか？
（※試食・試飲の際に）
Nín chángchang ma?
您尝尝吗?
ニン チャンチャンマ

Would you like to try some?
ウデュー ライッ トゥ トライ サム

시식해 보시겠습니까 ?
シシケ ボシゲッスムニッカ

⑥ アルコール度数は15度です
Zhèi ge jiǔ shíwǔ dù.
这个酒十五度。
ヂェイガジウ シーウゥドゥー

The alcohol content is 15%.
ジ アルコホール コンテンィ イズ フィフティーン パーセンッ

알콜 도수는 15 도입니다.
アルコルドスヌン シボドイムニダ

⑦ パジャマやガウンとしても使えます
Kěyǐ dāngzuò shuìyī huò shuìpáo.
可以当作睡衣或睡袍。
クァイー ダンヅオ シュイイー フオ シュイパオ

This can be used as pajamas or a gown.
ディス キャン ビー ユーズドゥ アズ パジャマズ オア ア ガウン

파자마나 가운으로도 쓸 수 있습니다.
パジャマナ カウヌロド スルス イッスムニダ

⑧ テーブルクロス代わりにもなります
Kěyǐ dāng zhuōbù yòng.
可以当桌布用。
クァイー ダン ヂュオブゥ ヨン

It can be used as a tablecloth.
イッ キャン ビー ユーズドゥ アズ ア テイブゥクロス

테이블 클로스대용도 됩니다.
テイブル クルロス テヨンド ドェムニダ

🔊 35

⑨ これはお酒を飲むときに使います
This is used for drinking liquor.
ディス イズ ユーズドゥ フォー ドリンキンッ リカー

Zhè shì hē jiǔ shí yòng de.
这是喝酒时用的。
チョアシー ホァジウシー ヨンダ

이건 술 마실 때 씁니다.
イゴン スル マシルテ スムニダ

⑩ 熟練の職人の手で作られています
It's handmade by skilled craftsmen.
イッツ ハンッメイド バイ スキッド クラフツメン

Shú liàn shīfu zuò de.
是老师傅做的。
シー ラオシーフゥ ヅオダ

숙련공이 직접 만든 겁니다.
スンニョンゴンイ チクチョブ マンドゥン ゴムニダ

⑪ 高品質で長持ちします
It is high quality and lasts for a long time.
イティズ ハイ クォリティ アンッ ラスッ フォー ア ロンッ タイム

Zhìliàng hǎo, nàiyòng.
质量好，耐用。
ヂーリアン ハオ ナイヨン

품질이 좋고 오래 쓸 수 있습니다.
プムジリ チョコ オレ スルス イッスムニダ

⑫ おみやげにぴったりです
It makes a perfect souvenir.
イッ メイクス ア パーフェクッ スーヴェニア

Zhège shìhé zuò lǐpǐn.
这个适合作礼品。
チェイガ シーホァ ヅオ リィピン

선물로 딱 좋습니다.
ソンムルロ タク チョッスムニダ

案内・買い物

みやげもの屋

ワードバンク　おみやげ（2）

提灯	lantern ランタン	灯笼 dēnglong デゥンロン	초롱 チョロン
のれん	noren ノレン	门帘 ménlián メンリエン	노렌 ノレン
お香立て	incense holder インセンス ホゥルダー	香座 xiāngzuò シアンツオ	향로 ヒャンノ
人形	doll ダー	玩具娃娃 wánjù wáwa ワンジュィワァワ	인형 イニョん
おもちゃ	toy トイ	玩具 wánjù ワンジュィ	장난감 チャんナンカム
くし	comb コウム	梳子 shūzi シューヅ	빗 ピッ
髪飾り	hair ornament ヘアオーナマンッ	发饰 fàshì ファーシー	머리 장식품 モリ チャんシクプム
温泉の素	hot spring essence ハッ スプリンッ エッセンス	温泉精 wēnquán jīng ウェンチュエンジン	입욕제 イビョクチェ
調理法	recipe レサピ	烹调方法 pēngtiáo fāngfǎ ポンティアオ ファンファー	조리법 チョリポプ
原材料	ingredients イングリーディエンツ	原材料 yuáncáiliào ユエンツァイリアオ	원재료 ウォンツェリョ
焼酎	shochu liquor ショチュウ リカー	烧酒 shāojiǔ シャオジウ	소주 ソジュ

みやげもの屋

① 漆器は食洗機に入れないでください	Please do not put the lacquer ware in a dishwasher. プリー ドゥ ノッ プッ ザ ラッカー ウエア イン ア ディッシュウォッシャア
Qìqì bù néng fàngzài xǐwǎnjī li xǐ. 漆器不能放在洗碗机里洗。 チィチィ ブゥヌォン ファンヅァイ シィワンジィリ シィ	칠그릇은 식기세척기에 넣지 마십시오. チルグルスン シクキセチョクキエ ノッチ マシプシオ

② とても人気の商品です	This one is quite popular. ディッ ワン イズ クワイッ ポピュラー
Zhè ge shāngpǐn zuì shòu huānyíng. 这个商品最受欢迎。 ヂェイガ シャンピン ヅイショウ ホワンイン	요즘 아주 인기있는 상품이에요. ヨジュム アジュ インキインヌン サンプミエヨ

③ 江戸時代の浮世絵のプリントです	It's the print of the *Ukiyoe* of the *Edo* era. イッツ ザ プリンツ オヴ ジ ウキヨエ オヴ ジ エド エアラ
Zhè shi Jiānghù shíqī de fēngsúhuà yìnrǎnbù. 这是江户时期的风俗画印染布。 ヂョアシー ジアンフゥ シーチィダ フォンスゥホア インランブゥ	에도시대 풍속화를 프린트한 겁니다. エドシデ ブンソクァルル プリントゥ ハンゴムニダ

④ 絵葉書は1枚100円です	This picture postcard is 100 yen each. ディス ピクチャー ポゥストカード イズ ア ハンドレッ イエン イーチ
Míngxìnpiàn yì zhāng yìbǎi rìyuán. 明信片一张一百日元。 ミンシンピエン イーヂャン イーバイリーユエン	그림엽서는 1 장에 100 엔입니다. クリムニョプソヌン ハンジャンエ ペギエンムニダ

⑤ この扇子は和紙でできています	This folding fan is made of Japanese paper. ディス フォウルディンツ ファン イズ メイド オヴ ジャパニーズ ペイパー
Zhèi ge shànzi shǐ yòng Rìběnzhǐ zuò de. 这个扇子是用日本纸做的。 ヂェイガ シャンヅ シー ヨン リーベンヂー ヅオダ	이 부채는 일본종이로 만든 것입니다. イ プチェヌン イルポンジョンイロ マンドゥン ゴシムニダ

⑥ 日本の伝統的な模様染めです	It's Japanese traditional dyeing. イッツ ジャパニーズ トラディショナゥ ダインツ
Zhè shi Rìběn chuántǒng tú'àn yìnrǎnbù. 这是日本传统图案印染布。 ヂョアシー リーベン チュワントン トゥーアン インランブゥ	일본의 전통문양 염색입니다. イルボネ チョントンムニャン ヨムセギムニダ

⑦ このお香はリラックスできる香りです	This incense has a relaxing aroma. ディス インセンス ハズ ア リラクスィンツ アロゥマ
Zhèi zhǒng xiāng kěyǐ shǐ rén jīngshén fàngsōng. 这种香可以使人精神放松。 ヂェイヂォン シアン クァイー シーレン ジンシェン ファンソン	이 향은 릴랙스 효과가 있습니다. イ ヒャウン リルレクス ヒョクァガ イッスムニダ

⑧ （お香の）燃焼時間は約20分です	The burning time is about 20 minutes. ザ バーニンッ タイム イズ アバウッ トゥエンティ ミニッツ
(Xiāng) Dàgài kěyǐ diǎn èrshí fēnzhōng. （香）大概可以点二十分钟。 (シアン) ダーガイ クァイー ディエン アルシーフェンヂョン	(향이) 타는 시간은 약 20 분입니다. (ヒャンイ) タヌン シガヌン ヤク イーシプ ブニムニダ

🔊 36

⑨ いくつになさいますか？	How many would you like? ハウ メニー ウデュー ライツ
Nín yào jǐ ge? 您要几个？ ニン ヤオ ジィガ	몇 개 드릴까요？ ミョッケ トゥリルカヨ

⑩ お会計はあちら[こちら]です	The cashier is over there [here]. ザ キャシュア イズ オゥヴァ ゼア [ヒア]
Zài nàbiān [zhèibiān] fùkuǎn. 在那边[这边]付款。 ツァイ ナァビエン [ヂェイビエン] フゥクワン	계산은 저기서[여기서] 합니다. ケサヌン チョギソ [ヨギソ] ハムニダ

案内・買い物

みやげもの屋

コラム：間違えやすい英語表現（否定疑問文の答え方）

お客様とのコミュニケーションでよく問題になるのが、否定疑問文に対する答え方です。
"Don't you have any stamps?"（切手、扱っていないんですか？）と尋ねられたとき、「いえ、扱ってますよ」という日本語を思い浮かべて No と答えがちです。これでは、お客様は「扱っていない」と誤解してしまいます。英語では "Yes, we do."（はい、扱っています）と Yes で答えます。英語と日本語の表現の違いがあるために、とっさに答えるときに、混乱するのが常です。

英語では "Do you have any stamps?" と聞かれても "Don't you have any stamps?" と聞かれても、「扱っている」場合は、いずれも Yes で答えるのがルールです。

お客様： Do you have any stamps?　　　店員： Yes, we do.（扱っている）
　　　　　　　　　　　　　　　　　　　　　　　　No, we don't.（扱っていない）
お客様： Don't you have any stamps?　　店員： Yes, we do.（扱っている）
　　　　　　　　　　　　　　　　　　　　　　　　No, we don't.（扱っていない）

日本語の方が複雑です。「扱っていますか」に対しては「はい、扱っています」と答え、「扱っていないんですか」に対しては「いえ、扱っています」と答えます。

お客様： 扱っていますか？　　　　　　店員： はい、扱っています。
　　　　　　　　　　　　　　　　　　　　　　　いいえ、扱っていません。
お客様： 扱っていないんですか？　　　店員： いいえ、扱っています。
　　　　　　　　　　　　　　　　　　　　　　　はい、扱っていません。

表現方法の違いがはっきりすると、英語の方が簡単なことがわかります。

価格交渉

price negotiation
ブライス ニゴゥシエイシャン

讲价 jiǎngjià
ジアンジア

가격 교섭
カギョク キョソプ

---

① セールを実施中です。大変お買い得になっております

Xiànzài dàshuǎimài, jiàgé yōuhuì.
现在大甩卖，价格优惠。
シエンヅァイ ダァシュワイマイ ジアグァ ヨウホイ

We're having a sale. It's a good buy.
ウィア ハヴィンッ ア セイゥ イッツ ア グッ バイ

세일 중입니다. 아주 쌉니다.
セイルジュンイムニダ アジュ サムニダ

---

② こちらは全て2割引です

Zhèixiē dōu dǎ bā zhé.
这些都打八折。
ヂェイシエ ドゥダァ バァヂョア

These are all 20% off.
ジーズ アー オーゥ トゥエンティ パーセンッ オフ

이쪽은 전부 20 퍼센트 할인입니다.
イチョグン チョンブ イーシブパセントゥ ハリニムニダ

---

③ レジにて割引きいたします

Zài fùkuǎntái dǎzhé.
在付款台打折。
ヅァイ フゥクワンタイ ダァヂョア

A discount will be given at the cashier.
ア ディスカウンッ ウイゥ ビー ギヴン アッ ザ キャシュアー

계산하실 때 할인해 드립니다.
ケサナシルテ ハリネ ドゥリムニダ

---

④ こちらとセットでしたらお安くなります

Hé zhèi ge yìqǐ mǎi jiàqián yōuhuì.
和这个一起买价钱优惠。
ホァ ヂェイガ イーチーマイ ジアチエン ヨウホイ

If you buy them together, you can get a discount.
イフ ユー バイ ゼム トゥゲザー ユーキャン ゲッ ア ディスカウンッ

이거하고 세트로 사시면 싸게 해 드립니다.
イゴハゴ セットゥロ サシミョン サゲ ヘ ドゥリムニダ

---

⑤ 2つお買い上げの場合、500円引きとなります

Mǎi liǎng ge piányi wǔbǎi rìyuán.
买两个便宜五百日元。
マイ リアンガ ピエンイー ウゥバイリーユエン

You can save 500 yen if you buy 2.
ユー キャン セイヴ ファイヴ ハンドレッ イエン イフ ユー バイ トゥー

2 개를 사시면 500 엔 빼 드립니다.
トゥーゲルル サシミョン オーベゲン ベ ドゥリムニダ

---

⑥ 3つお買い上げの方に1つプレゼントいたします

Mǎi sān sòng yī.
买三送一。
マイ サン ソン イー

If you buy 3, you can get 1 for free.
イフ ユー バイ スリー ユー キャン ゲッ ワン フォー フリー

3 개를 사시는 분께 하나 더 드립니다.
セーゲルル サシヌン ブンケ ハナ ト ドゥリムニダ

---

⑦ 既に半額になっております

Yǐjing shì bànjià le.
已经是半价了。
イージン シー バンジアラ

It's already discounted by 50%.
イッツ オーレディ ディスカウンティドゥ バイ フィフティ パーセンッ

벌써 반 값으로 내린 겁니다.
ボルソ パンカプスロ ネリンゴムニダ

---

⑧ こちらは値下げ後[前]の価格です

Zhè shì dǎzhé hòu [qián] de jiàgé.
这是打折后[前]的价格。
ヂョアシー ダァヂョアホゥ [チエン] ダ ジアグァ

This is the price after [before] the discount.
ディス イズ ザ プライス アフター [ビフォー] ザ ディスカウンッ

이건 가격 인하 후의[전의] 값입니다.
イゴン カギョク イナ フエ[ジョネ] カプシムニダ

⑨ こちらは割引対象外です

Zhèi ge shāngpǐn bù dǎzhé.
这个商品不打折。
ヂェイガシャンピン ブゥダァヂョア

The discount doesn't apply to this item.
ザ ディスカウンツ ダズンッ アプライトゥ ディス アイテム

이쪽은 할인대상품이 아닙니다.
イチョグン ハリンデサンプミ アニムニダ

⑩ 税込価格です

Zhè shì hán shuì jiàgé.
这是含税价格。
ヂョアシー ハンシュイ ジアグァ

This price includes tax.
ディス プライス インクルーツ タックス

세금이 포함된 가격입니다.
セグミ ポハムドェン カギョギムニダ

⑪ 現金でのお支払いに限り、割引きいたします

Yòng xiànjīn zhīfù jiàgé yōuhuì.
用现金支付价格优惠。
ヨン シエンジン ヂーフゥ ジアグァ ヨウホイ

Please pay in cash to get a discount.
プリーズ ペイ イン キャシュ トゥ ゲッ ア ディスカウンツ

현금으로 지불하실 때만 할인이 됩니다.
ヒョングムロ チブラシルテマン ハリニ テェムニダ

⑫ 恐れ入りますが値引きはいたしかねます

Bàoqiàn, bù néng yōuhuì.
抱歉，不能优惠。
バオチエン ブゥヌォン ヨウホイ

I'm afraid we can't give any discount.
アイム アフレイッ ウィ キャーンッ ギヴ エニィ ディスカウンツ

죄송합니다만, 깎아 드릴 수 없습니다.
チェソンハムニダマン カッカ ドゥリルス オプスムニダ

⑬ こちらが最終価格でございます

Zhè shì zuì dī jiàgé le.
这是最低价格了。
ヂョアシー ツイディー ジアグァーラ

This is our best price.
ディス イズ アワー ベスッ プライス

더 이상은 깎아 드릴 수 없습니다.
トイサンウン カッカ ドゥリルス オプスムニダ

案内・買い物

価格交渉

コラム：値引きの習慣

　海外では、みやげもの屋、市場、マーケット等で買い物をする際、お店の人と言葉を交わしながら値段を交渉することがあります。安くしてもらったり、量をおまけしてもらったりと、様々な交渉が行われます。例えば、flea market や farmer's market での買い物で、英語でどのように交渉するのか見てみましょう。

　Buyer　：How much is it?（いくらですか？）
　Seller　：$50. It's a good buy.（50ドルです。お買い得ですよ。）
　Buyer　：Too expensive! I'll pay $30.（高すぎます！ 30ドルなら払えますけど。）
　Seller　：Sorry, I can't do that.（すみません、それは無理です。）
　Buyer　：How about $40?（40ドルならどうですか？）
　Seller　：Done!（わかりました。）

　買い手は、このように売り手の落とし所を探りながら、希望する金額に持っていこうとします。お客様がこのように値切ってくる可能性がありますので、覚えておきましょう。また、値引きができない場合もあいまいな表現はかえって誤解を生みます。「割引きはできません」とはっきり伝えましょう。

　なお、中国語で値引きの説明をする際はひとつ注意が必要です。日本語で「2割引」と言うところを、中国語では"打八折"（8掛け）と言い、割引率ではなく掛け率で表すのです。誤解を防ぐためには、値引き後の具体的な金額をお伝えした方がいいかもしれません。

お支払い（現金）

payment (cash) 付款（現金）fùkuǎn (xiànjīn)
ペイメンッ（キャッシュ） フゥクワン（シエンジン）

---

① 合計で5200円でございます

That's 5,200 yen in total.
ザッツ ファイヴ サウザンツ トゥ ハンドレッ イエン イン トウタウ

Yígòng wǔqiān liǎngbǎi rìyuán.
一共五千两百日元。
イーゴン ウゥチエン リアンバイリーユエン

다 합해서 5200 엔이에요.
タ ハプヘソ オーチョンイベゲニエヨ

---

② 現金でしょうか、カードでしょうか？

Cash or charge?
キャシュ オア チャージ

Yòng xiànjīn háishi shuā kǎ?
用现金还是刷卡？
ヨン シエンジン ハイシー シュワカァ

현찰이세요？ 카드세요？
ヒョンチャリセヨ カドゥセヨ

---

③ 1万円ちょうどいただきます

10,000 yen exactly.
テン サウザンツ イエン イグザクトゥリー

Zhènghǎo yíwàn rìyuán.
正好一万日元。
ヂョンハオ イーワンリーユエン

10000 엔 받았습니다.
マーネン パダッスムニダ

---

④ 6000円お預かりいたします

Out of 6,000 yen.
アウッ オヴ シックス サウザンツ イエン

Shōu nín liùqiān rìyuán.
收您六千日元。
ショウニン リュウチエンリーユエン

6000 엔 받았습니다.
ユクチョネン パダッスムニダ

---

⑤ 800円のお返しです。お確かめください

Here's 800 yen in change. Thank you.
ヒアズ エイッ ハンドレッ イエン イン チェインジ サンキュー

Zhǎo nín bābǎi rìyuán. Qǐng diǎn yíxià.
找您八百日元。请点一下。
ヂャオニン バァバイリーユエン チン ディエン イーシア

800 엔입니다. 확인해 보세요.
パルベゲニムニダ ファギネ ボセヨ

---

⑥ 日本円の現金でお願いいたします

We accept cash in Japanese yen only.
ウィ アクセプッ キャシュ イン ジャパニーズ イエン オゥンリー

Qǐng nín fù rìyuán xiànjīn.
请您付日元现金。
チン ニン フゥ リーユエン シエンジン

일본엔 현찰로 부탁드립니다.
イルボネン ヒョンチャルロ プッタクトゥリムニダ

---

⑦ ドルでのお支払いも可能です

We also accept dollars.
ウィ オーゥソウ アクセプッ ダラーズ

Yě kěyǐ yòng měijīn.
也可以用美金。
イエ クァイーヨン メイジン

달러로 지불하셔도 됩니다.
タルロロ チブラショド トェムニダ

---

⑧ 領収書はご入用ですか？

Do you need a receipt?
ドゥ ユー ニーッ ア レスィーッ

Nín yào fāpiào ma?
您要发票吗？
ニン ヤオ ファービアオマ

영수증은 필요하세요？
ヨンスジュヌウン ピリョハセヨ

지불（현금）
チブル（ヒョングム）

🔊 38

⑨ 領収書の宛名はいかがいたしますか？	Who should the receipt be made out to? フー シュドゥ ザ レスィーッ ビー メイッ アウッ トゥ
Fāpiào fùkuǎnrén zěnme xiě? 发票付款人怎么写？ ファーピアオ フゥクワンレン ゼンマシエ	영수증은 누구 이름으로 해 드릴까요？ ヨンスジュンウン ヌグ イルムロ ヘ ドゥリルカヨ？

⑩ レジでの両替はご遠慮ください	We can't change money here. ウィ キャーンツ チェインジ マニー ヒァ
Shōukuǎntái bú huàn língqián. 收款台不换零钱。 ショウクワンタイ ブゥホワン リンチエン	카운터에서는 환전하실 수 없습니다. カウントエソヌン ファンジョナシルス オプスムニダ

⑪ クーポンのご利用で100円引きとなります	You can get 100 yen off with this coupon. ユー キャン ゲッ ア ハンドレッ イエン オフ ウィズ ディス クーポン
Yòng yōuhuìquàn piányi yìbǎi rìyuán. 用优惠券便宜一百日元。 ヨン ヨウホイチュエン ピエンイー イーバイリーユエン	쿠폰을 이용하시면 100 엔 할인해 드립니다. クポヌル イヨンハシミョン ペゲン ハリネ ドゥリムニダ

⑫ このクーポンはご利用いただけません	Sorry, we can't accept this coupon. ソーリー ウィ キャーンツ アクセプツ ディッ クーポン
Zhèi zhāng yōuhuìquàn bù néng yòng. 这张优惠券不能用。 ヂェイチャン ヨウホイチュエン ブゥヌォンヨン	이 할인권은 쓰실 수 없습니다. イ ハリンクォヌン スシルス オプスムニダ

コラム：数字の読み方（英語）

英語の数字の読み方は、次の3つのパターンを覚えましょう。
　まず、電話番号のように数字を そのまま読むパターン です。例えば、03-1234-5678 という電話番号なら zero three, one two three four, five six seven eight と、数字をひとつひとつ読んでいきます。また、zero は o（オゥ）とも読みます（⇒電話番号・部屋番号の読み方について詳しくは、p. 157）。
　次は 桁で読んでいくパターン です。英語の数字の読み方の基本は、3桁です。支払金額で考えてみましょう。123円は one hundred and twenty-three yen です。一桁上がって 3,123 円になると three thousand, one hundred and twenty-three yen となります。つまり、千の桁の thousand が加わるのです。もう一桁上がって 23,123 円になった場合に注目してください。Twenty-three thousand, one hundred and twenty-three yen となります。もう一桁上げて10万円台にしてみましょう。123,123 円は one hundred, twenty-three thousand, one hundred and twenty-three yen となります。

　　　123円　one hundred and twenty-three yen
　123,123円　one hundred, twenty-three thousand, one hundred and twenty-three yen

　3桁ごとの読み方は全く同じなことがわかれば、意外と覚えやすいのではないでしょうか？
　3つ目は 序数で読むパターン です。序数は「〜番目」「〜回目」などに使われます。簡単な覚え方は、4から10までの序数は基数に -th をつけます。fourth, fifth, sixth となります。ただし 1、2、3 の場合は first, second, third です。桁が上がってもルールは同じで、21st, 22nd, 23rd や 121st, 122nd, 123rd のようになります。

| 日本語 | credit card クレディッ カーヅ | 信用卡 xìnyòngkǎ シンヨンカァ | 신용카드 シニョんカドゥ |

クレジットカード

① クレジットカードもご利用可能です

We accept credit cards.
ウィ アクセプッ クレディッ カーヅ

Yě kěyǐ yòng xìnyòngkǎ.
也可以用信用卡。
イエ クァイーヨン シンヨンカァ

신용카드도 사용하실 수 있습니다.
シニョんカドゥド サヨんハシルス イッスムニダ

② このカードはお取り扱いがございません

I'm afraid we can't accept this card.
アイム アフレイッ ウィ キャンッ アクセプッ ディッ カーヅ

Zhèi zhāng kǎ bù néng yòng.
这张卡不能用。
チェイヂャンカァ ブゥヌォンヨン

이 카드는 취급하지 않습니다.
イ カドゥヌン チュィグパジ アンスムニダ

③ カードをお預かりいたします

Thank you for your card.
サンキュー フォー ユア カーヅ

Wǒ gěi nín shuā kǎ.
我给您刷卡。
ウォ ゲイニン シュワカァ

카드를 좀 실례하겠습니다.
カドゥルル チョム シルレハゲッスムニダ

④ こちらにサインをお願いします

Could you sign here, please?
クデュー サイン ヒァ プリー

Qǐng zài zhèli qiānmíng.
请在这里签名。
チン ヅァイヂョアリ チエンミン

여기다 사인 좀 부탁드립니다.
ヨギダ サイン ジョム ブタクトゥリムニダ

⑤ 暗証番号をご入力ください

Please enter your PIN number.
プリー エンター ユア ピン ナンバー

Qǐng shūrù mìmǎ.
请输入密码。
チン シュールー ミィマァ

비밀번호를 입력해 주세요.
ピミルボノルル イムニョッケ ジュセヨ

⑥ カードとお控えのお返しです

Here's your card and receipt.
ヒアズ ユア カーヅ アンッ レスィーッ

Zhè shì nín de kǎ hé fāpiào.
这是您的卡和发票。
チョアシー ニンダ カァ ホァ ファーピアオ

카드하고 카드 계산서 받으세요.
カドゥハゴ カドゥ ケサンソ パドゥセヨ

⑦ カード会社の承認をお取りします

I'll get authorization from the credit card company.
アイゥ ゲッ オーサライゼイション フロム ザ クレディッ カーヅ カンパニー

Yào zhēngde fā kǎ gōngsī de tóngyì.
要征得发卡公司的同意。
ヤオ ヂョンダ ファーカァゴンスーダ トンイー

카드 회사의 승인을 받겠습니다.
カドゥ フェサエ スンイヌル パッケッスムニダ

⑧ このカードは使えないようです

I'm afraid this card is not accepted.
アイム アフレイッ ディス カーツ イズ ノッ アクセプティッ

Zhèi zhāng kǎ bù néng yòng.
这张卡不能用。
チェイヂャンカァ ブゥヌォンヨン

이 카드는 못 쓰는 것 같습니다.
イ カドゥヌン モッ スヌンゴッ カッスムニダ

🔊 39

⑨ カードにブロックがかかっています Kǎ yǐjing bèi fēng le. 卡已经被封了。 カア イージン ベイフォンラ	It seems this card has been blocked. イッ スィームズ ディス カーッ ハズ ビーン ブロックトゥ 카드 사용이 금지되어 있습니다. カドゥ サヨンイ クムジドェオ イッスムニダ
⑩ カード会社にご確認ください Qǐng xiàng fā kǎ gōngsī quèrèn yíxià. 请向发卡公司确认一下。 チン シアン ファーカァゴンスー チュエレン イーシア	Would you call the credit card company and ask? ウデュー コーゥ ザ クレディッ カーッ カンパニー アンッ アスク 카드 회사에 확인해 보십시오. カドゥ フェサエ ファギネ ボシァシオ
⑪ ご一括でよろしいですか？ Yícì fùqīng kěyǐ ma? 一次付清可以吗？ イーツー フゥチン クァイーマ	Would you like to pay the full amount? ウデュー ライッ トゥ ペイ ザ フゥ アマウンッ 일시불로 하시겠습니까？ イルシブルロ ハシゲッスムニッカ

コラム：**クレジットカードについて**

　アメリカやイギリスは "the cashless society"（現金を使わない社会）と言われているほど、クレジットカードや小切手が普及しています。細かいお金を使うのは、バスや電車などの交通機関やチップの支払いぐらいですので、大金を持ち歩かない習慣があります。クレジットカードを持ち合わせていないと「クレジットカードを持てない、信用のない人」と考えられる傾向があるため、クレジットカードでの支払いが多くなります。日本でもクレジットカードが頻繁に使われていますが、英米ではチップまでもクレジットカードで支払うほど生活に浸透しています。

　中国のクレジットカードは、信販会社ではなく、銀行が発行しています。各銀行が、国務院から認可された金融機関である "**銀联**"（銀聯（ぎんれん）：Union Pay）に加盟し、国内の銀行を結ぶ "**銀联**" のネットワークシステムを使用しています。"**銀联**" の決済ネットワークに加盟する銀行が発行したカードは、すべて "**银联卡**" / Yínliánkǎ /（インリエンカァ）（銀聯カード）と呼ばれます。このカードは中国国内で広く普及していますが、銀行のキャッシュカードとしての機能のほか、デビット機能がついているのが大きな特徴です。Visa や Master などのクレジット機能を持ったタイプもあります。日本でも銀聯カードが使えるお店が増えていますので、"**可以用银联卡。**" / Kěyǐ yòng Yínliánkǎ. /（クァイーヨン インリエンカァ）（銀聯カードをご利用いただけます）というフレーズを覚えておくといいでしょう。

　韓国でも、カードは日常生活で無くてはならないものとしてすっかり定着しています。いわゆる「店」の名の付く所では、1万ウォン（1000円未満）ぐらいの買い物や、コーヒー1杯まで、皆がほとんどの買い物をカードで済ませており、日本以上にカードをよく使っているようです。もはや現金でのやり取りは、屋台でちょっとしたものを買ったり、食べたりするときのみ、と言っても過言ではないくらいです。

　なお、クレジットカードで買い物をする場合、「一回払い」を "pay the full amount"（⊕ "**一次付清**" /yícì fùqīng / イーツーフゥチン）"**일시불**" /イルシブル）と言い、「分割払い」を "pay in installments"（⊕ "**分期付款**" /fēnqī fùkuǎn / フェンチーフゥクアン）"**할부**" /ハルブ）と言います。

　海外のクレジットカードの中には、一括払い専用や、分割払い専用のカードがあるようです。その場合、店員がレジで支払い回数を尋ねる必要は特にないということになります。

ギフト包装

gift-wrapping / ギフッラッピンッ
包装 bāozhuāng / パオヂュアン
선물 포장 / ソンムル ポジャン

---

① ギフト包装はご入用ですか？

Xūyào bāozhuāng ma?
需要包装吗？
シュィヤオ パオヂュアンマ

Would you like it gift-wrapped?
ウデュー ライキッ ギフッラップトゥ

선물용으로 포장해 드릴까요?
ソンムルリョンウロ ポジャンヘ ドゥリルカヨ

---

② ラッピングは無料です

Miǎnfèi bāozhuāng.
免费包装。
ミエンフェイ パオヂュアン

Gift-wrapping is free of charge.
ギフッラッピンッ イズ フリー オヴ チャージ

포장은 무료예요.
ポジャンウン ムリョエヨ

---

③ 箱代は別途100円かかります

Héfèi dān shōu, yìbǎi rìyuán.
盒费单收，一百日元。
ホァフェイ ダンショウ イーバイリーユエン

Gift boxes are available for 100 yen each.
ギフッ ボックスィーズ アー アヴェイラブル フォー ア ハンドレッ イエン イーチ

상자 값은 별도로 100 엔입니다.
サンジャ カプスン ピョルトロ ペゲニムニダ

---

④ 別々にお包みしましょうか？

Fēnkāi bāozhuāng ma?
分开包装吗？
フェンカイ パオヂュアンマ

Do you prefer individual wrapping?
ドゥユー プリファー インディヴィジュアゥ ラッピンッ

따로따로 포장해 드릴까요?
タロタロ ポジャンヘ ドゥリルカヨ

---

⑤ 中身が分かるようにメモをお付けしておきます

Zài zhǐtiáo shang xiěxià lǐmiàn de nèiróng.
在纸条上写下里面的内容。
ヅァイ ヂーティアオシャン シエシア リィミエンダ ネイロン

I'll put a note on it to identify the contents.
アイゥ プッ ア ノゥッ オン イッ トゥ アイデンティファイ ザ コンテンツ

뭐가 들어 있는지 알 수 있도록 메모해 두겠습니다.
ムォーガ トゥロ インヌッジ アルス イットロク メモヘ トゥゲッスムニダ

---

⑥ 包装紙とリボンをお選びください

Qǐng xuǎn yíxià bāozhuāngzhǐ hé cǎidài.
请选一下包装纸和彩带。
チン シュエンイーシア パオヂュアンチー ホァ ツァイダイ

Please select wrapping paper and a ribbon.
プリー セレクッ ラッピンッ ペイパー アンッ ア リバン

포장지하고 리본을 골라 주세요.
ポジャンジハゴ リボヌル コルラ ジュセヨ

---

⑦ 小分けの袋をお入れしますか？

Yào fēnzhuāngdài ma?
要分装袋吗？
ヤオ フェンヂュアンダイマ

Do you need extra bags?
ドゥユー ニーッ エクストラ バッグズ

갯수대로 봉투를 넣어 드릴까요?
ケッスデロ ポントゥルル ノオ ドゥリルッカヨ

---

⑧ 紙袋[保冷剤]はご入用ですか？

Yào shǒutídài [bǎolěngjì] ma?
要手提袋［保冷剂］吗？
ヤオ ショウティーダイ [パオルオンジィ] マ

Do you need a paper bag [cold pack]?
ドゥユー ニーッ ア ペイパーバッグ [コゥルッ パック]

종이봉투[보냉제]가 필요하십니까?
チョンイボントゥ [ポネンジェ] ガ ピリョハシムニッカ

ワードバンク　色

赤	red レッド	红色 hóngsè ホンスァ	빨간색 パルガンセク
白	white ワイト	白色 báisè バイスァ	흰색 ヒンセク
黄色	yellow イエロゥ	黄色 huángsè ホアンスァ	노란색 ノランセク
緑	green グリーン	绿色 lǜsè リュィスァ	초록색 チョロクセク
青	blue ブルー	蓝色 lánsè ランスァ	파란색 パランセク
紫	purple パープゥ	紫色 zǐsè ツースァ	보라색 ポラセク
黒	black ブラック	黑色 hēisè ヘイスァ	까만색 カマンセク
茶色	brown ブラウン	茶色 chásè チャァスァ	고동색 コドンセク
ピンク	pink ピンク	粉色 fěnsè フェンスァ	핑크 ピンク
金	gold ゴゥルド	金色 jīnsè ジンスァ	금색 クムセク
銀	silver スィルバー	银色 yínsè インスァ	은색 ウンセク
黄緑	yellow green イエロゥ グリーン	黄绿色 huánglǜsè ホアンリュィスァ	황녹색 ファンノクセク
オレンジ	orange オリンジ	橘黄色 júhuángsè ジュィホアンスァ	오렌지색 オレンジセク
ベージュ	beige ベイジ	浅驼色 qiǎntuósè チエントゥオスァ	베이지색 ペイジセク
紺	dark blue ダーク ブルー	藏蓝色 zànglánsè ザンランスァ	감색 カムセク
グレー	gray グレイ	灰色 huīsè ホイスァ	회색 フェセク
薄い	light ライッ	淡 dàn ダン	옅은~ ヨトゥん
濃い	dark ダーク	浓 nóng ノン	진한~ チナン

コラム：文化と色

　文化によって、色の持つ意味は様々です。場合によっては注意が必要なこともあります。
　例えば、中国語に"**红白事**"（紅白事）という言葉がありますが、これは日本語から連想する「おめでたいこと」ではなく、「冠婚葬祭」全般を言う言葉です。中国ではお祝い事には"**红**"（赤）を用い、葬式などには"**白**"（白）を用いるのです。ですから、結婚式のときの花嫁の真っ白なウエディングドレスや、男性の白いネクタイなどは、中国の人たちには違和感があるようです。中国では、白はお葬式の色、不幸を表す色だということを覚えておきましょう。

会員カード　membership card　会员卡 huìyuánkǎ　회원 카드
メンバーシップ　カーツ　ホイユエンカァ　フェウォン　カドゥ

① メンバーズカードはお持ちですか？
Do you have a membership card?
ドゥユー　ハヴ　ア　メンバーシップ　カーツ

Nín yǒu huìyuánkǎ ma?
您有会员卡吗？
ニン　ヨウ　ホイユエンカァマ

회원카드 갖고 계십니까？
フェウォンカドゥ　カッコ　ケシムニッカ

② 入会をご希望ですか？
Would you like to apply for membership?
ウデュー　ライッ　トゥ　アプライ　フォー　メンバーシップ

Nín yào jiārù huìyuán ma?
您要加入会员吗？
ニン　ヤオ　ジアルゥ　ホイユエンマ

가입하시겠습니까？
カイパシゲッスムニッカ

③ 入会金、年会費は無料です
There is no admission fee or membership fee.
ゼァ　イズ　ノゥ　アドミッション　フィー　オァ　メンバーシップ　フィー

Bù shōu rùhuìfèi hé huìfèi.
不收入会费和会费。
ブウショウ　ルーホイフェイ　ホァ　ホイフェイ

입회비, 연회비는 무료입니다.
イプェビ　ヨネビヌン　ムリョイムニダ

④ ポイントは2年間有効です
Points are valid for 2 years.
ポインツ　アー　ヴァリッ　フォー　トゥ　イヤーズ

Jīfēn liǎng nián yǒuxiào.
积分两年有效。
ジィフェン　リアンニエン　ヨウシアオ

포인트 유효기간은 2 년입니다.
ポイントゥ　ユヒョギガヌン　イーニョニムニダ

⑤ 有効期限は来年3月までです
Your points are valid until next March.
ユア　ポインツ　アー　ヴァリッ　アンティヴ　ネクスト　マーチ

Yǒuxiàoqī dào míngnián sānyuè.
有效期到明年三月。
ヨウシアオチィ　ダオ　ミンニエン　サンユエ

유효기한은 내년 3 월까집니다.
ユヒョギハヌン　ネニョン　サムォルカジムニダ

⑥ ポイントをご利用になりますか？
Would you like to use your points?
ウデュー　ライッ　トゥ　ユーズ　ユア　ポインツ

Nín yòng jīfēn ma?
您用积分吗？
ニン　ヨン　ジィフェンマ

포인트를 사용하시겠습니까？
ポイントゥルル　サヨンハシゲッスムニッカ

⑦ 何ポイントご利用ですか？
How many points would you like to use?
ハウ　メニィ　ポインツ　ウデュー　ライッ　トゥ　ユーズ

Nín yòng duōshao jīfēn?
您用多少积分？
ニン　ヨン　ドゥオシャオ　ジィフェン

몇 포인트를 사용하시겠습니까？
ミョッ　ポイントゥルル　サヨンハシゲッスムニッカ

🔊 41

コラム：**文化と数字**

　好まれる数、嫌われる数は、国や文化によって様々です。以下では英語圏、中国語圏、韓国語圏の場合についてご紹介します。

英語圏の場合：英語圏では、奇数は odd number（異常な数）といって嫌われています。つまり、奇数は割り切れない奇妙な数と考えられるのです。逆に、割り切れる数として偶数（even number）が好まれています。even には「均衡のとれた」とか「対等の」という公平なイメージがあるようです。
　茶碗のセットも 5 脚ではなく、6 脚が普通です。これは half a dozen（半ダース）という考え方から来ています。お花をプレゼントするときには a dozen（12 本）が基本になり、少ない場合も 12 本の半分ということで、half a dozen（6 本）が好まれます。

中国語圏の場合：一般的に、中国の人々は偶数を好む傾向があるようです。中でも"八"（バー）は、「発展する、富む」という意味の"发"（ファー）と発音が近いため、特別に縁起の良い数字です。ちなみに、北京オリンピックの開会式は、"八"が 5 つも並んだ 2008 年 8 月 8 日午後 8 時 8 分に開幕されました。また"六"も、「すべてが順調にはかどる」を意味する"六六大順"という言葉があるように、大変縁起が良いとされています。
　奇数の中で縁起が良いのは"九"です。日本では敬遠される数字ですが、中国ではむしろ、「最も大きな陽数」として尊ばれ、"九"の重なる九月九日は「重陽」として節句のひとつに数えられています。「陽」は中国古来の「陰陽説」によれば、エネルギーに満ちあふれていることを意味します。
　反対に、嫌われる数字としては"四"や"五"があります。"四"（スー）は、発音が"死"（スー）を連想させることから、"五"（ウー）は、「無い」を意味する"无"（ウー）を連想させることから、あまり好まれない数字です。なお、"四"は発音そのものは嫌われることがありますが、一方で中国ではとてもなじみのある数字とも言えるでしょう。安定したリズムを持つことから、「四字成句」を構成したり、「文房四宝」と言われたり、「青椒肉糸」や「麻婆豆腐」などのように 4 文字の料理名として用いられたりと、日常で身近に使われていることがわかります。また、日本と違って、贈り物を 4 つセットで贈ることは、中国では全く問題ありません。

韓国語圏の場合：好まれない数字は「4」（サー）で、これは「死」（サー）と発音が同じだからです。アパートなどでも稀にそうですが、病院となると必ず、「4」のつく階や病室はありません。実際は 4 階の 7 号室であっても、507 号室となっているのです。しかし、「1004」という数字は"천사：チョンサ〈天使〉"と、非常に喜ばれるのを見ると、数字そのものより「音」を嫌っているわけなのです。
　好まれる数字は、特別意識されることもないようですが、しいて言えばラッキーセブンの「7」です。

配送・郵便　delivery, mail　送货、邮件 sònghuò, yóujiàn　배달・우편
デリヴァリー　メイゥ　ソンフォ　ヨゥジエン　ペダル　ウピョン

① 宛先はどちらですか？
Where would you like it sent?

Jì wǎng nǎr?
寄往哪儿？

어디에 보내실 겁니까？

② どのようにお送りしますか？
How would you like it sent?

Nín xīwàng yòng shénme fāngshi yóují?
您希望用什么方式邮寄？

어떻게 보내 드릴까요？

③ 航空便ですか、船便ですか？
By airmail or sea mail?

Jì hángkōng de háishi hǎiyùn de?
寄航空的还是海运的？

항공편입니까？ 배편입니까？

④ 明日［1週間以内に］届きます
It will arrive tomorrow [within 1 week].

Dàgài míngtiān [yí ge xīngqī zhīnèi] jìdào.
大概明天［一个星期之内］寄到。

내일［일주일 이내에］도착합니다.

⑤ 配達希望日［時間］はございますか？
Would you like to specify the delivery date [time]?

Yào zhǐdìng tóudì rìqī [shíjiān] ma?
要指定投递日期［时间］吗？

배달을 원하시는 날짜［시간대］가 있습니까？

⑥ 料金の一覧はこちらです
Here is the list of rates.

Zhè shì fèiyòng yìlǎnbiǎo.
这是费用一览表。

여기, 요금 일람표가 있습니다.

⑦ 送料は3000円です
The delivery charge will be 3,000 yen.

Yóufèi shì sānqiān rìyuán.
邮费是三千日元。

배달 요금은 3000 엔입니다.

⑧ お荷物の中身は何ですか？
What's inside this package?

Yóubāo li zhuāng de shì shénme?
邮包里装的是什么？

이 짐에는 뭐가 들어 있습니까？

🔊 42

⑨ こちらの用紙にご記入ください

Please fill out this form.
プリー フィゥ アゥッ ディッ フォーム

Qǐng tián yíxià dānzi.
请填一下单子。
チン ティエン イーシア ダンズ

이 용지에 기입해 주십시오.
イ ヨンジエ キイペ ジュシプシオ

⑩ お客様のお控えです。どうぞ

Here's your copy.
ヒァズ ユア コピー

Zhè shì gùkè cúngēn, qǐng shōuhǎo.
这是顾客存根，请收好。
ヂョアシー グゥクァーツンゲン チン ショウハオ

자, 여기, 전표입니다.
チャ ヨギ チョンピョイムニダ

⑪ お客様宛にお届け物[郵便物]がございます

There is a package [mail] for you.
ゼア イズ ア パキッチ [メイゥ] フォー ユー

Zhèlǐ yǒu nín de bāoguǒ [yóujiàn].
这里有您的包裹[邮件]。
ヂョアリ ヨウ ニンダ バオグオ [ヨウジエン]

고객님께 물건이[우편물이] 와 있습니다.
コゲンニムケ ムルゴニ [ウピョンムリ] ワ イッスムニダ

ワードバンク 郵便・配送

普通郵便	regular mail レギュラー メイゥ	平信 píngxìn ピンシン	보통 우편 ポトン ウピョン
国内郵便	domestic mail ドメスティッ メイゥ	国内邮件 guónèi yóujiàn グオネイ ヨウジエン	국내 우편 クヌネ ウピョン
国際郵便	international mail インターナショナゥ メイゥ	国际邮件 guójì yóujiàn グオジィ ヨウジエン	국제 우편 クゥチェ ウピョン
宅配便	courier service クーリア サーヴィス	宅急送 zháijísòng ヂャイジィソン	택배 テクペ
速達	express mail エクスプレス メイゥ	快递 kuàidì クワイディー	속달 ソクタル
小包	package パキッチ	包裹 bāoguǒ バオグオ	소포 ソポ
はがき	postcard ポーストカード	明信片 míngxìnpiàn ミンシンピエン	엽서 ヨプソ
切手	stamp スタンプ	邮票 yóupiào ヨウピアオ	우표 ウピョ
手紙	letter レター	书信 shūxìn シュウシン	편지 ピョンジ
定形外	oversized オゥヴァーサイズドゥ	规格外 guīgéwài グイグァワイ	정형외 チョンヒョウェ
重さ	weight ウェイッ	重量 zhòngliàng ヂォンリアン	무게 ムゲ
差出人	sender センダー	发信人 fāxìnrén ファーシンレン	보내는 사람 ポネヌン サラム
受取人	recipient レシーピアンッ	收信人 shōuxìnrén ショウシンレン	받는 사람 パンヌン サラム
郵便番号	zip code ズィップ コドゥ	邮编 yóubiānhào ヨウビエンハオ	우편번호 ウピョンボノ
住所	address アドレス	地址 dìzhǐ ディーヂー	주소 チュソ
氏名	name ネイム	姓名 xìngmíng シンミン	이름/성함 イルム/ソンハム
電話番号	phone number フォウン ナンバー	电话号码 diànhuà hàomǎ ディエンホワ ハオマァ	전화번호 チョヌァボノ
着払い	cash on delivery キャッシュ オン デリヴァリー	对方付款 duìfāng fùkuǎn ドゥイファン フゥクワン	수취인 부담 スチュィイン ブダム
保険付き	with insurance ウィズ インシュアランス	保价 bǎojià バオジア	보험 포함 ポホム ポハム
壊れ物	fragile フラジャゥ	易碎品 yìsuìpǐn イースイピン	깨지기 쉬운 물건 ケジギ シゥィウン ムルゴン

免税　duty-free　免税 miǎnshuì　면세
デューティ フリー　ミエンシュイ　ミョンセ

① 旅行者の方ですか？

Shì lái lǚyóu de ma?
是来旅游的吗？
シー ライ リュィヨウダマ

Are you a tourist?
アー ユー ア トゥアリストゥ

여행 오셨습니까？
ヨへン オショッスムニッカ

② こちらは免税でお求めいただけます

Zhèixiē shì miǎnshuì shāngpǐn.
这些是免税商品。
ヂェイシエ シー ミエンシュイ シャンピン

You can buy this duty-free.
ユー キャン バイ ディス デューティ フリー

이건 면세 됩니다.
イゴン ミョンセ トェムニダ

③ 税引きで1万2000円でございます

Chúdiào shuì shì yíwàn liǎngqiān rìyuán.
除掉税是一万两千日元。
チューディアオ シュイ シー イーワン リアンチエンリーユエン

It's 12,000 yen without tax.
イッツ トゥウェルヴ サウザンッ イエン ウィザウッ タックス

세금 빼고 12000 엔입니다.
セグム ペゴ マーニチョネニムニダ

④ 免税カウンターは1階でございます

Miǎnshuì guìtái zài yī lóu.
免税柜台在一楼。
ミエンシュイ グイタイ ヅァイ イーロウ

The duty-free counter is on the 1st floor.
ザ デューティフリー カウンター イズ オン ザ ファースッ フロア

면세 카운터는 1 층입니다
ミョンセ カウントヌン イルチュんイムニダ

⑤ こちらは手続きのご案内です

Zhè shì shǒuxù zhǐnán.
这是手续指南。
ヂョアシー ショウシュィヂーナン

Here's the information about applications.
ヒァズ ジ インフォーメイション アバウッ アプリケイションズ

이건 수속 안내입니다.
イゴン スソガンネイムニダ

⑥ 手続きは当日のみ受け付けます

Shǒuxù zhǐ néng dàngtiān bàn.
手续只能当天办。
ショウシュィ ヂーヌォン ダンティエン バン

We accept applications today only.
ウィ アクセプッ アプリケイションズ トゥデイ オゥンリー

수속은 당일만 받습니다.
スソグン タンイルマン パッスムニダ

⑦ 手続きにはパスポートが必要です

Bàn shǒuxù xūyào hùzhào.
办手续需要护照。
バン ショウシュィ シュィヤオ フゥチャオ

You need to show your passport for an application.
ユー ニーッ トゥ ショウ ユア パスポーッ フォー アン アプリケイション

수속하실 땐 여권이 필요합니다.
スソクカシルテン ヨックォニ ピリョハムニダ

⑧ 合計1万円以上お買い上げの方が対象です

Zhǐ xiàn gòumǎi yíwàn rìyuán yǐshàng de gùkè.
只限购买一万日元以上的顾客。
ヂーシエン ゴウマイ イーワンリーユエン イーシャンダ グゥクァー

Purchases of more than 10,000 yen qualify.
パーチェスィズ オヴ モア ザン テン サウザンッ イエン クオリファイ

구입액 합계 10000 엔 이상이신 분이 대상입니다.
クイベク ハプケ マーネン イサンイシン プニ テサンイムニダ

🔊 43

⑨ 消耗品は対象外でございます
Xiāohàopǐn chúwài.
消耗品除外。
シアオハオピン チューワイ

Consumable items are not eligible.
コンスーマブゥ アイテムズ アー ノッ エリジャボウ

소모품은 대상에서 제외됩니다.
ソモプムン テサンエソ チェウェドェムニダ

⑩ パスポートはお持ちですか？
Nín dài hùzhào le ma?
您带护照了吗？
ニン ダイ フゥチャオラマ

Do you have your passport with you?
ドゥ ユー ハヴ ユア パスポーッ ウィズ ユー

여권은 갖고 계세요？
ヨックォヌン カッコ ゲセヨ

⑪ 用紙のこの部分にご記入ください
Qǐng tiánxiě zhèi ge bùfen.
请填写这个部分。
チン ティエンシエ チェイガ ブゥフェン

Please fill in this part of the form.
プリー フィウ イン ディッ パート オヴ ザ フォーム

용지의 이 부분에 기입해 주십시오.
ヨンジエ イ ブブネ キイペ ジュシプシオ

⑫ 残りはこちらで記入いたします
Kòngyú bùfen yóu wǒmen tiánxiě.
空余部分由我们填写。
コンユィブゥフェン ヨウ ウォメン ティエンシエ

I'll fill in the rest.
アイゥ フィウ イン ザ レスッ

나머지는 제가 기입하겠습니다.
ナモジヌン チェガ キイパゲッスムニダ

⑬ このパスポートでは免税の対象とはなりません
Zhèi zhǒng hùzhào bù néng xiǎngshòu miǎnshuì.
这种护照不能享受免税。
チェイヂォン フゥチャオ ブゥノンシアンショウ ミエンシュイ

This passport doesn't qualify for duty-free status.
ディス パスポート ダズンッ クオリファイ フォー デューティ フリー ステイタス

이 여권으로는 면세를 받을 수 없습니다.
イ ヨックォヌロヌン ミョンセルル パドゥルス オプスムニダ

⑭ こちらは免税品ではありません
Zhèi ge bú shì miǎnshuìpǐn.
这个不是免税品。
チェイガ ブゥシー ミエンシュイピン

This is not a duty-free product.
ディス イズ ノッ ア デューティ フリー プロダクッ

이건 면세품이 아닙니다.
イゴン ミョンセプミ アニムニダ

⑮ 免税範囲を超えています
Zhèixiē bú zài miǎnshuì fànwéi nèi.
这些不在免税范围内。
チェイシエ ブゥツァイ ミエンシュイ ファンウェイネイ

I'm afraid these goods exceed the duty-free limit.
アイム アフレイッ ジーズ グッツ エクスィードゥ ザ デューティ フリー リミッ

면세 범위를 초과했습니다.
ミョンセ ポムイルル チョガヘッスムニダ

⑯ こちらは海外には持って行けません
Zhèi ge bù néng dàidào guówài qù.
这个不能带到国外去。
チェイガ ブゥノン ダイダオ グオワイ チュイ

I'm afraid it's not allowed to be taken overseas.
アイムアフレイッ イッツ ノッアラウドゥ トゥビー テイクン オウヴァースィーズ

이건 해외에는 가지고 갈 수 없습니다.
イゴン ヘウエヌン カジゴ カルス オプスムニダ

会計〈応用〉 免税

温泉 hot spring 温泉 wēnquán 온천
ハッ スプリング ウェンチュエン オンチョン

① 入浴料は800円でございます
Bathing charges are 800 yen.
ベイズィンッ チャージズ アー エイッ ハンドレッ イエン

Mùyùfèi bābǎi rìyuán.
沐浴费八百日元。
ムゥユゥフェイ バーバイリーユエン

목욕비는 800 엔입니다.
モギョクビヌン パルベゲニムニダ

② 日帰り入浴も可能でございます
The hot spring is available for non-staying guests.
ザ ハッ スプリング イズ アヴェイラブゥ フォー ノンスティインッ ゲスツ

Yě kěyǐ zhǐ xǐ wēnquán, bú zhù sù.
也可以只洗温泉，不住宿。
イエ クァイー ヂーシィ ウェンチュエン ブゥヂュウスゥ

당일지기로 목욕만 하셔도 됩니다.
タンイルチギロ モギョンマン ハショド ドェムニダ

③ リウマチ[高血圧]に良く効きます
This is good for rheumatism [high blood pressure].
ディス イズ グッ フォー ルーマティズム [ハイ ブラッド プレシャー]

Duì fēngshī [gāoxuèyā] yǒu liáoxiào.
对风湿[高血压]有疗效。
ドゥイ フォンシー[ガオシュエヤア] ヨウ リアオシアオ

류머티즘에[고혈압에] 잘 듣습니다.
リュモティジュメ[コヒョラベ] チャル トゥッスムニダ

④ 入浴時間は午後4時から朝9時までです
The bath is open from 4 p.m. to 9 a.m.
ザ バス イズ オウプン フロム フォービーエム トゥ ナインエイエム

Mùyù shíjiān cóng xiàwǔ sì diǎn dào zǎoshang jiǔ diǎn.
沐浴时间从下午四点到早上九点。
ムゥユゥシージエン ツォン シアウースーディエン ダオザオシャンジウディエン

입욕시간은 오후 4 시부터 아침 9 시까지입니다.
イビョクシガヌン オーフ ネーシプト アチム アホプシカジイムニダ

⑤ 24時間ご利用いただけます
It's open for 24 hours.
イッツ オウプン フォー トゥエンティフォー アワーズ

Èrshísì xiǎoshí suíshí kěyǐ shǐyòng.
二十四小时随时可以使用。
アルシースー シアオシー スイシー クァーイー シーヨン

24 시간 이용하실 수 있습니다.
イーシプサシガン イヨンハシルス イッスムニダ

⑥ こちらが女湯、あちらが男湯です
This is for ladies and that is for gentlemen.
ディス イズ フォー レイディース アンッ ザッ イズ フォー ジェントゥメン

Zhèibiān shì nǚbù, nèibiān shì nánbù.
这边是女部，那边是男部。
ヂェイビエン シー ニュィブゥ ネイビエン シー ナンブゥ

이쪽이 여탕, 저쪽이 남탕입니다.
イチョギ ヨタン チョチョギ ナムタンイムニダ

⑦ 水着の着用はご遠慮ください
Please refrain from wearing a swimsuit.
プリー リフレイン フロム ウェアリンッ ア スイムスーツ

Qǐng bú yào chuān zhe yǒngzhuāng pàozǎo.
请不要穿着泳装泡澡。
チン ブゥヤオ チュワンヂャ ヨンヂュワン パオヅァオ

수영복을 입고 들어가시면 안 됩니다.
スヨンボグル イプコ トゥロガシミョン アンデムニダ

⑧ シャンプーはご自由にお使いください
Please feel free to use shampoo.
プリー フィーゥ フリー トゥ ユーズ シャンプー

Xǐfàyè suíbiàn shǐyòng.
洗发液随便使用。
シィファーイエ スイビエン シーヨン

샴푸는 마음대로 쓰십시오.
シャムプヌン マウムデロ スシプシオ

🔊 44

⑨ 露天風呂もございます

There is also an outdoor bath.
ゼア イズ オーゥソゥ アン アウッドア バス

Hái yǒu lùtiān yùchí.
还有露天浴池。
ハイヨウ ルーティエン ユーチー

노천탕도 있습니다.
ノチョンタンド イッスムニダ

⑩ 岩風呂はとても熱くなっております

The rock bath is very hot.
ザ ロック バス イズ ヴェリー ハッ

Yánshí yùchí fēicháng rè.
岩石浴池非常热。
イエンシー ユーチー フェイチャン ルァー

암반수탕은 대단히 뜨겁습니다.
アムバンスタンウン テダニ トゥゴァスムニダ

ワードバンク　温泉 (1)

冷え性	poor blood circulation プア ブラッド サーキュレイション	寒症 hánzhèng ハンヂョン	냉증 ネンチュん
疲労回復	recovery from fatigue リカヴァリー フロム ファティーグ	恢复疲劳 huīfù píláo ホイフゥ ピーラオ	피로 회복 ピロ フェボク
関節痛	arthralgia アースラゥヂャ	关节痛 guānjié tòng グアンジェ トン	관절통 クァンジョルトん
肌荒れ	rough skin ラフ スキン	皮肤粗糙 pífū cūcāo ピーフ ツゥツァオ	거칠어진 피부 コヂルジン ビブ
腰痛	lower back pain ロゥアー バッ ペイン	腰痛 yāotòng ヤオトン	요통 ヨトん
血行不良	poor blood circulation プア ブラッド サーキュレイション	血液循环不佳 xuèyè xúnhuán bù jiā シュエイエシュンホワン ブジア	혈액 순환 장애 ヒョレク スナン チャんエ
洗い場	washing space ウォッシインッ スペース	沐浴间 mùyùjiān ムゥージエン	씻는 곳 シンヌン ゴッ
ロッカー	locker ロッカー	衣帽柜 yīmàoguì イーマオグイ	로커 ロコ
ドライヤー	hair dryer ヘアドライヤー	吹风机 chuīfēngjī チュイフォンジィ	드라이기 トゥライギ
シャンプー	shampoo シャンプー	洗发液 xǐfàyè シーファイエ	샴푸 シャムプ
コンディショナー	conditioner カンディシャナー	护发液 hùfàyè フゥファーイエ	컨디셔너 コンディショノ
ボディソープ	body wash ボディ ウォッシュ	洗浴液 xǐyùyè シィユーイエ	바디 샴푸 パディ シャムプ
化粧水	toner トゥナー	化妆水 huàzhuāngshuǐ ホアヂュワンシュイ	화장수 ファジャスュ
乳液	moisturiser モイスチャライザー	乳液 rǔyè ルーイエ	로션 ロション
大浴場	large bathhouse ラージ バスハウス	大浴池 dà yùchí ダアユーチー	대욕탕 テヨクタん
ひのき風呂	hinoki bath ヒノキ バス	柏木浴盆 bǎimù yùpén バイムゥ ユーペン	향나무탕 ヒャんナムタん
うたせ湯	hot water massage ハッ ウォーター マサージ	瀑布浴 pùbùyù プゥブユー	폭포탕 ポクポタん
足湯	foot bath フット バス	足浴 zúyù ヅゥユー	족욕탕 チョギョタん
砂風呂	sand bath サンド バス	沙浴 shāyù シャーユー	모래 찜질 モレ チムジル
岩盤浴	bedrock bath ベッドロック バス	岩石浴 yánshíyù イエンシーユー	암반욕 アムバンニョク
混浴	mixed bathing ミクスッ ベイズィンッ	混浴 hùnyù フンユー	혼욕 ホニョク
スチームサウナ	steam sauna スティーム サウナ	蒸汽桑拿浴 zhēngqì sāngnáyù ヂョンチィ サンナァユー	스팀 사우나 スティム サウナ
ドライサウナ	dry sauna ドライ サウナ	干式桑拿浴 gānshì sāngnáyù ガンシー サンナァユー	드라이 사우나 トゥライ サウナ

温泉・レジャー

温泉

温泉

① サウナの横にあるのは水風呂です

Sāngnáyù de pángbiān shi lěngshuǐ yùchí.
桑拿浴的旁边是冷水浴池。
サンナァユダ パンビエン シー ロンシュイ ユーチー

The one next to the sauna is the cold bath.
ザ ワン ネクスット トゥ ザ サウナ イズ ザ コゥルッ バス

사우나 옆에 있는 건 냉탕입니다.
サウナ ヨペ インヌンゴン ネンタンイムニダ

② このお湯はお飲みいただけます

Zhèi ge wēnquán kěyǐ yǐnyòng.
这个温泉可以饮用。
ヂェイガ ウェンチュエン クァーイー インヨン

This hot water is drinkable.
ディス ハッ ウォーター イズ ドリンカブゥ

이 온천수는 마셔도 괜찮습니다.
イ オンチョンスヌン マショド クェンチャンスムニダ

③ 使用済みタオルはこちらへどうぞ

Yòngguo de máojīn qǐng fàngzài zhèibiān.
用过的毛巾请放在这边。
ヨングオダ マオジン チン ファンツァイ ヂェイビエン

Please put the used towels here.
プリー プッ ザ ユーズドゥ タゥアゥズ ヒア

타월은 쓰신 후 여기다 넣어 주십시오.
タウォルン スシン フ ヨギダ ノオ ジュシプシオ

④ 貸切風呂は1時間ごとの予約制です

Bāozū yùshì yào yùyuē, àn xiǎoshí jìjià.
包租浴室要预约，按小时计价。
バオズゥユーシー ヤオ ユーユエ アン シアオシー ジージア

The private bath needs to be reserved per hour.
ザ プライヴァッ バス ニーズ トゥ ビー リザーヴッ パー アワー

가족탕은 1시간 단위로 예약하셔야 합니다.
カジョクタンウン ハンシガン タヌィロ イェーヤクハショヤ ハムニダ

⑤ お風呂は鍵が開いていればご利用いただけます

Zhǐyào méi suǒ zhe, jiù kěyǐ shǐyòng yùshì.
只要没锁着，就可以使用浴室。
ヂーヤオ メイスオジャ ジウ クァーイー シーヨン ユーシー

If the door is unlocked, you can use the bathroom.
イフ ザ ドア イズ アンロックッ ユー キャン ユーズ ザ バスルーム

목욕탕은 문이 열려 있으면 사용하실 수 있습니다.
モギョクタンウン ムニ ヨルリョ イッスミョン サヨンハシルス イッスムニダ

⑥ お風呂は鍵付きで、貸切でご利用いただけます

Yùshì dài suǒ, kěyǐ bāozū.
浴室带锁，可以包租。
ユーシー ダイ スオ クァイー バオズゥ

The bathroom has a lock, so you can use it privately.
ザ バスルーム ハズ ア ロッ ソウ ユー キャン ユーズィッ プライヴァトリー

가족탕으로 사용하실 때는 문을 잠그십시오.
カジョクタンウロ サヨンハシル テヌン ムヌル チャムグシプシオ

⑦ 栓は抜かないでください

Qǐng bú yào bádiào páishuǐshuān.
请不要拔掉排水栓。
チン ブヤオ バディアオ パイシュイシュワン

Please do not pull out the bath plug.
プリー ドゥ ノッ プゥ アウト ザ バス プラグ

탕의 물은 빼지 마십시오.
タンエ ムルン ペジ マシプシオ

⑧ 湯船で体を洗わないでください

Qǐng bú yào zài yùchí nèi xǐ shēntǐ.
请不要在浴池内洗身体。
チン ブヤオ ヅァイ ユーチーネイ シィシェンティ

Please do not wash your body in the bathtub.
プリー ドゥ ノッ ウォッシュ ユア ボディ イン ザ バスタブ

탕 안에서 몸을 씻지 마십시오.
タン アネソ モムル シッチ マシプシオ

ワードバンク 温泉（2）

40 度	40 degrees フォーティ ディグリーズ	四十度 sìshí dù スーシードゥー	40 도 サーシプト
天然の	natural ナチュラゥ	天然 tiānrán ティエンラン	천연 チョニョン
硫黄（泉）	sulfur サゥファー	硫磺 liúhuáng リウホアン	유황 ユファん
塩化物（泉）	sodium chloride ソゥディアム クローライド	氯化物 lǜhuàwù リュィホアウゥ	염화물 ヨムファムル
鉄（泉）	iron アイアン	铁 tiě ティエ	철 チョル
低刺激	low-irritant ロゥイラタンッ	低刺激 dīcìjī ディーツージィ	저자극 チョジャグㇰ
酸性	acid アスィッド	酸性 suānxìng スワンシン	산성 サンソん
アルカリ性	alkaline アゥカリン	碱性 jiǎnxìng ジエンシン	알칼리성 アルカルリソん

コラム：温泉での注意事項（掲示）

入浴の習慣は国や地域によってさまざまです。日本では、夜、湯船に浸かってゆったりと１日の疲れを取るのが一般的ですが、欧米では、朝シャワーを浴びて１日の準備を整えるのが習慣となっていることが多いようです。中国、韓国でも、家庭ではシャワーで済ませる方が一般的です。

日本では、湯船に浸かる前に体を洗ったり、湯船にタオルを入れないようにするなど、複数の人間が同じお湯を使うことを念頭に置いたルールが守られています。一方、西洋式のバスタブは一人ひとりがお湯を使いきってしまうので、日本のような気遣いは必要ありません。韓国でも、家庭で湯船にお湯を張るときは一人ずつ流すのが一般的で、家族で同じお湯を使うことはまずありません。

このような習慣の違いが原因で、外国人観光客が温泉や銭湯を使う際のマナーが問題になることがあります。旅館や温泉では、お風呂の入り方を外国語で説明したり、絵で示したりといった配慮が必要かもしれません。

お客様に温泉でのマナーを説明するには、次のような表現を掲示すると便利です。

- **「最初にかけ湯をしてください」**（Rinse yourself before you get into the bathtub. / 先洗一下身体再泡澡。/ 먼저 몸을 가볍게 씻어 주십시오.）
- **「浴槽内にタオルを入れないでください」**（Please do not soak your towel in the bathtub. / 请不要把毛巾放在浴池里。/ 욕조 안에 타월을 넣지 말아 주십시오.）
- **「滑るのでお気をつけください」**（Be careful not to slip. / 小心地滑。/ 미끄러우니까 조심하십시오.）
- **「泳が[飛びこま]ないでください」**（Please do not swim [jump in]. / 请不要在浴池内游泳[跳进去]。/ 헤엄치[뛰어들]지 마십시오.）
- **「体をふいてから上がってください」**（Dry yourself with a towel before going into the dressing room. / 洗完澡请擦干身体。/ 몸의 물기를 닦고 나오십시오.）
- **「お酒を飲んだ後は入浴をおひかえください」**（Please refrain from bathing after drinking alcohol. / 饮酒后，不要泡澡。/ 술을 드신 후에는 입욕을 삼가해 주십시오.）

スパ・マッサージ
spa facilities, massage
スパ ファスィリティーズ マサージ

① 1日のご利用料金は3000円でございます
The rate for 1 day use is 3,000 yen.
ザ レイツ フォー ワン デイ ユース イズ スリー サウザンッ イエン

Yi tiān de shǐyòngfèi shì sānqiān rìyuán.
一天的使用费是三千日元。
イーティエンダ シーヨンフェイ シー サンチエン リーユエン

1일 이용료는 3000엔입니다.
イリル イヨンニョヌン サムチョネニムニダ

② 水着を着用してご利用いただきます
Please wear a swimsuit here.
プリー ウエア ア スイムスーツ ヒア

Kěyǐ chuān zhe yǒngzhuāng shǐyòng.
可以穿着泳装使用。
クァイー チュワンジャ ヨンヂュワン シーヨン

수영복을 입고 이용해 주세요.
スヨンボグル イブコ イヨンヘ ジュセヨ

③ このエリアは男女共通です
This area is unisex.
ディス エァリア イズ ユーニセックス

Zhèi ge qūyù bù fēn nán nǚ.
这个区域不分男女。
ヂェイガ チュイーイー ブゥフェン ナンニュィ

여기는 남녀가 다 이용할 수 있습니다.
ヨギヌン ナムニョガ タ イヨンハルス イッスムニダ

④ このエリアは男性[女性]専用です
This area is for men [women] only.
ディス エァリア イズ フォー メン [ウィミン] オゥンリー

Zhèi ge qūyù shì nánxìng [nǚxìng] zhuānyòng.
这个区域是男性[女性]专用。
ヂェイガ チュイーイー シー ナンシン [ニュィシン] ヂュアンヨン

여기는 남성[여성] 전용입니다.
ヨギヌン ナムソン [ヨソン] チョニョンイムニダ

⑤ 館内着のサイズはどういたしますか？
What size of spa wear would you like?
ワッ サイズ オヴ スパ ウエア ウデュー ライツ

Shìnèizhuāng chuān duōdà hào de?
室内装穿多大号的?
シーネイヂュワン チュワン ドゥオダァハオダ

실내복은 어느 사이즈로 드릴까요?
シルレボグン オヌ サイジュロ トゥリルカヨ

⑥ 水着のレンタルもございます
Swimsuit rental is available.
スイムスーツ レンタル イズ アヴェイラブゥ

Hái chūzū yǒngzhuāng.
还出租泳装。
ハイ チュゥヅウ ヨンヂュワン

수영복도 렌탈이 가능합니다.
スヨンボクト レンタリ カヌンハムニダ

⑦ 館内施設を利用の際は鍵をご提示ください
Please show the key when you use in-house facilities.
プリー ショウ ザ キー ウエン ユー ユーズ インハウス ファスィリティーズ

Shǐyòng shìnèi shèbèi shí qǐng chūshì yàoshi.
使用室内设备时请出示钥匙。
シーヨン シーネイ ショアベイシー チン チュゥシー ヤオシ

관내 시설을 이용하실 때는 열쇠를 보여 주십시오.
クァンネ シソルル イヨンハシル テヌン ヨルスェルル ポヨ ジュシブシオ

⑧ 料金表はこちらです
Here is the list of charges.
ヒア イズ ザ リスッ オヴ チャージズ

Jiàgébiǎo zài zhèibiān.
价格表在这边。
ジアガビアオ ツァイ ヂェイビエン

요금표는 여기 있습니다.
ヨグムピョヌン ヨギ イッスムニダ

美容健身房、按摩 měiróng jiànshēnfáng, ànmó　스파・맛사지
メイロン　ジエンシェンファン　アンモォ　　　　スパ　マッサジ

コラム：各国のサイズ対応表

◆ 洋服 （※おおよその目安）

〈婦人服〉

日本	7	9	11	13	15
アメリカ	4	6	8	10	12
ヨーロッパ	36	38	40	42	44
韓国	44	55	66	77	88

〈紳士服（胸囲）〉

日本	S		M		L		LL	
アメリカ	34	36	38	40	42	44	46	48
ヨーロッパ	44	46	48	50	52	54	56	58
韓国		80	85	90	95	100	105	110

★ウエスト等は、アメリカやヨーロッパではcmではなくin（インチ）での表示が多い。中国ではcmの表示が中心で、韓国では両者が混在している。なお、1インチは約2.54cm。

★英語ではS、M、L、LLをそれぞれsmall, medium, large, extra-large（XL）と言う。「エス、エム、エル、エルエル」とは言わないので注意。

★中国ではS、M、L等の表示のほか、身長やウエスト、襟丈、肩幅、胸囲等のcm表示をもとに自分に合ったサイズを選ぶことが多い。また、場合によってヨーロッパサイズの表示も混在している。中国語でS、M、L、LLは"小号/xiǎohào/シアオハオ"、"中号/zhōnghào/チョンハオ"、"大号/dàhào/ダァハオ"、"特大号/tèdàhào/トァダァハオ"と言う。

◆ 靴 （※おおよその目安）

〈婦人靴〉

日本	22	22.5	23	23.5	24	24.5	25	25.5
アメリカ	4	4½	5	6½	7	7½	8	8½
ヨーロッパ	35	36		37		38	39	40

〈紳士靴〉

日本	24	24.5	25	25.5	26	26.5	27	27.5	28
アメリカ	6	6½	7	7½	8	8½	9	9½	10
ヨーロッパ	38	39	40		41		42		43

★中国では日本と同様cmか、ヨーロッパサイズと同様に表示されていることが多い。

★韓国ではmmで表示するので、日本の24なら240、25.5なら255となる。

スパ・マッサージ

① どのメニューになさいますか？
Which course would you like?
ウイッチ コース ウデュー ライツ

Nín xuǎnyòng něi zhǒng fúwù nèiróng?
您选用哪种服务内容？
ニン シュエンヨン ネイヂォン フウゥ ネイロン

어느 걸로 하시겠습니까？
オヌ ゴルロ ハシゲッスムニッカ

② 何分コースになさいますか？
How long would you like?
ハゥ ロンッ ウデュー ライツ

Nín xuǎnyòng jǐ fēn zhōng de fúwù xiàngmù?
您选用几分钟的服务项目？
ニン シュエンヨン ジーフェンヂョンダ フウゥ シアンムゥ

몇 분 코스로 하시겠습니까？
ミョップン コスロ ハシゲッスムニッカ

③ こちらに着替えてください
Please change your clothes into these.
ブリー チェインジ ユア クローズ イントゥ ジーズ

Qǐng huànshang zhèi jiàn yīfu.
请换上这件衣服。
チン ホアンシャン チェイジエン イーフ

이걸로 갈아입으세요．
イゴルロ カライブセヨ

④ 下着は外してください
Please take off your underwear.
ブリー テイッ オフ ユア アンダーウエア

Qǐng tuōxia nèiyī.
请脱下内衣。
チン トゥオシア ネイイー

속옷은 입지 마세요．
ソゴスン イブチ マセヨ

⑤ 髪の毛をまとめてください
Would you tie your hair please?
ウデュー タイ ユア ヘア ブリー

Qǐng bǎ tóufa zāqǐlai.
请把头发扎起来。
チン バァ トウファ ヅァーチィライ

머리를 묶어 주세요．
モリルル ムッコ ジュセヨ

⑥ 痛くありませんか？
Do you feel any pain?
ドゥユー フィーゥ エニ ペイン

Téng ma?
疼吗？
テゥンマ

안 아프세요？
アナプセヨ

⑦ 皮膚のアレルギーはありますか？
Do you have skin allergies?
ドゥユー ハヴ スキン アラジーズ

Nín pífū guòmǐn ma?
您皮肤过敏吗？
ニン ピーフゥ グオミンマ

피부 알레르기가 있으십니까？
ピブ アルレルギガ イッスシムニッカ

⑧ リラックスしてください
Please relax.
ブリー リラックス

Qǐng fàngsōng.
请放松。
チン ファンソン

긴장을 푸세요．
キンジャンウル プセヨ

⑨ あおむけ[うつぶせ]になってください

Qīng yǎngwò [fǔwò].
请仰卧[俯卧]。
チン ヤンウォ [フゥウォ]

Please lie face up [face down].
ブリー ライ フェイスアップ [フェイスダウン]

위를 보고 누우[엎드리]세요.
ウィルル ポゴ ヌウ [オプトゥリ] セヨ

⑩ これで終了です。ありがとうございました

Hǎo le, fúwù jiéshù le. Xièxie.
好了，服务结束了。谢谢。
ハオラ フゥウゥ ジエシュウラ シエシエ

That's all, thank you.
ザッツ オーゥ サンキュー

수고하셨습니다. 감사합니다.
スゴハショッスムニダ カムサハムニダ

ワードバンク　スパ・マッサージ

もっと強く	stronger ストロンガー	再重一些 zài zhòng yìxiē ヅァイヂォン イーシエ	더 세게 ト セゲ
もっと弱く	weaker ウィーカー	再轻一些 zài qīng yìxiē ヅァイチン イーシエ	더 살살 ト サルサル
気持ちがいい	comfortable カンファタボゥ	舒服 shūfu シューフ	기분이 좋다 キブニ チョッタ
パック	face pack フェイス パック	面膜 miànmó ミエンモォ	팩 ペク
アロマオイル	aromatic oil アロマティッ オイゥ	芳香油 fāngxiāngyóu ファンシアンヨウ	아로마오일 アロマオイル
顔	face フェイス	脸 liǎn リエン	얼굴 オルグル
肩	shoulder ショゥダー	肩 jiān ジエン	어깨 オッケ
首	neck ネック	脖子 bózi ポォヅ	목 モク
背中	back バック	背 bèi ベイ	등 トゥン
腕	arm アーム	胳膊 gēbo グァボ	팔 パル
脚	leg レッグ	腿 tuǐ トゥイ	다리 タリ
足裏	sole ソゥル	脚掌 jiǎozhǎng ジアオヂャン	발바닥 パルパダク
全身	body バディ	全身 quánshēn チュエンシェン	전신 チョンシン
頭	head ヘッド	头 tóu トゥ	머리 モリ
指圧	finger pressure massage フィンガー プレッシャー マサージ	指压 zhǐyā ヂーヤァ	지압 チアプ
ネイルケア	nail care ネイゥ ケア	美甲 měijiǎ メイジア	손톱 정리 ソントプ チョンリ
ヘアトリートメント	conditioning treatment コンディショニンッ トリートメンッ	护发素 hùfàsù フゥファースゥ	트리트먼트 トゥリトゥモントゥ

スキー

skiing スキーインッ / 滑雪 huáxuě ホアシュエ / 스키 スキ

① こちらがコースマップでございます

Zhè shì xuědào lùxiàntú.
这是雪道路线图。
ヂョアシー シュエダオ ルーシエントゥー

Here is the ski slope map.
ヒアイズ ザ スキー スロゥプ マッ

코스 지도, 여기 있습니다.
コス チド ヨギ イッスムニダ

② 緑色のコースが初心者用です

Lǜsè lùxiàn shì chūxuézhě yòng de.
绿色路线是初学者用的。
リュースァー ルーシエン シー チュウシュエヂョア ヨンダ

The slopes for beginners are shown in green.
ザ スロゥプス フォー ビギナーズ アー ショウン イン グリーン

녹색 코스가 초보자용입니다.
ノクセク コスガ チョボジャヨンイムニダ

③ 悪天候のため、このゾーンは進入禁止です

Yīn tiānqì èliè, zhè ge qūyù jìnzhǐ rùnèi.
因天气恶劣，这个区域禁止入内。
イン ティエンチーウァリエ ヂェイガ チュイイー ジンヂー ルウネイ

This area is closed due to bad weather.
ディス エアリア イズ クロゥズド デュートゥー バッ ウェザー

악천후로 인해 이 구역은 진입금지입니다.
アクチョヌロ イネ イ グヨグン チニァクムジイムニダ

④ 本日、山頂リフトは営業しておりません

Shāndǐng lǎnchē jīntiān tíngzhǐ yíngyè.
山顶缆车今天停止营业。
シャンディン ランチョア ジンティエン ティンヂー インイエ

The ski lift to the mountaintop is closed today.
ザ スキーリフッ トゥ ザ マウンテントップ イズ クロゥズッ トゥデイ

오늘, 산정 리프트는 운행하지 않습니다.
オヌル サンジョン リプトゥヌン ウネンハジ アンスムニダ

⑤ 更衣室は左側にございます

Gēngyīshì zài zuǒcè.
更衣室在左侧。
グンイーシー ヅァイ ヅオツァ

The locker room is on the left.
ザ ロッカー ルーム イズ オン ザ レフッ

탈의실은 왼쪽에 있습니다.
タリシルン ウェンチョゲ イッスムニダ

⑥ 子ども用ゲレンデはロッジの右にあります

Értóng zhuānyòng huádào zài xiūxīsuǒ yòucè.
儿童专用滑道在休息所右侧。
アルトンヂュアンヨン ホアダオ ヅァイ シウシースオ ヨウツァ

A slope for children is on the right of the lodge.
ア スロゥプ フォー チゥドレン イズ オン ザ ライッ オヴ ザ ロッジ

어린이 전용 겔렌데가 산장 오른쪽에 있습니다.
オリニ チョニョン ケルレンデガ サンジャン オルンチョゲ イッスムニダ

⑦ ゴーグルは売店で販売しています

Hùyǎnjìng zài xiǎomàidiàn yǒushòu.
护眼镜在小卖店有售。
フーイェンジン ヅァイ シアオマイディエン ヨウショウ

You can get goggles at the shop.
ユー キャン ゲッ ゴグズ アッザ ショップ

고글은 매점에서 판매합니다.
コグルン メジョメソ パンメハムニダ

⑧ このコースはスキー滑走禁止です

Zhèi ge lùxiàn jìnzhǐ huáxuě.
这个路线禁止滑雪。
ヂェイガ ルゥシエン ジンヂー ホアシュエ

Skiing is prohibited in this area.
スキーインッ イズ プロヒビティッ イン ディス エアリア

이 코스는 스키를 탈 수 없습니다.
イ コスヌン スキルル タルス オプスムニダ

きほんの接客 / ホテル / 旅館 / 案内・買い物 / 会計〈応用〉 / 温泉・レジャー / 電話・トラブル

🔊 48

⑨ 1日券と10回分の回数券がございます
ヨウイーリーピアオ ホア シーチャンイータオダ シュウツーピアオ
有一日票和十张一套的数次票。
Yǒu yīrìpiào hé shí zhāng yītào de shùcìpiào.

We have a day pass and a ticket book for 10 rides.
ウィ ハヴ ア デイ パス アンッ ア ティケッ ブック フォー テン ライズ

1일권과 10회 회수권이 있습니다.
イルルクォングァ シプェ フェスクォニ イッスムニダ

⑩ この券でゴンドラも利用できます
チェイチャンピアオ ハイクァイーチョンヅオ シアンシーランチョア
这张票还可以乘坐箱式缆车。
Zhèi zhāng piào hái kěyǐ chéngzuò xiāngshì lǎnchē.

This ticket is also good for the gondola lift.
ディッ ティケッ イズ オウソウ グッ フォー ザ ゴンドラ リフッ

이 표로 곤돌라도 탈 수 있습니다.
イ ピョロ コンドルラド タルス イッスムニダ

⑪ 午後5時からは、ナイター券が必要です
シアウゥ ウゥディエン イーホウ シューヤオ ワンジエンピアオ
下午五点以后需要晚间票。
Xiàwǔ wǔ diǎn yǐhòu xūyào wǎnjiānpiào.

A night ticket is necessary after 5 p.m.
ア ナイッ ティケッ イズ ネセサリー アフター ファイヴ ピーエム

오후 5시부터는 야간권이 필요합니다.
オーフ タソッシプトヌン ヤガンクォニ ピリョハムニダ

⑫ センターリフトは午後4時までの営業です
チョンシン ランチョア インイエ ダオ シアウゥ スーディエン
中心缆车营业到下午四点。
Zhōngxīn lǎnchē yíngyè dào xiàwǔ sì diǎn.

The central ski lift is open until 4 p.m.
ザ セントラゥ スキーリフト イズ オウプン アンティゥ フォー ピーエム

센터 리프트는 오후 4시까지 운행합니다.
セント リプトゥヌン オーフ ネーシカジ ウネンハムニダ

ワードバンク — スキー

スキーレッスン	ski lesson スキー レスン	滑雪教室 huáxuě jiàoshi ホアシュエ ジアオシー	스키 레슨 スキ レスン
全山券	ticket for all slopes ティケッ フォー オーゥ スロウプス	全场票 quánchǎngpiào チュエンチャンピアオ	전체 이용권 チョンチェ イヨンクォン
ゲレンデ限定券	ticket for limited slopes ティケッ フォー リミティッ スロウプス	雪场指定票 xuěchǎng zhǐdìngpiào シュエチャン ヂーディンピアオ	겔렌데 한정권 ケルレンデ ハンジョンクォン
午前券	morning ticket モーニング ティケッ	上午票 shàngwǔpiào シャンウゥピアオ	오전권 オジョンクォン
午後券	afternoon ticket アフタヌーン ティケッ	下午票 xiàwǔpiào シアウゥピアオ	오후권 オーフクォン
1回券	1-ride ticket ワンライドゥ ティケッ	一次票 yícìpiào イーツーピアオ	1회권 イルフェクォン
急斜面	steep slope スティーブ スロウプ	陡坡 dǒupō ドウポー	경사면 キョンサミョン
ゆるやかな	gentle ジェントゥ	缓(坡) huǎn(pō) ホワン(ポー)	완만한 ワンマナン
ハーフパイプ	half-pipe ハーフパイプ	U型槽 U xíngcáo ユーシンツァオ	하프파이프 ハプパイプ
中級者	intermediates インターミディエイツ	中级组 zhōngjízǔ ヂョンジィズゥ	중급자 チュングァチャ
上級者	advanced skiers アドヴァンスト スキーヤーズ	高级组 gāojízǔ ガオジィズゥ	상급자 サングァチャ
救護室	first aid room ファーステッ エイド ルーム	救护室 jiùhùshì ジウフゥシー	구급실 クグプシル
骨折する	break a bone ブレイク ア ボウン	骨折 gǔzhé グゥヂョア	골절하다 コルチョラダ
ねんざする	sprain スプレイン	扭伤 niǔshāng ニウシャン	삐다 ピーダ

温泉・レジャー　スキー

スキー

① スキーですか、ボードですか？

Which would you like, skis or a snowboard?
ウイッチ ウデュー ライク スキーズ オア ア スノゥボードゥ

Yào shuāngbǎn háishi dānbǎn?
要双板还是单板？
ヤオ シュワンバン ハイシー ダンバン

스키입니까, 보드입니까？
スキイムニッカ ボドゥイムニッカ

② こちらの用紙に記入してください

Please fill out this form.
プリー フィゥ アゥッ ディッ フォーム

Qǐng tiánxiě yíxià dānzi.
请填写一下单子。
チン ティエンシエ イーシア ダンズ

이 용지에 기입하세요.
イ ヨンジエ キイパセヨ

③ 4時間のご利用ですか、1日のご利用ですか？

For 4 hours or for all day?
フォー フォー アワーズ オア フォー オーゥ デイ

Nín lìyòng yì tiān háishi sì ge xiǎoshí?
您利用一天还是四个小时？
ニン リーヨン イーティエン ハイシー スーガ シアオシー

4 시간입니까, 하루 종일입니까？
ネー シガニムニッカ ハルジョんイリムニッカ

④ 身長は何センチですか？

What is your height in centimeters?
ワッ イズ ユア ハイッ イン センタミーターズ

Nín shēngāo duōshao?
您身高多少？
ニン シェンガオ ドゥオシャオ

키는 몇 센티입니까？
キヌン ミョッセンティイムニッカ

⑤ 靴のサイズはおいくつですか？

What is your shoe size?
ワッ イズ ユア シュー サイズ

Nín chuān duōdà hào de xié?
您穿多大号的鞋？
ニン チュワン ドゥオダアハオダ シエ

구두는 몇 사이즈를 신으십니까？
クドゥヌン ミョッサイジュルル シヌシムニッカ

⑥ 初心者の方ですか？

Are you a beginner?
アー ユー ア ビギナー

Nín shì chūxuézhě ma?
您是初学者吗？
ニン シー チュウシュエヂョアマ

초보자십니까？
チョボジャシムニッカ

⑦ スキーセットのレンタル料は3000円です

A ski rental package is 3,000 yen.
ア スキー レンタゥ パキッチ イズ スリー サウザンッ イエン

Yí tào huáxuě yòngjù de chūzūfèi sānqiān rìyuán.
一套滑雪用具的出租费三千日元。
イータオ ホアシュエヨンジュイダ チュウズゥフェイ サンチエンリーユエン

스키 세트 렌탈료는 3000 엔입니다
スキ セットゥ レンタルリョヌン サムチョネニムニダ

⑧ 試しに身につけてみてください

Please try them on.
プリー トライ ゼム オン

Qǐng nín chuānshang shì yíxià.
请您穿上试一下。
チン ニン チュワンシャン シー イーシア

한 번 신어 보세요.
ハンボン シノ ボセヨ

118

🔊 49

⑨ このサイズでよろしいですか？	Is it the right size? イズ イッ ザ ライッ サイズ
Zhèi ge chǐcùn héshì ma? 这个尺寸合适吗？ ヂェイガ チーツン ホァシーマ	이 사이즈면 되겠습니까？ イ サイジュミョン テゲッスムニッカ

⑩ あちらで<u>ストック</u>をおとりください	You can get a set of <u>ski poles</u> over there. ユー キャン ゲッ ア セット オヴ スキー ポゥルズ オゥヴァー ゼア
Qǐng zài nèibiān xuǎnyòng huáxuězhàng. 请在那边选用<u>滑雪杖</u>。 チン ヅァイネイビエン シュエンヨン <u>ホワシュエヂャン</u>	저기서 <u>스틱</u>을 가져 가세요. チョギソ <u>スティグル</u> カジョ ガセヨ

⑪ 午後<u>4</u>時までにご返却ください	Please return them by <u>4</u> p.m. プリー リターン ゼム バイ <u>フォー</u> ピーエム
Qǐng zài xiàwǔ sì diǎn zhīqián huánhuílai. 请在下午<u>四</u>点之前还回来。 チン ヅァイ シアウゥ<u>スー</u>ディエン ヂーチエン ホワンホイライ	오후 <u>4</u> 시까지 돌려 주세요. オーフ <u>ネー</u>シカジ トルリョ ジュセヨ

⑫ この控えを、返却の際にご提示ください	Could you bring this slip when you return them? クデュー ブリンヅ ディッ スリップ ウエン ユー リターン ゼム
Zhè shi cúngēn, huánhuílai shí qǐng chūshì yíxià. 这是存根，还回来时请出示一下。 ヂョアシー ツンゲン ホワンホイライシー チン チュゥシーイーシア	이 전표는 반납하실 때 같이 내 주세요. イ チョンピョヌン パンナパシルッテ カッチ ネジュセヨ

ワードバンク — スキーウェア・その他

ショートスキー	short-ski ショートスキー	短滑雪板 duǎn huáxuěbǎn ドワンホアシュエバン	쇼트 스키 ショトゥ スキ
スキーウェア	skiwear スキーウエア	滑雪服 huáxuěfú ホアシュエフゥ	스키 웨어 スキ ウェオ
身長	height ハイトゥ	身长 shēncháng シェンチャン	키 キ
手袋	gloves グラヴズ	手套 shǒutào ショウタオ	장갑 チャンガプ
帽子	cap キャップ	帽子 màozi マオヅ	모자 モジャ
ブーツ	boots ブーツ	靴子 xuēzi シュエヅ	부츠 プチュ
靴下	socks ソックス	袜子 wàzi ワァヅ	양말 ヤンマル
大きい	big ビッグ	大 dà ダァ	크다 クダ
小さい	small スモーゥ	小 xiǎo シアオ	작다 チャクタ
長い	long ロング	长 cháng チャン	길다 キルダ
短い	short ショート	短 duǎn ドワン	짧다 チャルタ
きつい	tight タイッ	紧 jǐn ジン	끼다 キダ
ゆるい	loose ルース	肥 féi フェイ	헐겁다 ホルゴプタ
そり	sled スレッドゥ	雪橇 xuěqiāo シュエチアオ	썰매 ソルメ

スキー

きほんの接客

① こちらにお並びください
Would you line up here, please?
请在这边排队。

② スキーかボードをご着用ください
Please put on your skis or snowboard.
请穿上滑雪板。★
스키나 보드를 신으세요.

③ リフト券をご提示ください
Could I see your lift ticket?
请出示缆车票。
리프트권을 보여 주세요.

④ リフト券をタッチさせてください
Hold your lift ticket here, please.
请在这里刷卡。
리프트권을 눌러 주세요.

⑤ 線の位置からお乗りください
Please step up to the line and get on the ski lift.
请从划线位置上车。
선이 있는 데서 타 주세요.

⑥ リフトは3人乗りです
The ski lift carries 3 people.
这是三人乘坐的缆车。
리프트는 3인승입니다.

⑦ 安全バーは自動で降ります
The safety bar comes down automatically.
安全杠会自动放下来。
안전 바는 자동으로 내려옵니다.

⑧ 安全バーを下げて[上げて]ください
Please put the safety bar down [up].
请放下[抬起]安全杠。
안전 바를 내려[올려] 주세요.

★中国語の"滑雪板"(または"雪板")は、「スキー」と「スノーボード」、両方の意味があります。両者をあえて区別する場合は、p.118①のように"双板"(スキー)、"単板"(スノーボード)と言うことができます。

⑨ リフトの運行を見合わせております

The ski lift service is suspended at the moment.
ザ スキーリフト サーヴィス イズ サスペンディッ アッ ザ モーメンッ

Lǎnchē xiànzài tíngzhǐ yùnxíng.
缆车现在停止运行。
ランチョア シエンツァイ ティンチー ユンシン

리프트 운행을 중단하고 있습니다.
リプトゥ ウネンウル チュンダナゴ イッスムニダ

⑩ リフトの運転を再開いたします

We will now resume the ski lift operation.
ウィ ウィゥ ナゥ リジューム ザ スキーリフト オペレイション

Xiànzài lǎnchē huīfù yùnxíng.
现在缆车恢复运行。
シエンツァイ ランチョア ホイフゥ ユンシン

리프트 운행을 다시 시작하겠습니다.
リプトゥ ウネンウル タシ シジャカゲッスムニダ

⑪ ただいまより大回転コースの滑走を禁止いたします

The giant slalom course is now closed.
ザ ジャイアンツ スラーロム コース イズ ナウ クローズドゥ

Xiànzài tíngzhǐ dàhuíxuán xuědào de huáxíng.
现在停止大回旋雪道的滑行。
シエンツァイ ティンチー ダァホイシュエン シュエダオダ ホアシン

지금부터 대 회전 슬로프를 금지하겠습니다.
チグムブト テーフェジョン スルロブルル クムジハゲッスムニダ

⑫ リフトは安全確認のため、停止しております

The ski lift is stopped for safety inspection.
ザ スキーリフト イズ ストップトゥ フォー セイフティ インスペクション

Wèi quèbǎo ānquán, lǎnchē tíngzhǐ yùnxíng.
为确保安全，缆车停止运行。
ウェイ チュエバオ アンチュエン ランチョア ティンチー ユンシン

리프트는 안전 점검을 위해 운행을 중단하고 있습니다.
リプトゥヌン アンジョン チョムゴムル ウィヘ ウネンウル チュンダナゴ イッスムニダ

⑬ スキーを外してください

Please take off your skies.
プリーズ テイク オフ ユァ スキーズ

Qǐng tuōxià huáxuěbǎn.
请脱下滑雪板。
チン トゥオシア ホアシュエバン

스키를 벗으세요.
スキルル ポスセヨ

⑭ 雪崩の危険があります

This area is in danger of avalanche.
ディス エアリア イズ イン デインジャー オヴ アヴァランチ

Yǒu fāshēng xuěbēng de wēixiǎn.
有发生雪崩的危险。
ヨウ ファーション シュエボンダ ウェイシエン

눈사태가 날 위험이 있습니다.
ヌンサテガ ナル ウィホミ イッスムニダ

⑮ ただちに下山してください

Please come down the mountain immediately.
プリーズ カム ダウン ザ マウンテン イミディアトリー

Qǐng lìjí xià shān duǒbì.
请立即下山躲避。
チン リージー シアシャン ドゥオビィ

즉시 산을 내려 오십시오.
チュクシ サヌル ネリョ オシプシオ

ゴルフ(予約)

golf / 高尔夫球 gāo'ěrfūqiú / 골프

① 会員様でいらっしゃいますか？
Nín shì huìyuán ma?
您是会员吗？

Are you a member of this club?

회원이십니까?

② ご希望日はいつですか？
Nín yùyuē jǐ hào?
您预约几号？

When would you like to play?

언제로 예약해 드릴까요?

③ 何名様ですか？
Nín jǐ wèi?
您几位？

How many are in your party?

몇 분이 플레이 하십니까?

④ 申し訳ありませんが、その日は予約がいっぱいです
Zhēn duìbuqǐ, zhèi tiān yǐjīng yùdìng mǎn le.
真对不起，这天已经预订满了。

I'm sorry. We are fully booked on that day.

죄송합니다. 그 날은 예약이 다 찼습니다.

⑤ キャディ付きにしますか、セルフプレーですか？
Yào qiútóng ma? Háishi zìzhùshì de?
要球僮吗？还是自助式的？

Would you like to play with a caddie or without?

캐디가 필요하십니까? 셀프로 하시겠습니까?

⑥ 1名様1ラウンド9000円でございます
Yī chǎng de fèiyòng shì měi wèi jiǔqiān rìyuán.
一场的费用是每位九千日元。

The green fee for 1 round is 9,000 yen per person.

1인 당 18홀 9000엔입니다.

⑦ 2名様でご利用の場合、合計で3万円です
Liǎng wèi de fèiyòng, yígòng sānwàn rìyuán.
两位的费用，一共三万日元。

The total fee for 2 players is 30,000 yen.

두 분이 하실 경우는 합계 30,000엔입니다.

⑧ 昼食付きの料金でございます
Zhè shì dài wǔcān de fèiyòng.
这是带午餐的费用。

This rate includes lunch.

점심식사가 포함된 요금입니다.

🔊 51

⑨ スタート時間は10時6分です
Kāishǐ shíjiān shì shí diǎn liù fēn.
开始时间是十点六分。
カイシー シージエン シー シーディエン リウフェン

Your tee-off time is 10:06.
ユア ティー オフ タイム イズ テン オゥシクス
티업은 10 시 6 분입니다.
ティオブン ヨルシ ユクプニムニダ

⑩ ハーフラウンドで約2時間かかります
Dǎ bàn chǎng qiú xūyào liǎng ge xiǎoshí.
打半场球需要两个小时。
ダア バンチャンチウ シュイヤオ リアンガ シアオシー

It takes about 2 hours to play 9 holes.
イッ テイクス アバウツ トゥー アワーズ トゥ プレイ ナイン ホゥルズ
9홀을 도는데 약 2 시간 걸립니다.
ナインホルル トヌンデ ヤク トゥーシガン コルリムニダ

⑪ お車でいらっしゃいますか、電車でいらっしゃいますか？
Nín shì kāichē lái, háishi zuò diànchē lái?
您是开车来，还是坐电车来？
ニン シー カイチョア ライ ハイシー ヅオ ディエンチョア ライ

Are you coming by car or train?
アー ユー カミンッ バイ カー オア トレイン
차로 오십니까？ 전철로 오십니까？
チャロ オシムニッカ チョンチョルロ オシムニッカ

⑫ 千葉駅からシャトルバスをご利用ください
Qǐng zài Qiānyè zhàn chéngzuò bānchē.
请在千叶站乘坐班车。
チン ヅァイ チエンイエ ヂャン チョンヅオ バンチョア

You can take the shuttle bus from Chiba Station.
ユー キャン テイク ザ シャトゥ バス フロム チバ ステイション
지바역에서 셔틀버스를 이용해 주십시오.
チバヨゲソ ショトゥルポスルル イヨンヘ ジュシプシオ

⑬ シャトルバスの出発時間は8時です
Bānchē zǎoshang bā diǎn fā chē.
班车早上八点发车。
バンチョア ヅァオシャン バアディエン ファーチョア

The shuttle bus leaves at 8 a.m.
ザ シャトゥ バス リーヴス アッ エイッ エイエム
셔틀 버스 출발 시간은 8 시입니다.
ショトゥル ボス チュルバル シガヌン ヨドルシイムニダ

⑭ 悪天候の場合は、キャンセル料金はいただきません
Tiānqì èliè shí, bù shōu qǔxiāofèi.
天气恶劣时，不收取消费。
ティエンチィ ウァリエ シー ブショウ チュイシアオフェイ

In case of bad weather, there's no cancellation fee.
イン ケイス オヴ バッ ウェザー ゼアス ノゥ キャンセレイション フィー
악천후인 경우, 캔슬 요금은 없습니다.
アクチョヌイン キョンウ ケンスル ヨグムン オプスムニダ

ゴルフ（受付）

① おはようございます
Zǎoshang hǎo.
早上好。
ツァオシャン ハオ

Good morning, sir [ma'am].
グッ モーニンッ サー [マム]

안녕하세요?
アンニョンハセヨ

② こちらにご記入ください
Qǐng nín tiánxiě yíxià dānzi.
请您填写一下单子。
チン ニン ティエンシエ イーシア ダンツ

Please fill in this form.
プリー フィゥ イン ディス フォーム

여기에 기입해 주십시오.
ヨギエ キイペ ジュシアシオ

③ ご予約のワン様、キャディー付きですね
Nín shi yùyuē dài qiútóng de Wáng xiānsheng ba?
您是预约带球僮的王先生吧？
ニン シー ユィユエ ダイ チウトンダ ワンシエンションバ

Mr. Wang, you have a reservation with a caddie.
ミスターワン ユー ハヴァ リザーヴェイション ウィズ キャディー

예약하신 왕 사장님이시죠? 캐디를 예약하셨네요.
イェーヤカシン ワン サジャンニミシジョ ケディルル イェーヤカションネヨ

④ カートはご利用になりますか？
Nín yòng qiúchē ma?
您用球车吗？
ニン ヨン チウチョァマ

Would you like to use a cart?
ウデュー ライッ トゥ ユーズ ア カート

카트를 이용하시겠습니까?
カトゥルル イヨンハシゲッスムニッカ

⑤ クラブとシューズのレンタルはご利用になりますか？
Nín yào jiè qiúgān hé qiúxié ma?
您要借球杆和球鞋吗？
ニン ヤオ ジエ チウガン ホァ チウシエマ

Would you like to rent clubs and shoes?
ウデュー ライッ トゥ レンッ クラブス アンッ シューズ

골프채와 골프화를 빌리시겠습니까?
コルプチェワ コルプファルル ビルリシゲッスムニッカ

⑥ ロッカーは右手にございます
Cúnfànggui zài yòubiān.
存放柜在右边。
ツンファングイ ツァイ ヨウビエン

The lockers are on the right.
ザ ロッカーズ アー オン ザ ライツ

로커는 오른쪽에 있습니다.
ロコヌン オルンチョゲ イッスムニダ

⑦ 貴重品はこちらのロッカーにお預けください
Guìzhòng wùpǐn qǐng cúnfàngzài guìzi li.
贵重物品请存放在柜子里。
グイチョン ウゥピン チン ツンファン ツァイ グイヅリ

Please put your valuables in a safety box.
プリー プッ ユア ヴァリュアブズ インア セイフティ ボックス

귀중품은 이쪽 로커에 보관해 주십시오.
クィジュンプムン イチョク ロコエ ボグァネ ジュシアシオ

⑧ ありがとうございました。またのご来場をお待ちしております
Xièxie. Huānyíng zàicì guānglín!
谢谢。欢迎再次光临！
シエシエ ホワンイン ツァイツー グアンリン

Thank you very much. Please come again.
サンキュー ヴェリー マッチ プリー カム アゲイン

감사합니다. 저희 클럽을 다시 찾아 주십시오.
カムサハムニダ チョイ クルロブル タシ チャジャ ジュシアシオ

ワードバンク　ゴルフ（1）

会員	members メンバーズ	会员 huìyuán ホイユエン	회원 フェウォン
ビジター	non-members ノンメンバーズ	临时会员 línshí huìyuán リンシー ホイユエン	비회원 ピフェウォン
プレー代金	green fee グリーン フィー	果岭费 guǒlǐngfèi グオリンフェイ	그린 피 クリン ピ
クラブハウス	clubhouse クラブハウス	俱乐部会所 jùlèbù huìsuǒ ジュィルァブゥ ホイスオ	클럽 하우스 クルロプ ハウス
練習場	driving range ドライヴィンッ レインジ	练习场 liànxíchǎng リエンシィチャン	연습장 ヨンスプチャン
レイアウト	layout レイアウッ	球场设计 qiúchǎng shèjì チウチャン ショアジー	레이아웃 レイアウッ
コースレイト	course rate コース レイッ	球场难度 qiúchǎng nándù チウチャン ナンドゥ	코스 레이트 コス レイトゥ
ゴルフクラブ	golf club ゴルフ クラブ	球杆 qiúgān チウガン	골프채 コルプチェ
ウッド	wood club ウッドゥ クラブ	木头球杆 mùtóu qiúgān ムゥトウ チウガン	우드 ウドゥ
パター	putter パター	推杆 tuīgān トゥイガン	퍼터 ポト
アイアン	iron アイアン	铁杆 tiěgān ティガン	아이언 アイオン
左利き	left-handed レフッハンディッ	左撇子 zuǒpiězi ヅオピエヅ	왼손잡이 ウェンソンチャビ
ゴルフシューズ	golf shoes ゴゥフ シューズ	球鞋 qiúxié チウシエ	골프화 コルプファ
ゴルフボール	golf ball ゴゥフ ボーゥ	高尔夫球 gāo'ěrfūqiú ガオアルフゥチウ	골프공 コルプゴン
小川	creek クリーク	小河 xiǎohé シアオホァ	크릭 クリク
池	pond ポンドゥ	水池 shuǐchí シュイチー	연못 ヨンモッ
林	trees トゥリーズ	树林 shùlín シュゥリン	숲 スプ
ヤーデージ	yardage ヤーディッジ	距离标识 jùlí biāozhi ジュゥリィ ビアオヂー	야디지 ヤディジ
アウト	front 9 フロンッ ナイン	前九洞 qián jiǔ dòng チエン ジウドン	아웃 홀 アウットル
イン	back 9 バッ ナイン	后九洞 hòu jiǔ dòng ホウ ジウドン	인 홀 インホル
フェアウェイ	fairway フェアウェイ	球道 qiúdào チウダオ	페어 웨이 ペオウェイ
グリーン	green グリーン	果岭 guǒlǐng グオリン	그린 クリン
ラフ	rough ラフ	长草区 chángcǎoqū チャンツァオチュイ	러프 ロプ
砲台グリーン	elevated green エレヴェイティッ グリーン	高台果岭 gāotái guǒlǐng ガオタイ グオリン	엘리베이티드 그린 エルレベイティドゥ グリン
ボールマーカー	ball marker ボゥル マーカー	球位标 qiúwèibiāo チウウェイビアオ	볼 마커 ポル マコ
アンジュレーション	undulation アンデュレイション	球场起伏 qiúchǎng qǐfú チウチャン チィフウ	언둘레이션 オンドゥルレイション
ハザード	hazard ハザードゥ	障碍 zhàng'ài チャンアイ	해저드 ヘジョドゥ
暫定球	provisional ball プラヴィジョナル ボーゥ	暂定球 zàndìngqiú ヅァンディンチウ	잠정구 チャムジョングゥ
ホール	hole ホゥル	球洞 qiúdòng チウドン	홀 ホル
打ち上げホール	uphill hole アップヒゥ ホゥル	上坡洞 shàngpōdòng シャンポドン	오르막 홀 オルマクホル
打ち下ろしホール	downhill hole ダウンヒゥ ホゥル	下坡洞 xiàpōdòng シアポドン	내리막 홀 ネリマクホル
簡単な	easy イーズィー	容易 róngyi ロンイー	간단한~ カンダナン
難しい	difficult ディフィカウト	难 nán ナン	어려운~ オリョウン

ゴルフ（ホール）

① こんにちは、キャディーの田中と申します

Hello. I'm Tanaka, your caddie.
ハロウ アイム タナカ ユア キャディー

Nínhǎo. Wǒ shì qiútóng, xìng Tiánzhōng.
您好。我是球僮，姓田中。
ニンハオ ウォ シー チウトン シン ティエンヂォン

안녕하세요. 저는 오늘 캐디 담당, 다나카입니다.
アンニョンハセヨ チョヌン オヌル ケディ ダムダン タナカイムニダ

② お客様、クラブの確認をお願いします

Excuse me, would you check your clubs, please?
エクスキューズ ミー ウデュー チェック ユア クラブス プリー

Qǐng nín quèrèn yíxià qiúgān.
请您确认一下球杆。
チン ニン チュエレン イーシア チウガン

고객님, 클럽을 확인해 주십시오.
コゲンニム クルロブル ファギネ ジュシプシオ

③ 1番ホール、300ヤード、パー4です

The 1st hole is 300 yards. A par 4.
ザ ファースッ ホウゥ イズ スリー ハンドレッ ヤーヅ エイ パー フォー

Yī hào qiúdòng, sānbǎi mǎ, biāozhǔngān sì.
一号球洞，三百码，标准杆四。
イーハオ チウドン サンバイマァ ビアオヂュンガン スー

1번 홀은 300 야드로 파 4 입니다.
イルボン ホルン サムベンニャドゥロ パー サーイムニダ

④ このホールは距離があります

This is a long hole.
ディッ イズ ア ロンッ ホウル

Zhèi ge qiúdòng yǒu xiē jùlí.
这个球洞有些距离。
ヂェイガ チウドン ヨウシエ ジュィリィ

이번 홀은 거리가 꽤 깁니다.
イボン ホルン コリガ クェ キムニダ

⑤ 左はOBです

There is out of bounds on the left.
ゼアイズ アウッオヴ バウンズ オン ザ レフッ

Zuǒ jièwài.
左界外。
ヅオ ジエワイ

왼쪽은 OB 존이 있습니다.
ウェンチョグン オービジョニ イッスムニダ

⑥ 右はワンペナです

The right side incurres with 1-stroke penalty.
ザ ライッ サイッ インカーズ ウィズ ワンストロック ペナゥルティ

Yòu fágān yī.
右罚杆一。
ヨウ ファーガン イー

오른쪽은 벌타 1 입니다.
オルンチョグン ボルタ イリムニダ

⑦ 左のバンカーは深いです

The bunkers on the left are deep.
ザ バンカーズ オン ザ レフッ アー ディープ

Zuǒbiān de shākēng bǐjiào shēn.
左边的沙坑比较深。
ヅオビエンダ シャアクン ビィジィアオ シェン

왼쪽 벙커는 깊습니다.
ウェンチョク ボンコヌン キプスムニダ

⑧ ナイショーッ！／ファー！

Nice shot! / Fore!
ナイッ ショッ／フォー

Hǎo qiú! / Kàn qiú!
好球！／看球！
ハオ チウ ／ カン チウ

나이스 샷！／볼！
ナイス シャッ／ ボル

🔊 53

⑨ **ナイスパー[バーディー]！**
Nice par [birdie]!
ナイス パー[バーディ]

Piàoliang de biāozhǔngān [xiǎoniǎoqiú]!
漂亮的标准杆[小鸟球]！
ピアオリァンダ　ビアオヂュンガン　[シアオニアオチウ]

나이스 파[버디]！
ナイス パ[ボディ]

⑩ **ナイスイン！／ウェルアウト！**
Nice putt! / Nice out!
ナイス プッ/ナイス アウッ

Jìn qiú! / Dǎde hǎo!
进球！/打得好！
ジン チウ／ダァダ ハオ

나이스 인！/ 나이스 아웃！
ナイスイン/ナイス アウッ

⑪ **風が不安定です**
The wind is changeable.
ザ ウィンド イズ チェインジャブゥ

Fēngxiàng bù wěndìng.
风向不稳定。
フォンシアン ブゥウェンディン

바람을 예측 하기 어렵습니다.
パラムル イェチュカギ オリョプスムニダ

⑫ **風はアゲインスト[フォロー]です**
The wind is against [behind] us.
ザ ウィンド イズ アゲンスト [ビハインッ] アス

Nìfēng [Shùnfēng].
逆风[顺风]。
ニィフォン [シュンフォン]

맞바람[뒷바람]입니다.
マッパラ [トゥィッパラ] ミムニダ

⑬ **風は右から左へ吹いています**
The wind is blowing from right to left.
ザ ウィンド イズ ブロウインッ フロム ライッ トゥ レフッ

Fēng cóng zuǒ xiàng yòu guā.
风从左向右刮。
フォン ツォンヅオ シアンヨウ グワ

바람이 오른쪽에서 왼쪽으로 불고 있습니다.
パラミ オルンチョゲソ ウェンチョグロ ブルゴ イッスムニダ

ワードバンク　ゴルフ（2）

ロングホール	par-5 hole パーファイヴ ホウル	长洞 chángdòng チャンドン	롱 홀 ロン ホル
ミドルホール	par-4 hole パーフォー ホウル	标准洞 biāozhǔndòng ビアオヂュンドン	미들 홀 ミドゥル ホル
ショートホール	par-3 hole パースリー ホウル	短洞 duǎndòng ドゥアンドン	숏 홀 ショットル
ツーサム	twosome トゥーサム	双人比杆赛 shuāngrén bǐgānsài シュワンレン ビガンサイ	투섬 トゥソム
フォーサム	foursome フォーサム	四人比杆赛 sìrén bǐgānsài スーレン ビガンサイ	포섬 ポソム
バーディー	birdie バーディー	小鸟球 xiǎoniǎoqiú シアオニアオチウ	버디 ボディ
ボギー	bogey ボウギ	博基 bójī ボォジィ	보기 ボギ
ダブルボギー	double bogey ダブゥ ボウギ	双博基 shuāngbójī シュワン ボォジィ	더블 보기 トブルボギ
イーグル	eagle イーグゥ	老鹰 lǎoyíng ラオイン	이글 イグル
ホールインワン	hole in 1 ホウル イン ワン	一杆进洞 yì gǎn jìndòng イーガン ジンドン	홀인원 ホリノォン

温泉・レジャー　ゴルフ（ホール）

ゴルフ（ホール）

① あと約100ヤードです
Hái yǒu yìbǎi mǎ zuǒyòu.
还有一百码左右。
ハイヨウ イーパイ マァ ヅオヨウ

It's about 100 yards from here.
イッツ アバウッ ア ハンドレッ ヤーズ フロム ヒア

약 100 야드 남았습니다.
ヤク ぺんニャドゥ ナマッスムニダ

② 前の組がプレーしています。お待ちください
Qiánbiān yì zǔ zhèngzài dǎ qiú, qǐng shāo hòu.
前边一组正在打球，请稍候。
チエンビエン イーズゥ ヂョンヅァイ ダァチウ チン シャオホウ

That group is still playing. Please wait a minute.
ザッ グループ イズ スティゥ プレインッ プリー ウェイッ ア ミニッ

앞 팀이 플레이 중입니다. 기다려 주십시오.
アプ ティミ プルレイ ジュンイムニダ キダリョ ジュシァシオ

③ グリーンにオンしています
Qiú dǎshang guǒlǐng le!
球打上果岭了！
チウ ダァシャン グオリンラ

It's on the green.
イッツ オン ザ グリーン

온 그린입니다.
オン グリニムニダ

④ 芝は順目[逆目]です
Cǎopíng shì shùnxiàng [nìxiàng] de.
草坪是顺向[逆向]的。
ツァオピン シー シュンシアン [ニィシアン] ダ

The grain is with [against] you.
ザ グレイン イズ ウィズ [アゲンスト] ユー

잔디는 순방향[역방향]입니다.
チャンディヌン スンぱんひャん[ヨクぱんひャん] イムニダ

⑤ 芝は右[左]に切れます
Cǎopíng xiàng yòu [zuǒ] piānxié.
草坪向右[左]偏斜。
ツァオピン シアンヨウ [ヅオ] ピエンシエ

The grass breaks to the right [left].
ザ グラス ブレイクス トゥ ザ ライッ [レフッ]

잔디는 오른쪽[왼쪽]으로 꺾어집니다.
チャンディヌン オルンチョ [ウェンチョ] グロ コクコジムニダ

⑥ グリーンは右から左へ傾斜しています
Guǒlǐng cóng yòu xiàng zuǒ qīngxié.
果岭从右向左倾斜。
グオリン ツォンヨウ シアンヅオ チンシエ

The green slopes from right to left.
ザ グリーン スロウプス フロム ライッ トゥ レフッ

그린은 오른쪽에서 왼쪽으로 경사가 져 있습니다.
クリヌン オルンチョゲソ ウェンチョグロ キョンサガ チョ イッスムニダ

⑦ グリーンをもとに戻してください
Qǐng bǎ guǒlǐng huīfù yuányàng.
请把果岭恢复原样。
チン バァ グオリン ホイフゥ ユエンヤン

Could you repair the green?
クデュー リペア ザ グリーン

잔디를 덮어 주세요.
チャンディルル トッポ ジュセヨ

⑧ ここは傾斜がきついです
Zhè yídài xiédù hěn dà.
这一带斜度很大。
ヂョア イーダイ シエドゥ ヘン ダァ

The slope is steep.
ザ スロウプ イズ スティープ

여기는 경사가 심합니다.
ヨギヌン キョンサガ シムニダ

🔊 54

⑨ 旗をお持ちしましょうか？	Can I hold the flag for you? キャナイ　ホゥルッ　ザ　フラッグ　フォー　ユー
Wǒ bāng nín ná qí ba. 我帮您拿旗吧。 ウォ　バンニン　ナァチィバ	깃발을 빼 드릴까요？ キッパルル　ペ　ドゥリルカョ

⑩ お疲れ様でした	I hope you enjoyed your round. アイ　ホゥプ　ユー　エンジョイッ　ユア　ラウンッ
Nín xīnkǔ le. 您辛苦了。 ニン　シンクゥラ	수고하셨습니다． スゴハショッスムニダ

コラム：和製英語に注意！（２）

　カタカナは、日本人が親しみを持つように工夫した表記と言えますが、カタカナをそのまま発音しても英語として通じないものが多くあります。言い方が全く違うもの、長い英語を短くしたもの、英語では違う意味になってしまうものなど、大きく３つに分けられます（⇒p. 87）。以下では、カタカナにつられて間違えやすい英語表現の一部を紹介します。日本語の50音順に並べています。

アメリカン（コーヒー）　mild［weak］coffee
アフターサービス　customer support
エステ　spa
エナメル革　patent leather
エンゲージリング　engagement ring
オーダーメイドの　custom-made
オンザロック　on the rocks
ガソリンスタンド　gas station
キーホルダー　key ring
キャッシュカード　ATM card
クリーニング店　cleaners
ゲームソフト　game software
コインランドリー　laundromat
ゴム　rubber
（値引きの）サービス　discount
（店側が無料で提供する）サービス
　　on the house
シーズンオフ　off-season
シュークリーム　cream puff
ジョッキ　beer mug
スペル　spelling
ソフトクリーム　soft ice cream
チーク　blush
デパート　department store
電子レンジ　microwave
ドライヤー　hair dryer
ナイター　night game
ノースリーブ　sleeveless

バイキング　all-you-can-eat
（タイヤの）パンク　flat tire
ハンバーグ　hamburger
BS（放送）　satellite broadcast
ピーマン　green pepper
ビジネスホテル　budget hotel
ビニール袋　plastic bag
ビル　building
ファスナー　zipper
ブランドショップ　designer store
フリーサイズ　one-size-fits-all
フリーダイヤル　toll-free number
プリン　pudding
ペットボトル　plastic bottle
ベビーカー　stroller
ペンション　B & B
（駅の）ホーム　platform
ホームページ　website
ポスト　mail box
マイナスイオン　negative ion
マニキュア　nail polish
マフラー　scarf
マンション（建物全体）　apartment building
リモコン　remote (control)
リンス　conditioner
レジ　cashier
ワイシャツ　shirt
ワンピース　dress

129

遊園地

amusement park / アミューズメント パーク
游乐园 yóulèyuán / ヨウルァーユエン
유원지 / ユウォンジ

きほんの接客

① チケット売り場はあちらです

The box office is over there.
ザ ボックス オフィス イズ オゥヴァ ゼア

Shòupiàochù zài nèibiān.
售票处在那边。
ショウピアオチュウ ツァイ ネイビエン

매표소는 저깁니다.
メピョソヌン チョギムニダ

② 何名様分をお求めですか？

How many tickets would you like?
ハウ メニイ ティケッツ ウデュー ライッ

Nín yào jǐ zhāng?
您要几张?
ニン ヤオ ジィチャン

몇 사람 분을 구입하시겠습니까？
ミョッサラム ブヌル クイパシゲッスムニッカ

③ 大人4名様、子供3名様ですね？

4 adults and 3 children?
フォー アダゥツ アンッ スリー チゥドレン

Dàrén sì zhāng, értóng sān zhāng, duì ba?
大人四张、儿童三张、对吧？
ダァレン スーチャン アルトン サンチャン ドゥイバ

어른 넷, 아이 셋이시죠？
オルン ネーッ アイ セーシジョ

④ フリーパスがおすすめです

I recommend a 1-day pass.
アイ リコメンッ ア ワンデイ パス

Jiànyì nín mǎi yípiàotōng.
建议您买一票通。
ジエンイー ニン マイ イーピアオトン

프리 패스가 이득입니다.
プリペスガ イドゥギムニダ

⑤ ナイトパスは6時からご利用可能です

Night passes are available from 6 p.m.
ナイッ パスイズ アー アヴェイラブゥ フロム シックス ピーエム

Yèchǎngpiào cóng liù diǎn kāishǐ.
夜场票从六点开始。
イエチャンピアオ ツォン リゥディエン カイシー

나이트 패스는 6 시부터 이용하실 수 있습니다.
ナイトゥペスヌン ヨソッシブット イヨンハシルス イッスムニダ

⑥ 別途で乗り物券をご購入ください

You need a separate ticket for each ride.
ユー ニーッ ア セパレイッ ティケッ フォー イーチ ライドゥ

Chēpiào yào dān mǎi.
车票要单买。
チョアピアオ ヤオ ダンマイ

이용권은 별도로 구입하십시오.
イヨンクォヌン ピョルトロ クイパシプシオ

⑦ どうぞお楽しみください

Please enjoy yourselves.
プリー エンジョイ ユアセゥヴス

Zhù nín wánrde yúkuài!
祝您玩儿得愉快！
ヂュウニン ワルダ ユイクァイ

즐거운 시간 되십시오.
チュルゴウン シガン トェシプシオ

⑧ このアトラクションは1時間待ちです

The wait for this attraction is 1 hour.
ザ ウェイッ フォー ディッ アトラクション イズ ワン アワー

Zhèi ge yóuxì yào děng yí ge xiǎoshí.
这个游戏要等一个小时。
ヂェイガ ヨウシィ ヤオ デゥン イーガ シアオシー

이건 현재 1 시간 기다려야 탈 수 있습니다.
イゴン ヒョンジェ ハンシガン キダリョヤ タルス イッスムニダ

🔊 55

⑨ こちらが<u>観覧車の列の最後尾</u>です

Zhèlǐ shì chéngzuò guānlǎnchē de duìwěi.
这里是乘坐观览车的队尾。
ヂョアリィ シー チョンヅオ グワンランチョァダ ドゥイウェイ

Here is the end of the line for the <u>Ferris wheel</u>.
ヒアィズ ジ エンッ オヴ ザ ライン フォー ザ フェリス ウイーゥ

여기가 관람차 줄 맨 끝입니다.
ヨギガ クァルラムチャ ジュル メン クッチムニダ

⑩ 割り込みはおやめください

Qǐng bú yào chāduì.
请不要插队。
チン ブゥヤオ チャアドゥイ

Don't break into the line, please.
ドンッ ブレイッ イントゥ ザ ライン プリー

새치기를 하지 마십시오.
セチギルル ハジ マシァシオ

⑪ <u>身長100 cm未満の方</u>はご利用になれません

Shēngāo bù mǎn yìbǎi gōngfēn de bù néng chéngzuò.
身高不满一百公分的不能乘坐。
シェンガオ ブゥマン イーバイゴンフェンダ ブゥヌォン チョンヅオ

Those under 100 cm are not allowed on the ride.
ソーズ アンダー ア ハンドレッセンタミーターズ アーノッアラゥドゥ オンザライッ

키 100 센티 이하인 분은 이용하실 수 없습니다.
キ ペクセンティ イハイン ブヌン イヨンハシルス オプスムニダ

ワードバンク — 遊園地

入場券	admission ticket アドミッション ティケッ	入园票 rùyuánpiào ルゥユエンピアオ	입장권 イプチャンクォン
再入場する	re-enter リエンター	重新入园 chóngxīn rùyuán チョンシン ルゥユエン	재입장 チェイプチャン
案内図	guide map ガイッ マップ	导游图 dǎoyóutú ダオヨウトゥー	안내도 アンネド
お化け屋敷	haunted house ホーンティッ ハウス	鬼屋 guǐwū グイウゥ	귀신집 クィシンチプ
メリーゴーランド	merry-go-round メリー ゴゥ ラウンッ	旋转木马 xuánzhuǎn mùmǎ シュエンヂュワン ムゥマァ	회전목마 フェジョンモンマ
中止	cancelled キャンサゥドゥ	停止 tíngzhǐ ティンヂー	중지 チュンジ
迷子	lost child ロスト チャイゥドゥ	走失儿童 zǒushī értóng ヅォウシー アルトン	미아 ミア
放送	announcement アナウンスメンッ	广播 guǎngbō グアンボォ	방송 バんソン
売店	shop ショッ	小卖部 xiǎomàibù シァオマイブゥ	매점 メジョム
病人	sick person スィック パーソン	病人 bìngrén ビンレン	병자 ビョンジャ
妊婦	pregnant woman プレグナンッ ウーマン	孕妇 yùnfù ユィンフゥ	임부 イムブ
心臓が弱い方	person with a weak heart パーソン ウィズ ア ウィーク ハーッ	心脏不好的客人 xīnzàng bù hǎo de kèrén シンザン ブゥハオダ クァレン	심장이 약하신 분 シムジャンイ ヤクハシンブン

温泉・レジャー

遊園地

遊園地

① 6歳未満のお子様は大人と一緒にお乗りください
Children under 6 must be accompanied by an adult.
チゥドレン アンダー シックス マスッビー アカンパニードゥ バイ アン アダゥト

Bù mǎn liù suì értóng xū yǒu dàrén péibàn.
不满六岁儿童须有大人陪伴。
ブゥマン リゥスイ アルトン シュィヨウ ダァレン ペイバン

6 살 미만의 어린이는 어른들하고 같이 타십시오.
ヨソッサル ミマネ オリニヌン オルンドゥラゴ カッチ タシプシオ

② チケットをご提示ください
May I see your ticket?
メィアイ スィー ユア ティケッ

Kàn yíxià nín de piào.
看一下您的票。
カン イーシア ニンダ ピアオ

표를 보여 주십시오.
ピョルル ボヨ ジュシプシオ

③ ジェットコースターは現在調整中です
The roller coaster is closed for maintenance.
ザ ロゥラー コースター イズ クロゥズッ フォー メインテーナンス

Guǐdàofēichē zhèngzài tiáoshì.
轨道飞车正在调试。
グイダオフェイチョア チョンヅァイ ティアオシー

제트 코스터는 현재 점검중입니다.
チェトゥコストヌン ヒョンジェ チョムゴムジュんイムニダ

④ 安全バーで固定してください
Please be secured with a safety bar.
プリー ビー セキュアードゥ ウィズ ア セイフティ バー

Qǐng jiāng ānquángàng gùdìnghǎo.
请将安全杠固定好。
チン ジアン アンチュエンガン グゥディンハオ

안전 바로 고정해 주십시오.
アンジョンバロ コジョんヘ ジュシプシオ

⑤ ベルトをお締めください
Fasten your seat belt, please.
ファスン ユア スィーッ ベッッ プリー

Qǐng jìhǎo ānquándài.
请系好安全带。
チン ジィハオ アンチュエンダイ

밸트를 매 주십시오.
ベルトゥルル メ ジュシプシオ

⑥ 飛ばされやすい物は外してください
No loose items are allowed on the ride.
ノゥ ルース アイテムズ アー アラウドゥ オン ザ ライッ

Qǐng bǎ róngyì fēichū de dōngxi zhāixià.
请把容易飞出的东西摘下。
チン バァ ロンイー フェイチュゥダ ドンシィ チャイシア

날아가기 쉬운 물건은 벗으십시오.
ナラガギ シウン ムルゴヌン ボスシプシオ

⑦ 記念撮影はいかがですか？
How about taking some photographs?
ハウ アバウッ テイキンッ サム フォトグラフス

Yào zhào jìniànxiàng ma?
要照纪念像吗？
ヤオヂャオ ジィニエンシァンマ

기념촬영은 어떠십니까?
キニョムチァリョんウン オットシムニッカ

⑧ 衣服に水がかかることがあります
Be careful. Your clothes may get wet.
ビー ケアフゥ ユア クローズ メイ ゲッ ウェッ

Yīfu róngyì jiànshī.
衣服容易溅湿。
イーフゥ ロンイー ジエンシー

옷에 물이 튈 수도 있습니다.
オセ ムリ トゥィルスド イッスムニダ

⑨ 2時からパレードが行われます

The parade will start at 2 p.m.
ザ パレイッ ウィゥ スターッ アッ トゥー ピーエム

Liǎng diǎn yǒu shèngzhuāng yóuxíng.
两点有盛装游行。
リァンディエン ヨウ ションヂュアン ヨウシン

2 시부터 퍼레이드가 있습니다.
トゥーシプト ポレイドゥガ イッスムニダ

---

⑩ この場所をあけていただけますか？

Could you make room here?
クデュー メイク ルーム ヒア

Qǐng bǎ zhèlǐ ràngchūlai.
请把这里让出来。
チン バァヂョアリ ランチュウライ

여기를 좀 비워 주시겠습니까？
ヨギルル ジョム ビウォ ジュシゲッスムニッカ

---

⑪ このレストランではショーをご覧頂けます

You can enjoy a show in this restaurant.
ユー キャン エンジョイ ア ショウ イン ディッ レストラン

Zhèi ge cāntīng kěyǐ kàn yǎnchū.
这个餐厅可以看演出。
チェイガ ツァンティン クァイー カン イェンチュウ

이 레스토랑에서는 쇼를 보실 수 있습니다.
イ レストらんエソヌン ショルル ポシルス イッスムニダ

---

⑫ 園内は飲食物持込禁止です

No outside food or drink is allowed.
ノゥ アウトサイドゥ フードゥ オァ ドゥリンク イズ アラウドゥ

Yuánnèi jìnzhǐ zì dài shípǐn.
园内禁止自带食品。
ユェンネイ ジンヂー ヅーダイ シーピン

원내에는 음식물을 가지고 들어올 수 없습니다.
ウォンネヌン ウムシムルル カジゴ トゥロオルス オァスムニダ

---

⑬ ここから先は立ち入り禁止です

This area is off-limits.
ディス エァリア イズ オフ リミッツ

Zhèlǐ jìnzhǐ rùnèi.
这里禁止入内。
ヂョアリィ ジンヂー ルゥネイ

여기서부터는 출입금지입니다.
ヨギソブトヌン チュリァクムジイムニダ

温泉・レジャー

遊園地

133

相撲 Sumo 大相扑 dà xiāngpū 스모
スモウ　ダァ　シアンプゥ　スモ

きほんの接客

① 座席はタマリ席とマス席と椅子席があります
Zuòwèi yǒu qiánzuò, xiāngshìzuò hé zuòyǐ sān zhǒng.
座位有前座、箱式座和座椅三种。
ヅオウェイ　ヨウ　チエンヅオ　シアンシーヅオ　ホア　ヅオイー　サンヂォン

There are orchestra seats, box seats and chair seats.
ゼアアー　オーカストラ　スィーツ　ボックス　スィーツ　アン　チェア　スィーツ

좌석은 다마리석하고 박스석하고 의자석이 있습니다.
チャソグン　タマリソカゴ　パクスソカゴ　ウィジャソギ　イッスムニダ

② タマリ席は土俵の周囲にある席です
Qiánzuò shì kàojìn xiāngpūtái de xíwèi.
前座是靠近相扑台的席位。
チエンヅオ　シー　カオジン　シアンプゥタイダ　シィウェイ

Tamari seats are ring side.
タマリ　スィーツ　アー　リンッ　サイッ

다마리석은 씨름판 둘레에 있는 자리입니다.
タマリソグン　シルムパン　トゥルレエ　インヌン　チャリイムニダ

③ タマリ席は飲食禁止です
Qiánzuò jìnzhǐ yǐnshí.
前座禁止饮食。
チエンヅオ　ジンヂー　インシー

No food or drink is permitted in Tamari seats.
ノウ　フーツ　オア　ドリンク　イズ　パーミッティッ　イン　タマリ　スィーツ

다마리석에서는 음식을 드시면 안 됩니다.
タマリソゲソヌン　ウムシグル　トゥシミョン　アンドェムニダ

④ マス席は4人用です
Xiāngshìzuò kěyǐ róngnà sì rén.
箱式座可以容纳四人。
シアンシーヅオ　カァイー　ロンナァ　スーレン

Masu seats are box seats for 4 people.
マス　スィーツ　アー　ボックス　スィーツ　フォー　フォー　ピープゥ

박스석은 4 인용입니다.
パクスソグン　サーインニョンイムニダ

⑤ 椅子席での観戦がお手頃です
Zuòyǐ jiàqián zuì piányi.
座椅价钱最便宜。
ヅオイー　ジアチエン　ヅイ　ピエンイー

Tickets for chair seats are reasonable.
ティケッツ　フォー　チェア　スィーツ　アー　リーズナブゥ

의자석에서 관전하시는 게 가격이 적당합니다.
ウィジャソゲソ　クァンジョンハシヌンゲ　カギョギ　チョクタンハムニダ

⑥ 希望観戦日はいつですか？
Nín kàn něi tiān de bǐsài?
您看哪天的比赛？
ニン　カン　ネイティエンダ　ビィサイ

When would you like to watch a match?
ウエン　ウデュー　ライッ　トゥ　ウォッチ　ア　マッチ

언제 보시고 싶으세요？
オンジェ　ボシゴ　シプセヨ

⑦ 幕内力士の試合は午後4時頃から始まります
Yìjí lìshì de bǐsài cóng sì diǎn kāishǐ.
一级力士的比赛从四点开始。
イージィリーシーダ　ビィサイ　ツォン　スーディエン　カイシー

The matches of makuuchi wrestlers start at 4 p.m.
ザ　マッチェズ　オヴ　マクウチ　レスラーズ　スターツ　アッ　フォーピーエム

상급 스모 시합은 오후 4 시경부터 시작합니다.
サングァ　スモ　シハブン　オーフ　ネーシギョンブト　シジャカムニダ

⑧ 当日券の販売も行っております
Yě shòu dàngtiānpiào.
也售当天票。
イエ　ショウ　ダンティエンピアオ

You can buy tickets on the day of the match.
ユー　キャン　バイ　ティケッツ　オン　ザ　デイ　オヴ　ザ　マッチ

당일권 판매도 하고 있습니다.
タンイルクォン　パンメド　ハゴ　イッスムニダ

🔊 57

⑨ 再入場はできません	I'm sorry. You can't re-enter.
Bù néng chóngxīn rùchǎng. 不能重新入场。 プゥヌォン チォンシン ルゥチァン	アイム ソーリー ユー キャーンッ リエンター 재입장은 할 수 없습니다. チェイプチャンウン ハルス オプスムニダ

⑩ 事前に申し込むと稽古見学ができます	You can watch the *sumo* training if you reserve.
Tíqián yùyuē, kěyǐ guānkàn xùnliàn. 提前预约，可以观看训练。 ティーチエン ユィユエ クァイー グワンカン シュンリエン	ユー キャン ウォッチ ザ スモウ トレイニン イフ ユー リザーヴ 사전에 신청하면 연습을 견학할 수 있습니다. サジョネ シンチョンハミョン ヨンスブル キョナカルス イッスムニダ

ワードバンク — 相撲

取り組み	match マッチ	比赛 bǐsài ビィサイ	대전 テジョン
勝つ	win ウィン	赢 yíng イン	이기다 イギダ
負ける	lose ルーズ	输 shū シュウ	지다 チダ
決まり手	winning move ウィニング ムーヴ	决胜负的一着 jué shèngfù de yīzhāo ジュエ ションフゥダ イーチァオ	승부를 결정지은 수 スンブルル キョルチョンジウン ス
土俵	ring リンッ	相扑台 xiāngpūtái シアンプゥタイ	씨름판 シルムパン
行司	referee レファリー	裁判员 cáipànyuán ツァイパンユエン	심판 シムパン
力士	*sumo* wrestler スモウ レスラー	相扑选手 xiāngpū xuǎnshǒu シアンプゥ シュエンショウ	씨름꾼 シルムクン
呼出し	caller コーラー	传呼员 chuánhūyuán チュワンフゥエン	씨름꾼을 호명하는 사람 シルムクヌル ホミョんハヌン サラム
横綱	grand champion グランツ チャンピオン	横纲 hénggāng ヘゥンガン	최고의 씨름꾼 チェゴエ シルムクン
大関	champion チャンピオン	大关 dàguān ダァグワン	요코즈나 다음 지위 ヨコジュナ タウム チウィ
幕内力士	wrestlers in the top division レスラーズ インザ トッ ディヴィジョン	一级力士 yījí lìshì イージィリーシー	상급 씨름꾼 サングプ シルムクン
親方	stable master ステイブゥ マスター	师傅 shīfu シーフゥ	후진 양성자 フジン ヤンソンジャ
廻し	belt ベゥト	兜裆布 dōudāngbù ドゥダンブゥ	샅바 サッパ
化粧廻し	ceremonial apron セレモニアゥ エイプラン	刺绣围裙 cìxiù wéiqún ツーシウ ウェイチュン	(씨름꾼의) 의식용 앞치마 (シルムクネ) ウィシンニョン アプチマ
千秋楽	the last day ザ ラスッ デイ	末场(比赛) mòchǎng (bǐsài) モォチャン(ビィサイ)	경기 마지막 날 キョンギ マジマンナル
中日	the middle day ザ ミドゥ デイ	中场(比赛) zhōngchǎng (bǐsài) ヂォンチャン(ビィサイ)	경기 중간날 キョンギ チュンガンナル
初日	the 1st day ザ ファースッ デイ	首场(比赛) shǒuchǎng (bǐsài) ショウチャン(ビィサイ)	경기 첫날 キョンギ チョンナル
座布団	floor cushion フロア クッション	坐垫 zuòdiàn ヅオディエン	방석 パンソク

温泉・レジャー　相撲

歌舞伎・文楽・能　*Kabuki, Bunraku, Noh*
カブキ　ブンラク　ノウ

① 歌舞伎をご覧になるには<u>国立劇場</u>へ行ってください

Qǐng qù Guólì jùchǎng guānkàn Gēwǔjì.
请去国立剧场观看歌舞伎。
チン　チュイ　グオリィジュイチャン　グワンカン　グァウゥジィ

Please go to the <u>National Theatre</u> to see *Kabuki*.
プリー　ゴゥ　トゥ　ザ　<u>ナショナヮ　シアター</u>　トゥ　スィー　<u>カブキ</u>

<u>가부키</u>를 보시려면 <u>국립극장</u>으로 가십시오.
カブキルル　ポシリョミョン　クンニプククチャンウロ　カシプシオ

② 本日の出し物はこちらです

Zhèixiē shì jīntiān de jiémù.
这些是今天的节目。
チェイシエ　シー　ジンティエンダ　ジエムゥ

Here's a list of today's programs.
ヒアズ　ア　リスッ　オヴ　トゥデイズ　プログラムズ

오늘 공연 목록은 이렇습니다.
オヌル　コンヨン　モンノグン　イロッスムニダ

③ どの演目をご覧になりますか？

Nín kàn něi chǎng yǎnchū?
您看哪场演出？
ニン　カン　ネイチャン　イエンチュウ

What program would you like to watch?
ワッ　プログラム　ウデュー　ライッ　トゥ　ウォッチ

어느 공연을 보시겠습니까？
オヌ　コんヨヌル　ポシゲッスムニッカ

④ この演目が特に人気です

Zhèi ge jiémù zuì shòu huānyíng.
这个节目最受欢迎。
チェイガ　ジエムゥ　ツイショウ　ホワンイン

This program is very popular.
ディス　プログラム　イズ　ヴェリー　ポピュラー

이 공연이 특히 인기가 있습니다.
イ　コんヨニ　トゥキ　インキガ　イッスムニダ

⑤ 昼の部ですか、夜の部ですか？

Nín kàn wǎnchǎng háishi báitiān de?
您看晚场还是白天的？
ニン　カン　ワンチャン　ハイシー　バイティエンダ

Day program, or night program?
デイ　プログラム　オア　ナイッ　プログラム

낮 프로입니까？ 밤 프로입니까？
ナッ　プロイムニッカ　パム　プロイムニッカ

⑥ このブロックは<u>1等A席</u>です

Zhèi ge qūyù shì tóuděng A zuòwèi.
这个区域是头等A座位。
チェイガ　チュイユィ　シー　<u>トウデゥン　エイ　ヅオウェイ</u>

This block is the <u>1st class A seats</u>.
ディス　ブロック　イズ　ザ　<u>ファースッ　クラス　エイ　スィーツ</u>

이 블록이 <u>1 등 A 석</u>입니다.
イ　プルロギ　<u>イルトゥん　エイ ソギムニダ</u>

⑦ <u>一幕見席</u>は当日に販売します

Dānmù piào dāngtiān gòumǎi.
单幕票当天购买。
ダンムゥピアオ　ダンティエン　ゴウマイ

<u>Single-act tickets</u> are sold on the day of performance.
<u>シングゥアクッ　ティケッツ</u>　アー　ソウッド　オンゼデイ　オヴ　パフォーマンス

한 막만 보는 자리는 당일날 판매합니다
ハンマンマン　ポヌン　チャリヌン　タんイルラル　パンメハムニダ

⑧ 桟敷席では靴を脱いで観劇いただけます

Jìn bāoxiāng yào tuō xié.
进包厢要脱鞋。
ジン　バオシアン　ヤオ　トゥオシエ

Please take off your shoes in the box seats.
プリー　テイッ　オフ　ユア　シューズ　イン　ザ　ボックス　スィーツ

사지키석에서는 신발을 벗고 관람할 수 있습니다.
サジキソゲソヌン　シンバルル　ポッコ　クァルラムハルス　イッスムニダ

歌舞伎、文乐、能剧 Gēwǔjì, Wényuè, Néngjù / 가부키, 분라쿠 (인형극), 노
ガゥウジィ ウェンユエ ヌォンジュィ / カブキ　ブンラク（インヒョングク）　ノー　🔊 58

⑨ 一幕見席の入り口はこちらです
Here is an entrance to the single-act seats.
ヒア　イズ　アン　エントランス　トゥ　ザ　シングゥアクトゥ　スィーツ

Kàn dānmù cóng zhèli rùchǎng.
看单幕从这里入场。
カン　ダンムゥ　ツォン　チョアリィ　ルゥチャン

한 막만 보는 자리 입구는 이쪽입니다.
ハンマンマン　ボヌン　チャリ　イプクヌン　イチョギムニダ

⑩ こちらが舞台で、この部分が花道です
Here's a stage and this passage is "flower way".
ヒアズ　ア　ステイジ　アン　ディス　パセッジ　イズ　フラワーウェイ

Zhè shì wǔtái, zhè shì chūchǎng huādào.
这是舞台，这是出场花道。
チョアシー　ウゥタイ　チョアシー　チュウチャン　ホアダオ

여기가 무대이고, 이 부분이 무대겸 통로입니다.
ヨギガ　ムデイゴ　イブニ　ムデギョム　トンノイムニダ

⑪ お食事は幕間にお召し上がりください
You can enjoy your meal during the intermission.
ユー　キャン　エンジョイ　ユア　ミーゥ　デュアリンッ　ジ　インターミッション

Qǐng zài mùjiān xiūxi shí yòngcān.
请在幕间休息时用餐。
チン　ヅァイ　ムゥジエン　シウシィシー　ヨンツァン

식사는 막간을 이용해 주십시오.
シクサヌン　マッカヌル　イヨンヘ　ジュシプシオ

⑫ 飲み物、軽食はロビーで販売しています
Drinks and snacks are sold at the lobby.
ドリンクス　アンツ　スナックス　アー　ソゥルツ　アッ　ザ　ロビー

Yǐnliào hé xiǎochī zài xiūxitīng yǒushòu.
饮料和小吃在休息厅有售。
インリァオ　ホア　シァオチー　ヅァイ　シウシィティン　ヨウショウ

음료수, 간단한 식사는 로비에서 판매하고 있습니다.
ウムニョス　カンダナン　シクサヌン　ロビエソ　パンメハゴ　イッスムニダ

ワードバンク　歌舞伎・文楽・能

オペラグラス	opera glasses アパラ　グラスィーズ	看戏望远镜 kànxì wàngyuǎnjìng カンシィ　ワンユエンジン	오페라 글래스 オペラ　グルレス
2[3]等席	2nd [3rd] class seat セカンツ [サーツ]　クラス　スィーツ	二[三]等座 èr [sān] děng zuò アル [サン] デゥン　ヅォ	2[3]등석 イー [サム] ドゥンソク
正面	front of stage　フロンツオヴ　ステイジ	前方 qiánfāng　チエンファン	정면　チョムミョン
脇正面	side front of stage サイッ　フロンツ　オヴ　ステイジ	侧前方 cè qiánfāng ツァー　チエンファン	옆 정면 ヨプ　チョンミョン
歌舞伎座	*Kabuki* Theatre カブキ　シアター	歌舞伎剧院 Gēwǔjì jùyuàn グァウジィ　ジュイエン	가부키좌 カブキジァ
国立能楽堂	National *Noh* Theatre ナショナゥ　ノゥ　シアター	国立能乐堂 Guólì Néngyuètáng グオリィ　ヌォンユエタン	국립노가쿠도 クンニプ　ノガクド
国立文楽劇場	National *Bunraku* Theatre ナショナゥ　ブンラク　シアター	国立文乐剧场 Guólì Wényuè jùchǎng グオリィ　ウェンユエ　ジュイチャン	국립분라쿠극장 クンニプ　ブンラクククチャン
国立演芸場	National *Engei* Hall ナショナゥ　エンゲイ　ホール	国立演艺场 Guólì yǎnyìchǎng グオリィ　イエンイーチャン	국립연예장 クンニプニョエジャン
役者	actor　アクター	演员 yǎnyuán　イエンユエン	배우　ペウ
オーディオガイド	audio guide　オーディオゥ　ガイッ	语音导游 yǔyīn dǎoyóu　ユイン　ダオヨウ	음성 안내　ウムソン　アンネ
悲劇	tragedy　トラジャディ	悲剧 bēijù　ベイジュィ	비극　ビグク
喜劇	comedy　コメディ	喜剧 xǐjù　シィジュィ	희극　ヒグク
人形劇	puppet play　パペッ　プレイ	木偶剧 mù'ǒujù　ムウオウジュィ	인형극　インヒョンクク

神社・お寺

shrine, temple シュライン テンプゥ
神社、寺庙 shénshè, sìmiào シェンショア スーミアオ
신사, 절 シンサ チョル

① 拝観料は大人300円です

The admission fee is 300 yen for adults.
ジ アドミッション フィー イズ スリー ハンドレッ イエン フォー アダゥツ

Cānbàifèi dàrén sānbǎi rìyuán.
参拜费大人三百日元。
ツァンパイフェイ ダァレン サンバイリーユエン

관람료는 어른 300 엔입니다.
クァルラムニョヌン オルン サムベゲムニダ

② これはお賽銭箱です

This is an offertory box.
ディス イズ アン オファトリー ボックス

Zhè shì xiāngqiánxiá.
这是香钱匣。
ヂョアシー シアンチエンシア

이건 보시함입니다.
イゴン ボシハミムニダ

③ ここで靴をお脱ぎください

Please take off your shoes here.
プリー ティッ オフ ユア シューズ ヒァ

Qǐng zài zhèli tuō xié.
请在这里脱鞋。
チン ヅァイヂョアリィ トゥオシエ

여기서 신발을 벗으십시오.
ヨギソ シンバルル ポスィプシオ

④ おみくじは1回100円です

Fortune-telling paper is 100 yen each.
フォーチュン テリンッ ペイパー イズ ア ハンドレッ イエン イーチ

Shénqiān chōu yí cì yìbǎi rìyuán.
神签抽一次一百日元。
シェンチエン チョウ イーツー イーバイリーユエン

운수보기는 한 번에 100 엔입니다.
ウンスボギヌン ハンボネ ベゲムニダ

⑤ 英語[中国語／韓国語]のおみくじもございます

We have fortune telling paper in English.
ウィ ハヴ フォーチュン テリンッ ペイパー イン イングリシュ

Hái yǒu yòng Zhōngwén xiě de shénqiān.
还有用中文写的神签。
ハイヨウ ヨン ヂォンウェン シエダ シェンチエン

한국어로 된 운수도 있습니다.
ハングゴロ ドェン ウンスド イッスムニダ

⑥ 大吉[中吉／小吉／吉]です

It says "excellent" [great / very good / good].
イッ セッズ エクセレンッ [グレイッ／ヴェリーグッ／グッ]

Zhè shì dàjí [zhōngjí / xiǎojí / jílì].
这是大吉[中吉／小吉／吉利]。
ヂョアシー ダァジィ [ヂォンジィ／シァオジィ／ジィリィ]

대길[중길／소길／길]입니다.
テギ [チュんギ／ソギ／キ] リムニダ

⑦ 家内安全のお守りです

This charm is for the safety of your family.
ディス チャーム イズ フォー ザ セイフティ オブ ユア ファミリー

Zhè shì qídǎo quánjiā píng'ān de hùshēnfú.
这是祈祷全家平安的护身符。
ヂョアシー チィダオ チュエンジア ピンアンダ フゥシェンフゥ

가내안전 부적입니다.
カネアンジョン ブジョギムニダ

⑧ 絵馬に願い事を書いてつり下げます

You write your wish on a votive tablet and hang it.
ユーライッ ユアウィシュ オンア ヴォウティヴ タブレッ アン ハングイッ

Zài mùbǎn shang xiěshàng xīnyuàn hòu guàqǐlai.
在木板上写上心愿后挂起来。
ヅァイ ムゥバンシャン シエシャン シンユエンホウ グワチィライ

말 그림의 부적에 소원을 써서 나무에 매답니다.
マルグリメ ブジョゲ ソウォヌル ソソ ナムエ メダムニダ

⑨ これが徳川家康のお墓です

Zhè shì Déchuān Jiākāng de língmù.
这是德川家康的陵墓。
ヂョアシー ドァチュアン ジエンカンダ リンムゥ

This is the tomb of Ieyasu Tokugawa.
ディス イズ ザ トゥーム オヴ イエヤス トクガワ

이게 도쿠가와 이에야스의 묘입니다.
イゲ トクガワ イエヤスエ ミョイムニダ

⑩ 座禅体験をご希望ですか？

Nín xiǎng tǐyàn yíxià zuòchán ma?
您想体验一下座禅吗？
ニン シアン ティーイエン イーシア ヅオチャンマ

Would you like to join a Zen meditation?
ウデュー ライッ トゥ ジョイン ア ゼン メディテイション

좌선 체험을 해 보시겠습니까?
チァソン チェホムル ヘ ボシゲッスムニッカ

⑪ 今日はお祭り[お茶席]が開催されます

Jīntiān yǒu miàohuì [cháhuì].
今天有庙会[茶会]。
ジンティエン ヨウ ミァオホイ[チァァホイ]

A festival [tea ceremony] is being held today.
ア フェスティバゥ[ティー セレモニー] イズ ビーインッ ヘッド トゥデイ

오늘은 축제[다회]가 있습니다.
オヌルン チュクチェ[タフェ]ガ イッスムニダ

ワードバンク — 神社・お寺

厄除け	against evils アゲンスッイーヴァゥズ	消灾 xiāozāi シアオヅァイ	액막이 エンマギ
縁起物	good luck charm グッラッチャーム	吉祥物 jíxiángwù ジィシアンウゥ	행운의 마스코트 ヘンウネ マスコトゥ
商売繁盛	successful business サクセスフゥ ビジネス	买卖兴隆 mǎimài xīnglóng マイマイ シンロン	상업 번창 サンオプ ポンチャン
安産	safe birth セイフ バース	平安分娩 píng'ān fēnmiǎn ピンアン フェンミエン	안산 アンサン
縁結び	good marriage グッ マリッヂ	结缘 jiéyuán ジエユエン	부부의 인연을 맺음 ブブエ イニョヌル メジュム
交通安全	traffic safety トラフィック セイフティ	交通安全 jiāotōng ānquán ジァオトン アンチュエン	교통 안전 キョトン アンジョン
無病息災	good health グッ ヘゥス	无病消灾 wúbìng xiāozāi ウゥビン シアオヅァイ	무병 식재 ムビョン シクチェ
学業成就	academic achievements アカデミック アチーヴメンッ	成就学业 chéngjiù xuéyè チョンジウ シュエイエ	학업 성취 ハゴア ソンチウィ
長寿	long life ロンッ ライフ	长寿 chángshòu チャンショウ	장수 チャンス
鳥居	shrine gate シュライン ゲイッ	牌楼 páilóu パイロウ	신사 입구의 문 シンサ イプクエ ムン
手水舎	purification basin ピューラフィケイション ベイスン	净手池 jìngshǒuchí ジンショウチー	손 씻는 곳 ソン シンヌン ゴッ
本堂	main hall メイン ホーゥ	正殿 zhèngdiàn ヂョンディエン	본당 ポンダン
仏像	Buddhist statue ブディッス スタチュー	佛像 fóxiàng フォーシアン	불상 プルサン
末吉	uncertain luck アンサートゥンラック	小吉 xiǎojí シアオジー	말길 マルギル
凶	bad luck バッラッ	凶 xiōng シォン	흉 ヒュン
精進料理	Buddhist vegetable dish ブディッス ヴェジタブゥ ディシュ	斋饭 zhāifàn チャイファン	채소 요리 チェソ ヨリ
法話	sermon サーマン	说法 shuōfǎ シュオファー	법화 ポプァ

電話 telephone 电话 diànhuà 전화
テレフォウン ディエンホワ チョヌァ

① はい、フロントデスクでございます
Hello. This is the front desk.
ハロゥ ディスィズ ザ フロンッ デスク

Nínhǎo, zhèli shì fúwùtái.
您好，这里是服务台。
ニンハオ チョアリィ シー フゥウゥタイ

예, 프런트입니다.
イェ プロントゥイムニダ

② 私です
Yes. Speaking.
イエス スピーキンッ

Wǒ jiù shì.
我就是。
ウォ ジウシー

네, 접니다.
ネ チョムニダ

③ ただいま係とかわります
I'll put you through to the person in charge.
アイウ プッチュ スルー トゥ ザ パーソン イン チャージ

Wǒ ràng fùzérén lái jiē diànhuà.
我让负责人来接电话。
ウォ ラン フゥツァーレン ライジエ ディエンホワ

담당자를 바꿔 드리겠습니다.
タムダンジャルル パクォ ドゥリゲッスムニダ

④ このままでお待ちください
Hold on, please.
ホウゥド オン プリー

Qǐng nín shāo hòu.
请您稍候。
チン ニン シャオホウ

끊지 말고 기다리십시오.
クンチマルゴ キダリシプシオ

⑤ お待たせしました、原でございます
Thank you for waiting. This is Hara speaking.
サンキュー フォー ウェイティンッ ディス イズ ハラ スピーキンッ

Ràng nín jiǔ děng le, wǒ shì Yuán.
让您久等了，我是原。
ランニン ジウデゥンラ ウォシー ユエン

전화 바꿨습니다. 하라입니다.
チョヌァ パクォッスムニダ ハライムニダ

⑥ どういったご用件ですか？
How can I help you?
ハウ キャナイ ヘゥプ ユー

Nín yǒu shénme shìqing?
您有什么事情？
ニン ヨウ シェンマ シーチン

무슨 용건이십니까？
ムスン ヨンコニシムニッカ

⑦ どちらにおかけですか？
Who would you like to speak to?
フー ウデュー ライッ トゥ スピーク トゥ

Nín zhǎo shéi?
您找谁？
ニン チャオ シェイ

어디에 거셨습니까？
オディエ コショッスムニッカ

⑧ どちら様でいらっしゃいますか？
May I ask who's calling?
メィアイ アスク フーズ コーリンッ

Nín guì xìng?
您贵姓？
ニン グイシン

누구십니까？
ヌグシムニッカ

🔊 60

⑨ ご宿泊のお客様のお名前をいただけますか？

May I have the name of the guest?
メィアィ ハヴ ザ ネィム オヴ ザ ゲスト

Qǐng nín shuō yíxià zhùsūrén de míngzi.
请您说一下住宿人的名字。
チン ニン シュオ イーシア ヂュウスゥレンダ ミンツ

숙박하실 손님 성함을 알려 주시겠습니까？
スクパカシル ソンニム ソンハムル アルリョ ジュシゲッスムニッカ

⑩ お電話番号[お部屋番号]をいただけますか？

May I have the phone number [room number]?
メィアィ ハヴ ザ フォゥンナンバー [ルームナンバー]

Diànhuà hàomǎ [fángjiān hàomǎ] shì duōshao?
电话号码[房间号码]是多少？
ディエンホワ ハオマァ [ファンジエン ハオマァ] シー ドゥオシャオ

전화번호[방 번호] 좀 가르쳐 주시겠습니까？
チョヌァボノ [パンボノ] ジョム カルチョ ジュシゲッスムニッカ

⑪ 308号室のライリー様ですね

Mr. Riley in the room 308?
ミスターライリー イン ザ ルーム スリー オゥ エィツ

Shì sān líng bā fángjiān de Riley xiānsheng.
是308房间的Riley先生。
シー サン リン バァ ファンジエンダ ライリーシエンション

308 호실의 라이리님이시네요？
サムベクパロシレ ライリニミシネヨ

⑫ お名前のスペルを教えていただけますか？

Could you spell your name please?
クデュー スペゥ ユア ネィム プリー

Nín de míngzi zěnme pīnxiě?
您的名字怎么拼写？
ニンダ ミンツ ゼンマ ピンシエ

성함 스펠을 좀 불러 주시겠습니까？
ソンハム スペルル ジョム プルロ ジュシゲッスムニッカ

コラム：スペルアウトの仕方（英語）

お客様の名前を確認したり、お店の名前を伝えたりするときに、スペルアウトすることがあります。面と向かって話すときには、ゆっくりと一文字一文字を読みあげることもできますし、書いてもらうこともできます。

店員： How do you spell your name?　お客様： My name is Bearse. B-e-a-r-s-e.

your name を it に言い換えれば、いろいろなスペルを尋ねるときにとても便利です。

電話では、相手の顔が見えないだけに、スペリングもより的確に伝える必要があります。それぞれの文字は、おもに国名や都市名を使って言い表されます。

例えば「西蔭」のスペルを伝えるには、"N for New York, i for Italy, s for Spain, h for Hong Kong, i for Italy, k for Korea, a for America, g for Germany, e for England." と具体的な国名や都市名の頭文字を使って説明します。

A	America	H	Hong Kong	O	Olympic	V	Victory
B	Bombay	I	Italy	P	Paris	W	Washington
C	China	J	Japan	Q	Queen	X	X-ray
D	Denmark	K	Korea	R	Rome	Y	Yellow
E	England	L	London	S	Spain	Z	Zebra
F	France	M	Mexico	T	Tokyo		
G	Germany	N	New York	U	Union		

電話

① もう一度おっしゃっていただけますか？
请您再说一遍。
Qǐng nín zài shuō yí biàn.
チン ニン ヴァイシュオ イービエン

Could you please repeat that?
クデュー プリー リピー ザッ

다시 한 번 말씀해 주시겠습니까?
タシハンボン マルスメ ジュシゲッスムニッカ

② もう一度繰り返します
为您重复一遍。
Wèi nín chóngfù yí biàn.
ウェイニン チョンフウ イービエン

Let me repeat that.
レッ ミー リピーッ ザッ

다시 한 번 불러 보겠습니다.
タシハンボン プルロ ポゲッスムニダ

③ ただいまお話し中です
现在占线。
Xiànzài zhànxiàn.
シエンヴァイ ヂャンシエン

The line is busy at the moment.
ザ ライン イズ ビズィー アッ ザ モーメンツ

지금 통화중입니다.
チグム トンファジュンイムニダ

④ お部屋にいらっしゃらないようです
客人好像不在房间。
Kèrén hǎoxiàng bú zài fángjiān.
クァレン ハオシアン ブゥヴァイ ファンジエン

I'm afraid he [she] is not in the room now.
アイム アフレイッ ヒー [シー] イズノッ イン ザ ルーム ナウ

방에 안 계시는 것 같습니다.
パんエ アンゲシヌンゴッ カッスムニダ

⑤ お名前が見つからないのですが…
这里没有这个名字。
Zhèli méiyou zhèi ge míngzi.
ヂョアリ メイヨウ ヂェイガ ミンヅ

I'm afraid I can't find anyone by that name.
アイム アフレイッ アイ キャーンッ ファインッ エニワン バイ ザッ ネイム

성함이 안 보입니다만…
ソンハミ アン ボイムニダマン

⑥ お客様のお部屋番号はお教えできません
住宿客人的房间号码不能告诉您。
Zhùsù kèrén de fángjiān hàomǎ bù néng gàosu nín.
ヂュウスウクァレンダ ファンジエンハオマァ ブゥヌォン ガオス ニン

We don't give out the room numbers of our guests.
ウィ ドンッ ギヴ アウッ ザ ルームナンバーズ オヴ アワー ゲスツ

손님 객실 번호는 알려 드릴 수 없습니다.
ソンミム ケクシルボノヌン アルリョ ドゥリルス オプスムニダ

⑦ スミス様、リン様よりお電話でございます
Smith 先生，林女士给您来电话。
Smith xiānsheng, Lín nǚshì gěi nín lái diànhuà.
スミスシエンション リンニュイシー ゲイニン ライディエンホワ

Mr. Smith, you have a call from Ms. Lin.
ミスタースミス ユー ハヴァ コール フロム ミズリン

스미스님, 린이라는 분한테서 전화가 왔습니다.
スミスニム リニラヌン ブナンテソ チョヌァガ ワッスムニダ

⑧ おつなぎしてもよろしいですか？
可以为您接线吗？
Kěyǐ wèi nín jiēxiàn ma?
クァイー ウェイニン ジエシエンマ

May I connect you, sir [ma'am]?
メィアイ コネクト ユー サー [マム]

（전화를）받으시겠습니까？
（チョヌァルル）パドゥシゲッスムニッカ

61

⑨ スミス様はお電話をお受けにならないようです

Smith xiānsheng méiyou jiē diànhuà.
Smith 先生没有接电话。
スミスシエンション メイヨウ ジエ ディエンホワ

Mr. Smith does not accept the call.
ミスタースミス ダズノッ アクセプッ ザ コーゥ

스미스님께서 전화를 안 받으십니다.
スミスニムケソ チョヌァルル アン バドゥシムニダ

⑩ まだご到着されていません

Xiànzài hái méiyou dào.
现在还没有到。
シエンヅァイ ハイメイヨウ ダオ

He [she] hasn't arrived yet.
ヒー [シー] ハズンッ アライヴドゥ イェッ

아직 도착을 안 하셨습니다.
アジク トチャグル アナショッスムニダ

⑪ すでにチェックアウトなさいました

Yǐjīng bànlǐ tuìfáng shǒuxù le.
已经办理退房手续了。
イージン バンリィ トゥイファン ショウシュィラ

He [she] has already checked out.
ヒー [シー] ハズ オーゥレディ チェクト アウッ

벌써 체크아웃하셨습니다.
ポルソ チェクアウタショッスムニダ

⑫ 伝言を承りましょうか？

Yào wèi nín zhuǎndá ma?
要为您转达吗？
ヤオウェイニン ヂュワンダァマ

Would you like to leave a message?
ウデュー ライッ トゥ リーヴ ア メッスィヂ

메시지를 남기시겠습니까？
メシジルル ナムギシゲッスムニッカ

⑬ しばらくしてからおかけ直しください

Qǐng nín guò yīhuìr zài dǎ.
请您过一会儿再打。
チン ニン グオ イーホアル ヅァイダァ

Could you call back later?
クデュー コーゥ バッ レイター

잠시 후에 다시 한 번 걸어 주십시오.
チャムシフエ タシハンボン コロ ジュシプシオ

⑭ のちほどこちらからお電話さしあげます

Guò yīhuìr dǎgěi nín.
过一会儿打给您。
グオ イーホアル ダァゲイニン

I'll call you back later.
アイゥ コーゥ ユー バッ レイター

나중에 이쪽에서 전화드리겠습니다.
ナジュンエ イッチョゲソ チョヌァドゥリゲッスムニダ

⑮ チェン様よりお電話があった旨をお伝えしておきます

Wǒ zhuǎngào tā Chén xiānsheng láiguo diànhuà.
我转告他陈先生来过电话。
ウォ ヂュアンガオ ター チェンシエンション ライグオ ディエンホワ

I'll let him [her] know that Mr. Chen called.
アイゥ レッ ヒム [ハー] ノゥ ザッ ミスターチェン コーゥド

첸이라는 분께서 전화하셨다고 전해 드리겠습니다.
チェニラヌン ブンケソ チョヌァハショッタゴ チョネ ドゥリゲッスムニダ

⑯ ヒル様宛にお電話なさるようお伝えしておきます

Wǒ zhuǎngào tā gěi Hill nǚshì huí diànhuà.
我转告他给 Hill 女士回电话。
ウォ ヂュアンガオ ター ゲイ ヒゥニュイシー ホイディエンホワ

I'll ask him [her] to call Ms. Hill.
アイゥ アスク ヒム [ハー] トゥ コーゥ ミズヒゥ

힐님께 전화 달라는 말씀, 전하겠습니다.
ヒル ニムケ チョヌァ ダルラヌン マルスム チョナゲッスムニダ

電話・トラブル

電話

① 電話での受付時間は10時から5時です

Diànhuà yèwù cóng shí diǎn dào wǔ diǎn.
电话业务从十点到五点。
ディエンホワ　イエウゥ　ツォン　シーディエン　ダオ　ウゥディエン

Our line is open from 10 a.m. to 5 p.m.
アワー　ライン　イズ　オウプン　フロム　テン　エイエム　トゥ　ファイヴ　ピーエム

전화 접수는 10 시에서 5 시까집니다.
チョヌァ　ジョアスヌン　ヨルシエソ　タソッシカジムニダ

② フリーダイヤルは0120…です

Miǎnfèi hàomǎ shi líng yāo èr líng……
免费号码是 0120……
ミエンフェイ　ハオマァ　シー　リン　ヤオ　アル　リン

The toll-free number is 0120….
ザ　トゥル　フリー　ナンバー　イズ　ゼロ　ワン　トゥ　ゼロ

프리 다이얼은 0120 입니다.
プリ　ダイオルン　コンイルイゴンイムニダ

③ 外線電話はまず0を押してください

Wàixiàn diànhuà qǐng xiān bō líng.
外线电话请先拨 0。
ワイシエン　ディエンホワ　チン　シエンボォ　リン

First, please dial 0 to get an outside line.
ファースッ　プリー　ダイアゥ　ゼロ　トゥ　ゲッ　アン　アウッサイッ　ライン

외부로 전화를 거실 때는 먼저 0 번을 누르십시오.
ウェブロ　チョヌァルル　コシルテヌン　モンジョ　ヨンボヌル　ヌルシプシオ

④ 通訳サービスの番号をご案内します

Wèi nín jièshào yí ge tígōng fānyì de hàomǎ.
为您介绍一个提供翻译的号码。
ウェイニン　ジエシャオ　イーガ　ティーゴン　ファンイーダ　ハオマァ

I'll give you the number for the interpreter service.
アィゥ　ギヴユー　ザ　ナンバー　フォー　ジ　インタープリター　サーヴィス

통역 서비스의 번호를 안내해 드리겠습니다.
トンヨクソビスエ　ポノルル　アンネヘ　ドゥリゲッスムニダ

⑤ どの国におかけになりますか?

Nín wǎng něi ge guójiā dǎ diànhuà?
您往哪个国家打电话?
ニン　ワン　ネイガ　グオジア　ダァ　ディエンホワ

Which country are you calling to?
ウィッチ　カントリー　アーユー　コーリンッ　トゥ

어느 나라에 거시겠습니까?
オヌ　ナラエ　コシゲッスムニッカ

⑥ 恐れ入りますが、おかけ間違いです

Duìbuqǐ, nín dǎcuò le.
对不起，您打错了。
ドゥイブチィ　ニン　ダァツオラ

I'm afraid you have the wrong number.
アイム　アフレイッ　ユー　ハヴ　ザ　ロンッ　ナンバー

죄송합니다만, 잘못 거셨습니다.
チェソンハムニダマン　チャルモッ　コショッスムニダ

⑦ お電話ありがとうございました

Xièxie nín de lái diàn.
谢谢您的来电。
シエシエ　ニンダ　ライディエン

Thank you for calling.
サンキュー　フォー　コーリンッ

전화 주셔서 감사합니다.
チョヌァ　ジュショソ　カムサハムニダ

⑧ おはようございます。6時のモーニングコールでございます

Nín zǎo! Xiànzài shì liù diǎn jiàozǎo shíjiān.
您早！现在是六点叫早时间。
ニンヅァオ　シエンザイシー　リウディエン　ジアオヅァオ　シージエン

Good morning (Mr.….). This is your 6 a.m. wake-up call.
グッモーニンッ　(ミスター…)　ディスイズ　ユア　シックスエイエム　ウェイカップ　コーゥ

(손님) 안녕히 주무셨습니까? 6 시 모닝콜입니다.
(ソンニム)　アンニョンイ　ジュムショッスムニカ　ヨソッシ　モニンコリムニダ

ワードバンク 電話

市内通話	local call ローカゥ コーゥ	市内电话 shìnèi diànhuà シーネイ ディエンホワ	시내 통화 シネ トンファ
国内電話	domestic call ドメスティッ コーゥ	国内电话 guónèi diànhuà グオネイ ディエンホワ	국내전화 クゥネジョヌァ
国際電話	international call インターナショナゥ コーゥ	国际电话 guójì diànhuà グオジィ ディエンホワ	국제전화 ククチェジョヌァ
留守番電話	answering machine アンサーリンッ マシン	留言电话 liúyán diànhuà リウイエン ディエンホワ	자동 응답 전화 チャドゥン ウンダプ チョヌァ
国番号	country code カントリー コッド	国家号码 guójiā hàomǎ グオジア ハオマァ	나라 번호 ナラボノ
市外局番	area code エァリア コッド	区位号码 qūwèi hàomǎ チュイウェイ ハオマァ	시외 국번 シウェ クゥポン
通話時間	call length コーゥ レンクス	通话时间 tōnghuà shíjiān トンホワ シージエン	통화 시간 トンファ シガン
通話料	phone charge フォウン チャージ	通话费 tōnghuàfèi トンホワフェイ	통화료 トンファリョ
携帯電話	cell phone セゥフォゥン	手机 shǒujī ショゥジィ	핸드폰 ヘンドゥポン
FAX	fax ファクス	传真 chuánzhēn チュアンチェン	팩스 ペクス
コレクトコール	collect call コレクト コーゥ	对方付款电话 duìfāng fùkuǎn diànhuà ドゥイファン フゥクワン ディエンホワ	콜렉트콜 コルレクトゥコル

公衆電話

public phone
パブリッ フォゥン

公用电话 gōngyòng diànhuà
ゴンヨン ディエンホワ

공중전화
コんジュんジョヌァ

---

① 入口の公衆電話が使えます

There's a public phone at the entrance.
ゼアズ ア パブリッ フォゥン アッジ ジ エンタランス

Qǐng shǐyòng ménkǒu de gōngyòng diànhuà.
请使用门口的公用电话。
チン シーヨン メンコウダ ゴンヨン ディエンホワ

입구에 있는 공중전화를 사용할 수 있습니다.
イアクエ インヌン コんジュんジョヌァルル サヨンハルス イッスムニダ

---

② このあたりに公衆電話はありません

There is no public phone around here.
ゼア イズ ノゥ パブリッ フォゥン アラウンッ ヒア

Zhè fùjìn méiyou gōngyòng diànhuà.
这附近没有公用电话。
ヂョアフゥジン メイヨウ ゴンヨン ディエンホワ

이 부근에는 공중전화가 없습니다.
イ ブグネヌン コんジュんジョヌァガ オプスムニダ

---

③ 国際電話ですか、国内電話ですか？

An international call or a domestic call?
アン インターナショナゥ コーゥ オァ ア ドメスティッ コーゥ

Dǎ guójì diànhuà háishi guónèi diànhuà?
打国际电话还是国内电话？
ダァ グオジィ ディエンホワ ハイシー グオネイ ディエンホワ

국제전화입니까？ 국내전화입니까？
ククチェジョヌァイムニッカ クくネジョヌァイムニッカ

---

④ この電話では外国にはかけられません

This is for domestic calls only.
ディス イズ フォー ドメスティッ コーゥズ オゥンリー

Zhèi bù diànhuà bù néng dǎ guójì diànhuà.
这部电话不能打国际电话。
ヂェイブゥ ディエンホワ ブゥノンダァ グオジィ ディエンホワ

이 전화로는 국제전화를 걸 수 없습니다.
イ チョヌァロヌン ククチェジョヌァルル コルス オプスムニダ

---

⑤ このカードは使えません

I'm afraid you can't use this card.
アイム アフレィッ ユー キャーンッ ユーズ ディス カーッ

Zhèi zhāng kǎ bù néng yòng.
这张卡不能用。
ヂェイチャンカァ ブゥノンヨン

이 카드는 사용할 수 없습니다.
イ カドゥヌン サヨンハルス オプスムニダ

---

⑥ この番号にかけてください

Please dial this number.
プリー ダイアゥ ディッ ナンバー

Qǐng dǎ zhèi ge hàomǎ.
请打这个号码。
チン ダァ ヂェイガ ハオマァ

이 번호로 걸어 주십시오.
イ ボノロ コロ ジュシプシオ

---

⑦ スクラッチ部分を削ってください

Please scratch here.
プリー スクラッチ ヒア

Qǐng guākāi mìmǎqū.
请刮开密码区。
チン グワカイ ミィマァチュィ

은색 부분을 긁으십시오.
ウンセク ブブヌル クルグシプシオ

---

⑧ 音声案内にしたがってください

Please follow the voice instructions.
プリー フォロウ ザ ヴォイス インストラクションズ

Qǐng tīng yīnshēng dǎoháng.
请听音声导航。
チン ティン インション ダオハン

음성 안내를 따라 하십시오.
ウムソン アンネルル タラ ハシプシオ

コラム：**国際電話のかけ方**

　国際電話のかけ方にはいろいろありますが、最も一般的な方法は次の通りです。携帯電話からもこの方法でかけられます。仮に、お客様がアメリカ合衆国カリフォルニア州ロサンゼルスのハリウッドに電話をしたいとしましょう。

$$(001-)\ 010-1-323-656-1111$$
$$①\qquad ②\quad ③\quad ④\quad\ \ ⑤$$

① 事業者識別番号　telephone company code
　※利用する電話会社によって異なる。001 は KDDI。
　　ただしマイライン登録など事前の契約があれば、この部分は省略可。
② 国際電話識別番号　international call prefix（または international access code）
　※発信する国によって異なる。010 は日本からかける場合。
③ 国番号　country code
　※1 はアメリカ合衆国。カナダも 1、イギリスは 44、オーストラリアは 61、中国は 86、
　　台湾は 886、香港は 852、韓国は 82。
④ 市外局番　area code
　※323 はカリフォルニア州ロサンゼルス市ハリウッド。
　　市外局番の最初の 0 は削除する(イタリア以外)。
⑤ 相手先の電話番号　telephone number

　また、旅行者の中にはプリペイド式の国際電話専用カードを使う方もいるようです。これは日本のテレホンカードのように公衆電話に挿入して使うのではなく、カード裏面に記載されているアクセス番号と PIN ナンバー(スクラッチ部分を削ると現れる暗証番号)をダイヤルして、受話器から流れる音声案内にしたがって利用するタイプのカードです。日本国内のコンビニや空港などでも販売されており、中にはチャージ式で繰り返し使えるものもあります。

病気・けが

disease, injury
ディズィーズ インジャリー

生病、受伤 shēngbìng, shòushāng
ションビン ショウシャン

① どうしましたか？ 大丈夫ですか？

What's the matter? Are you alright?
ワッツ ザ マター アーユー オーゥライッ

Zěnme le? Yào bu yàojǐn?
怎么了？要不要紧？
ゼンマラ ヤオブゥヤオジン

왜 그러십니까？ 괜찮습니까？
ウェ グロシムニカ クェンチャンスムニッカ

② 気分が悪いのですか？

Do you feel sick?
ドゥユー フィーゥ スィッ

Bù shūfu ma?
不舒服吗？
ブゥシュウフマ

어디 불편하십니까？
オディ プルピョナシムニッカ

③ どこが痛いのですか？

Where do you feel pain?
ウエア ドゥ ユー フィーゥ ペイン

Nǎr téng?
哪儿疼？
ナァル トン

어디가 아프십니까？
オディガ アプシムニッカ

④ アレルギー[持病]はありますか？

Do you have any allergies [chronic conditions]?
ドゥユー ハヴ エニ アラヂーズ [クロニッ コンディションズ]

Yǒu guòmǐnzhèng [lǎobìng] ma?
有过敏症[老病]吗？
ヨウ グオミンヂョン [ラオビン] マ

알레르기가 [지병이] 있습니까？
アルレルギガ [チビョンイ] イッスムニッカ

⑤ ここで横になってください

Why don't you lie down here?
ワイ ドンッユー ライ ダウン ヒア

Qǐng nín tǎngxia.
请您躺下。
チン ニン タンシア

여기 누우십시오.
ヨギ ヌウシプシオ

⑥ これ[バンドエイド/車椅子]をお使いください

Please use this [a Band-Aid / a wheelchair].
プリーユーズ ディッ [ア バンッエイッ / ア ウィーゥチェア]

Qǐng yòng zhèi ge [chuāngkǒutiē / lúnyǐ].
请用这个[创口贴/轮椅]。
チン ヨン ヂェイガ [チュアンコウティエ / ルンイー]

이걸[일회용 밴드를 / 휠체어를] 사용하십시오.
イゴル [イルェヨん ベンドゥルル / フィルチェオルル] サヨンハシプシオ

⑦ 応急手当をします

I'll give you first aid.
アイゥ ギヴ ユー ファースッ エイッ

Jǐnjí chǔlǐ yīxià.
紧急处理一下。
ジンジィ チュウリィ イーシア

응급치료를 하겠습니다.
ウングプチリョルル ハゲッスムニダ

⑧ 病院に行ったほうがいいですよ

I think you should go to the hospital.
アイ スィンク ユー シュドゥ ゴゥ トゥ ザ ホスピタゥ

Zuìhǎo qù yīyuàn.
最好去医院。
ヅイハオ チュイ イーユエン

병원에 가는 게 좋겠습니다.
ピョンウォネ カヌンゲ チョケッスムニダ

병・부상
ピョン ブサン

⑨ この病院は英語[中国語/韓国語]が通じます

This hospital has English-speaking staff.
ディス ホスピタゥ ハズ イングリシュ スピーキンッ スタッフ

Zhèi jiā yīyuàn dǒng Zhōngwén.
这家医院懂中文。
ヂェイジア イーユエン ドン ヂォンウェン

이 병원은 한국어가 통합니다.
イ ピョンウォヌン ハングゴガ トンハムニダ

⑩ この病院は24時間あいています

This hospital is open 24 hours.
ディス ホスピタゥ イズ オゥプン トゥエンティ フォー アワーズ

Zhèi jiā yīyuàn èrshisì xiǎoshí kāizhěn.
这家医院二十四小时开诊。
ヂェイジア イーユエン アルシースー シアオシー カイヂェン

이 병원은 24시간 하고 있습니다.
イ ピョンウォヌン イーシプサシガン ハゴ イッスムニダ

⑪ 救急車を呼びます

I'll call an ambulance.
アイゥ コーゥ アン アンビュランス

Wǒ gěi nín jiào jiùhùchē.
我给您叫救护车。
ウォ ゲイニン ジアオ ジウフゥチョア

구급차를 부르겠습니다.
クグァチャルル ブルゲッスムニダ

ワードバンク — 病気・けが

けがをする	get injured ゲッ インジュアードゥ	受伤 shòushāng ショウシャン	다치다 タチダ
熱がある	have a fever ハヴァ フィーヴァー	发烧 fā shāo ファーシャオ	열이 있다 ヨリ イッタ
寒気がする	have a chill ハヴァ チゥ	发冷 fā lěng ファールォン	오한이 나다 オハニ ナダ
インフルエンザ	flu フルゥ	流感 liúgǎn リウガン	인플루엔자 インプルレンジャ
食中毒	food poisoning フーッ ポイズニンッ	食物中毒 shíwù zhòngdú シーウー ヂォンドゥー	식중독 シクチュンドク
貧血	anemia アニーミア	贫血 pínxuè ピンシュエ	빈혈 ピニョル
歯痛	toothache トゥースエイク	牙疼 yáténg ヤアトン	치통 チトン
外科	surgery サージャリー	外科 wàikē ワイクァ	외과 ウェクァ
内科	internal medicine インターナゥ メディスン	内科 nèikē ネイクァ	내과 ネクァ
患者	patient ペイシャンッ	病人 bìngrén ビンレン	환자 ファンジャ
診察を受ける	see a doctor スィー ア ドクター	看病 kànbìng カンビン	진찰을 받다 チンチャルル パッタ

病気・けが

① 大人は1回2錠です

Dàrén yí cì fúyòng liǎng lì.
大人一次服用两粒。
ダァレン イーツー フゥヨン リアンリィ

The dose for adults is 2 tablets.
ザ ドウス フォー アダゥツ イズ トゥ タブレッツ

어른은 한 번에 2 알씩입니다.
オルヌン ハンボネ トゥーアルシギムニダ

---

② 毎食後にお飲みください

Fàn hòu fúyòng.
饭后服用。
ファンホウ フゥヨン

Please take this after meals.
プリー テイッ ディッ アフター ミールズ

세 번, 식후에 드십시오.
セーボン シクエ トゥシプシオ

---

③ 吐き気に効果があります

Duì zhìliáo èxīn bǐjiào yǒuxiào.
对治疗恶心比较有效。
ドゥイ チーリアオ ウァシン ビィジアオ ヨウシアオ

It's effective against nausea.
イッツ イフェクティヴ アゲンスッ ノーズィア

구역질에 효과가 있습니다.
クヨクチレ ヒョクァガ イッスムニダ

---

④ 早く効きます

Jiànxiào kuài.
见效快。
ジエンシアオ クワイ

This works quickly.
ディス ワークス クイックリー

빨리 듣습니다.
パルリ トゥッスムニダ

---

⑤ どうかお大事に

Qǐng bǎozhòng.
请保重。
チン パオヂョン

Please take care of yourself.
プリー テイッ ケア オヴ ユアセゥフ

부디 몸조리 잘 하십시오.
プーディ モムジョリ チャラシプシオ

ワードバンク 薬ほか

薬を飲む	take a medicine テイッ ア メダスィン	吃药 chīyào チー ヤオ	약을 먹다 ヤグル モクタ
就寝前	before bedtime ビフォー ベッタイム	睡觉前 shuìjiào qián シュイジアオ チエン	자기 전 チャギジョン
～時間毎に	every ～ hours エヴリ アワーズ	每隔～小时 měi gé...xiǎoshí メイガァ シアオシー	～시간 마다 シガンマダ
風邪薬	cold medicine コウルッ メダスィン	感冒药 gǎnmàoyào ガンマオヤオ	감기약 カムギヤク
痛み止め	painkiller ペインキラー	止疼药 zhǐténgyào ヂートンヤオ	진통제 チントンジェ
解熱剤	antifebrile アンタイフィーブリゥ	退烧药 tuìshāoyào トゥイシャオヤオ	해열제 ヘヨルチェ
抗生物質	antibiotic アンティバイアティック	抗生素 kàngshēngsù カンションスゥ	항생물질 ハンセンムルチル
頭痛	headache ヘッデイク	头疼 tóu téng トウトン	두통 トゥトン
腹痛	stomachache スタマックエイク	肚子疼 dùzi téng ドゥーヅトン	복통 ポクトン
咳止め	cough medicine カフ メダスィン	止咳药 zhǐkéyào ヂーク ァヤオ	기침약 キチムニャク
鼻水が出る	have a runny nose ハヴ ア ラニー ノウズ	流鼻涕 liú bítì リウ ビィティー	콧물이 나오다 コンムリ ナオダ
下痢	diarrhea ダイアリア	腹泻 fùxiè フゥシエ	설사 ソルサ
便秘	constipation カンスタペイシャン	便秘 biànmì ビエンミィ	변비 ビョンビ
二日酔い	hangover ハングオゥヴァ	宿醉 sùzuì スゥヅイ	숙취 スッチゥイ
睡眠薬	sleeping drug スリーピンッ ドラッグ	安眠药 ānmiányào アンミエンヤオ	수면제 スミョンジェ
目薬	eyedrops アイドロップス	眼药 yǎnyào イエンヤオ	안약 アニャク
アトピー	atopy アタピー	特应性皮炎 tèyìngxìng píyán ターインシン ピーイエン	아토피 アトピ
かゆみ止め	antipruritic アンタイブルリティッ	止痒药 zhǐyǎngyào ヂーヤンヤオ	가려움증 약 カリョウムチュん ヤク
離乳食	baby food ベイビー フーッ	断奶食品 duànnǎi shípǐn ドワンナイ シービン	이유식 イユシク
包帯	bandage バンディッジ	绷带 bēngdài ボンダイ	붕대 ブンデ
消毒液	antiseptic solution アンタセプティック ソリューション	消毒液 xiāodúyè シアオドゥーイエ	소독액 ソドゲク
虫よけ	repellent リペランッ	防虫剂 fángchóngjì ファンチョンジィ	방충제 パンチュんジェ
マスク	flu mask フルー マスク	口罩 kǒuzhào コウヂャオ	마스크 マスク
生理用品	sanitary napkins サナタリー ナプキンズ	妇女用品 fùnǚ yòngpǐn フゥニュィ ヨンピン	생리용품 センニョんプム
おむつ	diapers ダイアパーズ	纸尿布 zhǐniàobù ジーニアオブゥ	기저귀 キジョグィ
湿布	compress カンプレッ	湿敷药巾 shīfū yàojīn シーフヮヤオジン	파스 パス
体温計	thermometer サーモメター	体温计 tǐwēnjì ティーウェンジィ	체온계 チェオんゲ
処方箋	prescription プレスクリプション	处方 chǔfāng チュゥファン	처방전 チョバんジョン

紛失・盗難

loss, theft
ロス セフッ

遺失、被盗 yíshī, bèidào
イーシー ベイダオ

분실・도난
プンシル トナン

---

① 何かなくされたのですか？

Have you lost something?
ハヴ ユー ロスッ サムスィンッ

Diūshī dōngxi le ma?
丢失东西了吗？
ディウシー ドンシィラマ

뭔가 분실하셨습니까?
ムォンガ プンシラショッスムニッカ

---

② 何がなくなったのですか？

What have you lost?
ワッ ハヴ ユー ロスッ

Nín diūshī shénme le?
您丢失什么了？
ニン ディウシー シェンマラ

뭐가 없어졌습니까?
ムォガ オプソジョッスムニッカ

---

③ どんな形[色]ですか？

What shape [color] is it?
ワッ シェイッ [カラー] イズ イッ

Shénme xíngzhuàng [yánsè] de?
什么形状[颜色]的？
シェンマ シンヂュアン [イエンスァー] ダ

어떤 모양입니까[색입니까]?
オットン モヤンイムニッカ [セギムニッカ]

---

④ どこでなくし[盗まれ]ましたか？

Where did you lose it [was it stolen]?
ウエア ディデュー ルーズ イッ [ワズ イッ ストールン]

Zài nǎr diūshī [bèidào] de?
在哪儿丢失[被盗]的？
ヅァイ ナァル ディウシー [ベイダオ] ダ

어디서 잃어버렸[도난당했]습니까?
オディソ イロボリョッ [トナンタンヘッ] スムニッカ

---

⑤ どんなものが入っていましたか？

Could you tell me what's in it?
クデュー テゥ ミー ワッツ イン イッ

Lǐbiān zhuāngyǒu shénme?
里边装有什么？
リービエン ヂュアンヨウ シェンマ

뭐가 들어 있었습니까?
ムォガ トゥロ イッソッスムニッカ

---

⑥ 交番へ行ってください

Please go to the police box.
プリー ゴゥ トゥ ザ ポリース ボックス

Qǐng qù jǐngwùzhàn.
请去警务站。
チン チュイ ジンウーヂャン

파출소로 가십시오.
パチュルソロ カシプシオ

---

⑦ クレジットカード会社に連絡してください

Please contact the credit card company.
プリー コンタクッ ザ クレディッッ カード カンパニー

Qǐng tōngzhī xìnyòngkǎ gōngsī.
请通知信用卡公司。
チン トンヂー シンヨンカァ ゴンスー

신용카드 회사에 연락하십시오.
シニョんカドゥ フェサエ ヨルラカシプシオ

---

⑧ ここに連絡先をお書きください

Please write your phone number here.
プリー ライッ ユア フォーン ナンバー ヒア

Qǐng bǎ liánxì diànhuà xiězài zhèli.
请把联系电话写在这里。
チン バァ リエンシィ ディエンホワ シエヅァイ ヂョアリ

여기에 연락처를 쓰십시오.
ヨギエ ヨルラクチョルル スシプシオ

🔊 66

⑨ 見つかったらご連絡します	We'll let you know if we find it.
Zhǎodào hòu, tōngzhī nín. 找到后，通知您。 チャオダオ ホウ トンヂー ニン	ウィゥ レッ ユー ノウ イフ ウィ ファインッ イッ 찾으면 연락드리겠습니다. チャジュミョン ヨルラクトゥリゲッスムニダ

⑩ こちらがお探しの物ですか？	Is this yours?
Zhè shì nín de ma? 这是您的吗？ ヂョアシー ニンダマ	イズ ディス ユアーズ 이게 찾으시는 물건입니까？ イゲ チャジュシヌン ムルゴニムニッカ

ワードバンク ― 紛失・盗難

遺失物取扱所	lost-and-found office ロスッ アンッ ファウンッ オフィス	失物招领处 shīwù zhāolǐng chù シーウー ヂャオリンチュウ	분실물센터 プンシルムルセント
大使館	embassy エンバスィー	大使馆 dàshǐguǎn ダァシーグワン	대사관 テサグァン
再発行する	reissue リイシュ	重新发行 chóngxīn fāxíng チョンシン ファーシン	재발행하다 チェバレんハダ
旅行会社	travel agency トラヴェゥ エイジェンスィー	旅行社 lǚxíngshè リューシンショア	여행사 ヨヘンサ
保険会社	insurance company インシュアランス カンパニー	保险公司 bǎoxiǎn gōngsī バオシエン ゴンスー	보험회사 ポホムフェサ
貴重品	valuables ヴァリュアブゥズ	贵重物品 guìzhòng wùpǐn グイヂョン ウーピン	귀중품 クィジュんプム
財布	wallet ウァレッ	钱包 qiánbāo チエンバオ	지갑 チガプ
パスポート	passport パスポーッ	护照 hùzhào フゥヂャオ	여권 ヨックォン
鍵	key キー	钥匙 yàoshi ヤオシー	열쇠 ヨルスェ
携帯電話	cell phone セゥ フォウン	手机 shǒujī ショウジィ	핸드폰 ヘンドゥポン
カメラ	camera キャメラ	照相机 zhàoxiàngjī ヂャオシアンジィ	카메라 カメラ
スーツケース	suitcase スーッケイス	行李箱 xínglixiāng シンリィシアン	슈트케이스 シュトゥケイス

災害・注意

trouble, caution
トラボゥ　コーション

灾难、注意事项 zāinàn, zhùyì shìxiàng
ザイナン　ヂュウイー　シーシアン

---

① 火事です［地震です］！

Fire [Earthquake]!
ファイア［アースクェイク］

Shī huǒ le [Dìzhèn le].
失火了［地震了］！
シーフオラ［ディーヂェンラ］

불이야［지진이다］！
ブリヤ［チジニダ］

---

② 停電しております

It's a power failure.
イッツ　ア　パワー　フェイリア

Tíng diàn le.
停电了。
ティンディエンラ

정전됐습니다.
チョンジョンデッスムニダ

---

③ 非常口から外に出てください

Please leave through the emergency exit.
プリー　リーヴ　スルー　ジ　エマージェンスィー　エグジッ

Qǐng zǒu jǐnjí chūkǒu.
请走紧急出口。
チン　ヅォウ　ジンジィ　チュウコウ

비상구로 나가십시오.
ビサングロ　ナガシプシオ

---

④ 私についてきてください

Please follow me.
プリー　フォロゥ　ミー

Qǐng gēn wǒ zǒu.
请跟我走。
チン　ゲンウォー　ヅォウ

저를 따라오십시오.
チョルル　タラオシプシオ

---

⑤ 動か［走ら］ないでください

Don't move [run], please.
ドンッ　ムーヴ［ラン］　プリー

Bú yào dòng [pǎo].
不要动［跑］。
ブヤオ　ドン［パオ］

움직이［뛰］지 마십시오.
ウムジギ［トゥィ］ジ　マシプシオ

---

⑥ 落ち着いてください

Please stay calm.
プリー　ステイ　カーム

Qǐng zhènjìng.
请镇静。
チン　ヂェンジン

당황하지 마십시오.
タンファンハジ　マシプシオ

---

⑦ もう大丈夫です、安心してください

We are safe now. Don't worry.
ウィアー　セイフ　ナゥ　ドンッ　ワリー

Méi shì le, qǐng fàngxīn.
没事了，请放心。
メイシーラ　チン　ファンシン

이젠 괜찮습니다. 안심하십시오.
イジェン　クェンチャンスムニダ　アンシマシプシオ

---

⑧ 危険です。近寄らないでください

It's dangerous. Please stay away!
イッツ　デインジャラス　プリー　ステイ　アウェイ

Wēixiǎn! Bú yào kàojìn!
危险！不要靠近！
ウェイシエン　ブヤオ　カオジン

위험합니다. 가까이 가지 마십시오.
ウィホムニダ　カカイ　カジ　マシプシオ

災害，注意
チェヘ　チュイ

🔊 67

---

⑨ 故障中です。触らないでください
Wéixiū zhōng. Bú yào chùmō.
维修中。不要触摸。
ウェイシウヂォン　ブウヤオ　チュウモォ

It's out of order. Please don't touch it.
イッツ　アウト　オヴ　オーダー　プリー　ドンッ　タッチ　イッ

고장났습니다. 손 대지 마십시오.
コジャンナッスムニダ　ソンデジ　マシプシオ

---

⑩ ほかのお客様のご迷惑です。おやめください
Bú yào zhème zuò. Bú yào yǐngxiǎng tārén.
不要这么做。不要影响他人。
ブウヤオ　ヂョアマ　ヅゥオ　ブウヤオ　インシァン　タァレン

Would you stop that? That may bother other customers.
ウデュー　ストップ　ザッ　ザッ　メイ　ボザー　アザー　カスタマーズ

다른 손님께 폐가 됩니다. 하지 마십시오.
タルン　ソンニムケ　ペガ　ドェムニダ　ハジ　マシプシオ

---

⑪ パスポートをお見せください
Qǐng chūshì hùzhào.
请出示护照。
チン　チュウシー　フウヂャオ

May I see your passport?
メイアイ　スィー　ユア　パスポーツ

여권을 보여 주십시오.
ヨックォヌル　ボヨ　ジュシプシオ

---

⑫ 警察を呼びます
Jiào jǐngchá.
叫警察。
ジアオ　ジンチァア

I'll call the police.
アイゥ　コーゥ　ザ　ポリース

경찰을 부르겠습니다.
キョンチャルル　ブルゲッスムニダ

---

⑬ 立入禁止です
Jìnzhǐ rù nèi.
禁止入内。
ジンヂー　ルゥネイ

Excuse me, but this area is off-limits.
エクスキューズミー　バッ　ディス　エアリア　イズ　オフリミッツ

출입금지입니다.
チュリプクムジイムニダ

---

⑭ お会計はお済みですか？
Jiéwán zhàng le ma?
结完账了吗？
ジエワン　チャンラマ

Have you paid the bill?
ハヴ　ユー　ペイッ　ザ　ビゥ

계산은 하셨습니까？
ケサヌン　ハショッスムニッカ

---

⑮ バッグの中を確認させていただけますか？
Wǒmen jiǎnchá yíxià bāo, kěyǐ ma?
我们检查一下包，可以吗？
ウォメン　ジエンチァア　イーシア　バオ　クァイーマ

May I take a look inside your bag?
メイアイ　テイッ　ア　ルック　インサイド　ユア　バッ

가방 안을 좀 확인하겠습니다.
カバンアヌル　ジョム　ファギナゲッスムニダ

---

⑯ 万引きは警察に通報します
Tōu dōngxi, yào tōngbào jǐngchá.
偷东西，要通报警察。
トウドンシィ　ヤオ　トンバオ　ジンチァア

Shoplifting will be reported to the police.
ショップリフティンッ　ウィル　ビー　リポーティッ　トゥ　ザ　ポリース

물건을 훔치면 경찰에 통보하겠습니다.
ムルゴヌル　フムチミョン　キョンチャレ　トンボハゲッスムニダ

災害・注意

電話・トラブル

155

迷子・アナウンス lost child, announcement

① お連れ様のお名前、年齢は？
What's the name and age of your companion?

请说一下走失人的姓名和年龄。

같이 오신 분은 성함하고 연령이 어떻게 되십니까？

② 男の子ですか、女の子ですか？
Is it a boy or a girl?

男孩儿还是女孩儿？

남자 아이입니까？ 여자 아이입니까？

③ お連れ様の特徴を教えてください
Could you describe him [her]?

走失人是什么特征？

같이 오신 분의 특징을 말씀해 보세요.

④ 迷子なの？ 誰と来たの？
Are you lost? Who are you here with?

是走失了吗？ 跟谁一起来的？

엄마 잃어 버렸니？ 누구랑 왔어？

⑤ どこから来たのですか？
Where are you from?

从哪儿来的？

어디서 왔습니까？

⑥ 館内放送でお呼び出しをいたします
I'll have him [her] paged throughout the building.

我们广播一下。

안내 방송을 해 보겠습니다.

⑦ お客様にお呼び出しを申し上げます
Attention please.

现在广播寻人。

손님 여러분, 사람을 찾습니다.

⑧ アメリカ[中国/韓国]からお越しのスミス様…
Paging a Mr. Smith from the US…

从中国来的 Smith 先生[小姐]……

한국에서 오신 스미스님…

走失、广播 zǒushī, guǎngbō　　미아・방송
ツォウシー　グァンボォ　　　　ミア　パんソん

🔊 68

⑨ **5歳のメアリーちゃんのお連れ様…**
The person accompanying 5-year-old Mary…
ザ　パーソン　アカンパニーインッ　ファイヴ　イヤー　オウルッ　メアリー
Wǔ suì de Mary xiǎo péngyou de fùmǔ……
五岁的 Mary 小朋友的父母……
ウゥスイダ　メアリィ　シァオポンヨウダ　フゥムゥ
다섯 살 난 메어리어린이하고 같이 오신 분…
タソッサルナン　メオリオリニハゴ　カッチ　オシンブン

⑩ **1階の総合案内までお越しください**
Please come to the information desk on the 1st floor.
プリー　カム　トゥ　ジ　インフォメーション　デスク　オン　ザ　ファースッフロア
Qǐng dào yī lóu wènxùnchù.
请到一楼问讯处。
チン　ダオ　イーロウ　ウェンシュンチュウ
1층 종합안내 데스크로 와 주십시오.
イルチゅン　チョんハバンネ　デスクロ　ワ　ジュシァシオ

コラム：部屋番号・電話番号の読み方

英語の場合： 英語の部屋番号の読み方には何種類かあります。1つ目は数字をひとつずつ読む方法で、1012なら "one zero one two" のようになります。0 はアルファベットの "o"（オゥ）とも読みます。2つ目は、普通の数字と同じように読む方法で、上の例では "one thousand twelve" となります。3つ目は、"ten twelve" のように、2桁ずつまとめて読む方法です。部屋番号が 810 のように3桁なら、"eight ten" のように「1桁＋2桁」の組み合わせで読むこともできます。そして、最後はやや特殊ですが、00 や 111 のように同じ数字が連続する場合、"double o(オゥ)" や "triple one" のように読むことがあります。電話番号を読むときは、数字を一桁ずつ読むのが一般的です。ただし、同じ数字が連続する場合は、"double two" や "triple six" のように読んだり、7000 や 4100 のようなきりのいい数字の場合は、"seven thousand" や "forty-one hundred" と読んだりすることもあります。

中国語の場合： 中国語の場合は日本語と同様で、部屋番号や電話番号を読むときは、数字をひとつずつ読みます。例えば 705 なら "qī líng wǔ /チィ　リン　ウゥ" と発音します。注意が必要なのは、数字の 1 の場合です。通常、部屋番号や電話番号を読むときは、1 を "yī / イー" ではなく "yāo / ヤォ" と発音します。例えば 1021 なら "yāo líng èr yāo / ヤオ　リン　アル　ヤオ" となります。これは "1/ yī / イー" と "7/ qī / チィ" との混同を防ぐためです。

韓国語の場合： 韓国語で部屋番号を読むときは、普通、ひとつずつではなく、通常の数字と同じように読みます。例えば 305 なら、通常の発音では連音するので、"サムベゴ" となります（連音については ⇒ p. xiv）。連音が難しい場合は、ひとつひとつ、「さん、びゃく、ご」のように、"サム　ペッ　オ" と発音すれば通じやすくなります。一方、電話番号の場合は、日本語と同じように数字をひとつずつ読みます。このとき、「－」（ハイフン）を "エ" と発音することも覚えておきましょう。例えば、070-3421 なら "コんチルごんエ　サムサイイル" となります。

✲数字✲

	英語	中国語	韓国語 〈漢字語〉	〈固有語〉
0	zero / oh ゼロ / オゥ	零　líng 　　リン	영 / 공 ヨン / コン	
1	one ワン	一　yī 　　イー	일 イル	하나 (한) ハナ (ハン)
2	two トゥー	二 / 两　èr / liǎng 　　　　アル / リアン	이 イー	둘 (두) トゥール (トゥー)
3	three スリー	三　sān 　　サン	삼 サム	셋 (세) セーッ (セー)
4	four フォー	四　sì 　　スー	사 サー	넷 (네) ネーッ (ネー)
5	five ファイヴ	五　wǔ 　　ウゥ	오 オー	다섯 タソッ
6	six シックス	六　liù 　　リウ	육 ユク	여섯 ヨソッ
7	seven セヴン	七　qī 　　チー	칠 チル	일곱 イルゴプ
8	eight エイッ	八　bā 　　バァ	팔 パル	여덟 ヨドル
9	nine ナイン	九　jiǔ 　　ジウ	구 ク	아홉 アホプ
10	ten テン	十　shí 　　シー	십 シプ	열 ヨル
11	eleven イレヴン	十一　shíyī 　　　シーイー	십일 シビル	열 하나 ヨラナ
12	twelve トゥエルヴ	十二　shíèr 　　　シーアル	십이 シビ	열 둘 ヨルトゥル
13	thirteen サーティーン	十三　shísān 　　　シーサン	십삼 シプサム	열 셋 ヨルセッ
14	fourteen フォーティーン	十四　shísì 　　　シースー	십사 シプサ	열 넷 ヨルレッ
15	fifteen フィフティーン	十五　shíwǔ 　　　シーウゥ	십오 シボ	열 다섯 ヨルタソッ

	英語	中国語	〈漢字語〉 韓国語	〈固有語〉
16	sixteen シクスティーン	十六 shíliù シーリウ	십육 シムニュク	열 여섯 ヨルリョソッ
17	seventeen セヴンティーン	十七 shíqī シーチィ	십칠 シプチル	열 일곱 ヨルリルゴプ
18	eighteen エイティーン	十八 shíbā シーバァ	십팔 シプパル	열 여덟 ヨルリョドル
19	nineteen ナインティーン	十九 shíjiǔ シージウ	십구 シプク	열 아홉 ヨラホプ
20	twenty トゥエンティ	二十 èrshí アルシー	이십 イーシプ	스물 (스무) スムル (スム)
30	thirty サーティ	三十 sānshí サンシー	삼십 サムシプ	서른 ソルン
40	forty フォーティ	四十 sìshí スーシー	사십 サーシプ	마흔 マフン
50	fifty フィフティ	五十 wǔshí ウゥシー	오십 オーシプ	쉰 シュィーン
60	sixty シックスティ	六十 liùshí リウシー	육십 ユクシプ	예순 イェスン
70	seventy セヴンティ	七十 qīshí チィシー	칠십 チルシプ	일흔 イルン
80	eighty エイティ	八十 bāshí バァシー	팔십 パルシプ	여든 ヨドゥン
90	ninety ナインティ	九十 jiǔshí ジウシー	구십 クシプ	아흔 アフン
100	one hundred ワン ハンドレッ	一百 yìbǎi イーバイ	백 ペク	
1000	one thousand ワン サウザンッ	一千 yìqiān イーチエン	천 チョン	
10000	ten thousand テン サウザンッ	一万 yíwàn イーワン	만 マーン	
100000	one hundred thousand ワン ハンドレッ サウザンッ	十万 shíwàn シーワン	십만 シムマン	

	英語	中国語	韓国語 〈漢字語〉	〈固有語〉
1000000	one million ワン ミリオン	一百万 yībǎiwàn イーバイワン	백만 ぺンマン	
0.1	(zero) point one 〈ゼロ〉 ポインッ ワン	零点一 líng diǎn yī リン ディエン イー	영 점 일 ヨンチョミル	

※英語で「100」と言うとき、"one"のかわりに"a"として、"a hundred"と言うこともできます。「1000」、「10000」、「1000000」についても同様です。

※中国語で「2」を言う場合、順序を数えるときには"二 èr アル"を使い、「2つ、2個、2人…」のように数量を数えるときには"两 liǎng リアン"を使います(⇒ p. 41 参照)。なお、「12」のように、2桁以上の数字の1の位に「2」が来る場合は"二"と読みます。「20」は"二十 èrshí アルシー"ですが、「200」の場合は"两百 liǎngbǎi リアンバイ"でも"二百 èrbǎi アルバイ"でもかまいません。「2000」、「20000」の場合は、それぞれ"两千 liǎngqiān リアンチエン"、"两万 liǎngwàn リアンワン"のほうが一般的です。

※中国語では、「105」のように桁が飛ぶ場合、間に"零 líng リン"(0)を挟んで"一百零五 yìbǎi líng wǔ イーバイリンウゥ"のように言います。「1005」の場合も同様ですが、"零"は一度だけ読み、"一千零五 yìqiān líng wǔ イーチエンリンウゥ"と言います。

※中国語では、"十 shí シー"が3桁以上の数字の途中で出てくる場合、"十"の前に"一 yī イー"をつけて読みます。例えば「317」なら、"三百一十七 sānbǎi yīshíqī サンバイ イーシーチィ"と言います。

※韓国語には漢字語の数の言い方と、固有語の数の言い方があります。ものを「1つ、2つ…」と数えるときには固有語を使います。0と100以上の数は漢字語の言い方で数えます。

※韓国語の固有語数詞のカッコ内は、"하나 ハナ"(1つ)→"한 개 ハンゲ"(1個)のように、助数詞が続くときの形です。

※韓国語の漢字語で「0」は普通"영〈零〉ヨん"と言いますが、電話番号、暗証番号などでは"공〈空〉コん"を使います。

✷曜日・週✷

	英語	中国語	韓国語
日曜日	Sunday サンデイ	星期天	xīngqītiān シンチィティエン	일요일 イリョイル
月曜日	Monday マンデイ	星期一	xīngqīyī シンチィイー	월요일 ウォリョイル
火曜日	Tuesday チューズデイ	星期二	xīngqīèr シンチィアル	화요일 ファヨイル
水曜日	Wednesday ウエンズデイ	星期三	xīngqīsān シンチィサン	수요일 スヨイル
木曜日	Thursday サーズデイ	星期四	xīngqīsì シンチィスー	목요일 モギョイル
金曜日	Friday フライデイ	星期五	xīngqīwǔ シンチィウゥ	금요일 クミョイル
土曜日	Saturday サタデイ	星期六	xīngqīliù シンチィリウ	토요일 トヨイル
今週	this week ディス ウィーク	这个星期	zhèi ge xīngqī ヂェイガシンチィ	이번주 イボンチュ
来週	next week ネクスッ ウィーク	下个星期	xià ge xīngqī シアガシンチィ	다음주 タウムチュ
先週	last week ラスッ ウィーク	上个星期	shàng ge xīngqī シャンガシンチィ	지난주 チナンジュ
～週間	～ weeks ウィークス	～个星期	ge xīngqī ガ シンチィ	～주일 チュイル

※中国語で「日曜日」は"星期日 xīngqīrì シンチィリー"とも言います。

✲ 月・日にち・季節 ✲

	英語	中国語	韓国語
1月	January ジャヌアリー	一月	yīyuè イーユエ	일월 イルォル
2月	February フェブラリー	二月	èryuè アルユエ	이월 イーウォル
3月	March マーチ	三月	sānyuè サンユエ	삼월 サムォル
4月	April エイプリル	四月	sìyuè スーユエ	사월 サーウォル
5月	May メイ	五月	wǔyuè ウゥユエ	오월 オーウォル
6月	June ジューン	六月	liùyuè リウユエ	유월 ユウォル
7月	July ジュライ	七月	qīyuè チィユエ	칠월 チルォル
8月	August オーガスト	八月	bāyuè バァユエ	팔월 パルォル
9月	September セプテンバー	九月	jiǔyuè ジウユエ	구월 クウォル
10月	October オクトーバー	十月	shíyuè シーユエ	시월 シウォル
11月	November ノベンバー	十一月	shíyīyuè シーイーユエ	십일월 シビルォル
12月	December ディセンバー	十二月	shíèryuè シーアルユエ	십이월 シビウォル
今月	this month ディス マンス	这个月	zhèi ge yuè ヂェイガユエ	이번달 イボンタル
来月	next month ネクスッ マンス	下个月	xià ge yuè シアガユエ	다음달 タウムタル
先月	last month ラスッ マンス	上个月	shàng ge yuè シャンガユエ	저번달 チョボンタル
〜か月	〜 months マンツ	〜个月	ge yuè ガ ユエ	〜개월 ケウォル

※韓国語の月は基本的に漢字語の数に"월 ウォル"をつけますが、6月と10月は例外的なので注意しましょう。

	英語	中国語	韓国語
1月1日	January first ジャヌアリー ファースッ	一月一号 yīyuè yī hào イーユエ イーハオ	일월 일일 イルォル イリル
今日	today トゥデイ	今天 jīntiān ジンティエン	오늘 オヌル
明日	tomorrow トゥモロウ	明天 míngtiān ミンティエン	내일 ネイル
昨日	yesterday イェスタデイ	昨天 zuótiān ヅオティエン	어제 オジェ
〜日間	〜 days デイズ	〜天 tiān ティエン	〜일간 イルガン

※中国語で「2月2日」と言うときの「2」はともに"二 èr アル"ですが、「2日間」と言うときは"两 liǎng リアン"を使います。

	英語	中国語	韓国語
春	spring スプリング	春天 chūntiān チュンティエン	봄 ポム
夏	summer サマー	夏天 xiàtiān シアティエン	여름 ヨルム
秋	fall フォーゥ	秋天 qiūtiān チウティエン	가을 カウル
冬	winter ウィンター	冬天 dōngtiān ドンティエン	겨울 キョウル

✷時刻・時間✷

	英語	中国語	韓国語
2時10分	two ten トゥー テン	两点十分 liǎng diǎn shí fēn リアンディエン シーフェン	두 시 십분 トゥーシ シップン
～時間	～ hours アワーズ	～个小时 ge xiǎoshí ガ シアオシー	～시간 シガン
～分間	～ minutes ミニッツ	～分钟 fēnzhōng フェンヂォン	～분간 プンガン
～秒間	～ seconds セカンズ	～秒钟 miǎozhōng ミアオヂョン	～초간 チョガン
朝	in the morning イン ザ モーニンッ	早上 zǎoshang ヅァオシャン	아침 アチム
午前	in the morning イン ザ モーニンッ	上午 shàngwǔ シャンウゥ	오전 オージョン
午後	in the afternoon イン ジ アフタヌーン	下午 xiàwǔ シアウゥ	오후 オーフ
夜	at night アッ ナイッ	晚上 wǎnshang ワンシャン	밤 パム

※中国語で「2時」と言うときの「2」は"两 liǎng リアン"です。「2分」と言うときは"二 èr アル"が一般的ですが、「2分間」と言うときは"两"を使います。

※韓国語では、"세 시 삼분 セーシ サムプン"（3時3分）のように、「～時」を言うときは固有語の数詞、「～分」を言うときは漢字語の数詞を使います。

期間

	英語	中国語		韓国語
A から B まで	from A to B フロム A　トゥ B	从 A 到 B	cóng A dào B ツォン A　ダオ B	A 부터 B 까지 Aブト Bカジ
～までに	by ～ バイ	～以前	yǐqián イーチエン	～까지 カジ
～のあと	after ～ アフター	～后	hòu ホウ	～ 후 フ
～のまえ	before ～ ビフォー	～前	qián チエン	～ 전 ジョン

✳単位✳

	英語	中国語	韓国語
グラム	gram グラム	克 kè クァ	그램 クレム
キログラム	kilogram キログラム	公斤 gōngjīn ゴンジン	킬로그램 キルログレム
センチ	centimeter センタミーター	厘米 límǐ リィミィ	센티 センティ
メートル	meter ミーター	米 mǐ ミィ	미터 ミト
キロメートル	kilometer キロメター	公里 gōnglǐ ゴンリィ	킬로미터 キルロミト

INDEX

あ
アイスクリーム	53
アイロン	35
青	101
あおむけ	115
赤	101
悪天候	116, 123
揚げる	45
空きがございます	60
空室	17, 60
預かり金	25
預かる	40, 66
温かい	43
温かいうちにどうぞ	71
熱い	109
暑い	65
あちらにございます	42
アナウンス	156
甘い	48
甘口	56
雨	65
アメリカ	156
ありがとうございました	5
あります　→ございます	
ありません	7
アレルギー	49, 80, 114, 148
暗証番号をご入力ください	98
案内図	131

い
いいえ	7
いくつになさいますか？	93
以上でお間違いございません	
でしょうか？	20
いす	61
居酒屋	81
遺失物取扱所	153
痛くありませんか？	114
炒める	45
いってらっしゃいませ	64
いつのご予約ですか？	16
1階	157
1泊2食付き	61
いらっしゃいませ	1
色	101
インフルエンザ	149

う
ウェブサイト	23
ウォン	38
受付	26
うつぶせ	115
うどん	72
売り切れです	88
うるさい	32

え
エアコン	28
映画館	79
営業時間	64
英語	10, 11, 81, 138, 149
英字新聞	66
ATM	82
駅	22, 86
エキストラベッド	29
絵葉書	92
エレベーター	26
宴会場	23

お
お味はいかがですか？	46
おいしい	48
横断歩道	76
往復	84
大きい	119
オーディオガイド	137
オートロック	28
お返しです	96
お帰りなさいませ	64
おかけ直しください	143
おかけになってお待ちください	86
お菓子	53, 88
おかわりはいかがですか？	46, 57
お客様	5
お気をつけて	6, 27
お子様用	29
お調べいたします	3, 17, 32
おすすめ	43, 80, 88
お大事に	150
お試しになってみませんか？	90
落ち着いてください	154
お茶	66
お使いください	148
お連れ様	156
お手洗い	26
お電話ありがとうございました	144
男の子	156
男湯	108
大人	17, 130
お名前をいただけますか？	24
おはようございます	65
帯	89
お風呂	66, 110
お部屋付けになさいますか？	48
お部屋をお取りできます	17
オペラグラス	137
お待たせいたしました	4, 32
お待ちしております	21, 59
おみやげにぴったりです	91
お申し付けください	68
お休みなさいませ	65
おやめください	155
お湯	22, 29
温泉	79, 108, 111
女の子	156
女湯	108

か
カード	20, 21, 96, 98, 102
カード番号	20
カードの有効期限	21
会計	33, 58, 96–99
会計はあちらです	93
会議室	23
ガイド付きツアー	81
ガイドブック	66
顔	115
係の者を伺わせます	30
係の者を呼んでまいります	12
鍵	25, 58, 63, 64, 110
確認いたします	20
傘	66
火事	154
貸切	110
かしこまりました	7
貸す	64, 66
片道	84
家電量販店	80
カップ	29
可能です	23
カフェ	23
歌舞伎	80, 136
カメラ	153
辛い	48
辛口	56
観光案内所	78
韓国	156
韓国語	10, 11, 81, 138, 149
乾燥機	35
簡単な	125
館内放送	156
看板	77

167

き

キーカード	25
危険です	154
北	77
貴重品	40, 66, 124
きつい	119
喫煙	17, 23
切符	84
記帳	24
記入	105
記念撮影はいかがですか？	132
ギフト包装	100
気分が悪いのですか？	148
客室	28, 68
客室係	68
キャンセル	19
キャンセル待ち	17
キャンセル料	19, 123
救急車	149
救護室	117
牛肉	50
牛乳	53
共用	66
禁煙	17, 23, 67
金庫	67
銀行	76
銀聯カード	99

く

空港	86
クーポン	97
薬を飲む	151
果物	52
靴のサイズはおいくつですか？	118
靴をお脱ぎください	68
グラス	47
グリーン車	85
繰り返します	142
車椅子	148
クレジットカード	19, 20, 62, 96, 98, 99
クレジットカード会社	152
黒	101
クローク	40

け

警察	155
携帯電話	153
ケーキ	53, 55
けが	148
劇場	79
元	38
現金	59, 95, 96
原材料	91

こ

ご案内いたします	25, 42, 75
コインランドリー	35
更衣室	26, 116
交換する	32
皇居	82
合計金額	13, 58
公衆電話	77, 146
紅茶	43
交番	76, 152
高品質	91
紅葉	78
コーヒー	44, 66
ご確認ください	58
ご記帳をお願いいたします	24
ご記入ください	105
国際電話	146, 147
ございます	7, 35
個室	55
ご自由にどうぞ	66
故障中です	155
ご注文は以上でしょうか？	46
ご注文はお決まりでしょうか？	44
こちらがおすすめです	56, 88
こちらです	35
こちらで全てでございますか？	40
こちらにお並びください	120
こちらはいかがですか？	88
こちらへどうぞ	1
子供	17, 130
この中からお選びください	44
コピー機	36
ゴミ箱	29
米	51
ごゆっくりどうぞ	2, 46, 68
ご予約はどのくらいですか？	54
ゴルフ	122
コレクトコール	145
ご連絡します	153
小分けの袋をお入れしますか？	100
コンシェルジュ	27
こんにちは	26
こんばんは	26
コンビニ	27

さ

サービス料	18
最後尾	131
サイズ	112, 113, 119
最終	87
再入場	135
再発行する	153
財布	153
サインをお願いいたします	98
サウナ	109, 110
差額	25, 58
魚	50
桜	79
酒	91
砂糖	49
座布団	135
寒い	65
触らないでください	155
3階	26

し

シーツ	29
塩	49
時刻表	85
試食	90
地震	154
施設	63
指定席	84
自動販売機	63
始発	87
支払い	59, 62, 96
ジム	23
シャトルバス	123
シャワー	22
住所	74
自由席	85
週末	18
宿泊税	19
出発の日はいつですか？	84
10分ほどお待ちいただけますか？	42
少々お待ちください	3
精進料理	139
焼酎	91
消費税	19
賞味期限	89
醤油	49, 70
食事	30, 31, 48, 70
食中毒	149
食堂	70
初心者	116, 118
しょっぱい	48
処方箋	151
白	101
城	79
新幹線	85
シングル	16
信号	75
神社	138
新聞	66
人民元	38

す

スイート	17
水族館	79
スイッチ	28
水道水	29
スーツケース	153
スーパー	81
スキー	116
すぐ手配いたします	30
すぐにお持ちします	46

すぐにお取り換えします		46
寿司		80
すっぱい		48
ステーキ		44
素泊まり		61
スノーボード		118, 120
スパ		112
スプーン		46
スペアキー		32
スペルを教えていただけますか？		20, 141
相撲		80, 82, 134
スリッパ		68

せ
請求	19
税金	18
税込価格	95
精算	25
製氷機	23
世界遺産	79
席	54, 84, 85, 134, 136
前菜	44
前日	19
全身	115
洗濯	34, 66

そ
総合案内	157
送迎バス	86
掃除	31, 69
外	31
そば	72

た
立入禁止	133, 155
大使館	153
大丈夫です	154
大丈夫ですか？	148
タオル	29, 110
タクシー	80, 86
タクシー乗り場	77
宅配便	105
ただいま参ります	2
ダブル	16
食べられない食材はございますか？	44
卵	45, 53
団体	17

ち
小さい	119
チェックアウト	22, 58, 143
チェックイン	22, 24
地下1階	66
近く	22, 27
近くですので、ご案内いたします	75

地下鉄		22, 75
チケット		82, 130, 132
地図		74, 78
チップはいただいておりません		48
中華料理		81
中国		156
中国語		10, 11, 81, 138, 149
中止		131
駐車場		22
昼食		122
注文		44, 46
朝食		18, 26
ちょうどいただきます		96
直行バス		74

つ
ツアー	27, 81, 82
追加料金	19
ついてきてください	154
ツイン	16
突き当たり	28
冷たい	43

て
ティッシュ	29
停電しております	154
ディナー	43
テーブル	31, 55
できかねます	8
デザート	43
手続き	106
デパート	81
寺	138
テレビ	68
天気	65
伝言	27, 143
電車	75, 123
伝統的な	92
伝票	47
電話	140
電話番号	20, 55, 141, 157

と
ドア	28, 31
トイレ	22, 66, 67
トイレットペーパー	29, 67
どういたしまして	4
どういったご用件ですか？	30, 140
当日	19, 34
当日券	134
どうぞ	28
どうぞお楽しみください	130
到着	21, 143
盗難	152
動物園	79
通り	76
どこから来たのですか？	156

どこでなくしましたか？		152
どちら様でいらっしゃいますか？		140
隣		76
どのようなお部屋になさいますか？		16
徒歩		74
ドライヤー		68
ドラッグストア		81
トラベラーズチェック		23, 38
取り消しいたします		58
鶏肉		50
ドル		38, 96

な
長い	119
眺めの良い	17
何かお探しですか？	88
何かございましたらお申し付けください	68
何かご質問はございませんか？	25
何かなくされたのですか？	152
名前	20, 24, 55
何時	30, 70
何日	54
何泊のご利用ですか？	60
何名様ですか？	16

に
2階	62
苦い	48
肉	50
煮込む	45
西	77
24時間ご利用いただけます	28, 108
日本語を話されますか？	10
日本庭園	79
日本は初めてでいらっしゃいますか？	78
日本文化	79
荷物	28, 31, 40, 66, 104
入場券	131
入浴時間	108
人気	136

ね
熱がある	149
値引き	95

の
能	136
後ほどまいります	31
飲み物	44
乗り換え	84

は
バー	56

パーセント		19
パーティー会場		26
はい		7
灰皿		47
配送		104
入ってもよろしいですか？		30
売店		26
ハウスキーピング		33
博物館		79
運ぶ		25
はし		47
走らないでください		154
バス		74, 86, 123
バス（浴室）		17, 61, 66
バスタオル		29
バスタブ		22
バス乗り場		77
パスポート		24, 106, 107
バスローブ		29
パソコン		36, 66
バッグ		40
歯ブラシ		29
ハンガー		29
半額		94
パンフレット		78

ひ

PC		36
日帰り		79, 85, 108
東		77
ビジネスセンター		26
美術館		80
非常階段		28
非常口		154
左		26, 75, 76, 126
備品		69
100円ショップ		81
ビュッフェ		42
病院		148, 149
病気		148
美容室		23

ふ

ファックス		27
プール		22
フォーク		47
豚肉		50
布団		67, 68, 69
フライト		85
ブランドショップ		81
フリーダイヤル		144
フリーパス		130
フルーツ		52
フロント		16, 26, 34, 64, 68, 140
紛失		152
文楽		136

へ

平日		18
ベジタリアン		49, 81
別館		77
ベッド		61
ペットホテル		23
ベッドメイク		31
別のお部屋		32
別料金		43
ベビーベッド		29
部屋		16, 28, 32, 60
部屋番号		30, 141, 157
変圧器		36
返却		119
返金		19
変更		19

ほ

ポーター		33
ほかにご用はございませんか？		31
ほかのお客様のご迷惑です		155
保険会社		153
ポット		29, 67
ホテル		16
歩道橋		76
本館		77
本日のおすすめ		43

ま

迷子		156
前		75
前金		19
前払い		62
枕		67
またお越しください		5
マッサージ		112
まっすぐ		75
祭り		139
満室となっております		17, 60
満席		42, 84

み

右		75, 76, 124
短い		119
水		43
水着		108, 112
味噌汁		72
道案内		74
南		77
ミニバー		58
みやげもの		88
名字		20
民宿		81

む

向かい		75
蒸す		45

難しい		125
無断キャンセル		19
無料		36, 63, 78, 100
無料でお使いいただけます		35, 66

め

明細書		58
名産		88
メールアドレス		20
メールでお送りします		21
メニュー		42, 47, 114
免税		106, 107
免税店		81
メンバーズカード		102

も

もう一度おっしゃってください		9
申し訳ございません		14
毛布		29
モーニングコール		28, 144
最寄駅		74
門限		64

や

焼く		45

ゆ

遊園地		130
有効期限		21
夕食		18, 70
郵便		104
郵便局		82
有料		63
浴衣		67, 69
雪		65
ゆでる		45
湯船		110
ゆるい		119

よ

洋室		61
洋食		81
横になってください		148
予算		54
予約		16-21, 42, 54, 60, 122
予約係		16
予約確認書		21
予約を承りました		21
よろしいですか？		3

ら

ライス		46
ラウンジ		26
ラッピング		100
ランチ		43
ランドリーサービス		34

り

リフト	116, 120, 121
リモコン	29
両替	38, 97
料金	18, 61, 122
料金表	112
領収書	96, 97
旅館	60
緑茶	67
旅行会社	153
旅行者の方ですか？	106

る

ルームサービス	28, 30

れ

冷蔵庫	29
レイトチェックアウト	58
レート	38
レジ	94
レシート	38
レストラン	42
レンタカー	85
レンタル	112, 118
連泊	18
連絡先をお書きください	152
連絡通路	77

ろ

廊下	28
路線図	85
ロッカー	109, 124
露天風呂	79, 109
ロビー	26, 137

わ

わかりません	77
和紙	92
和室	61, 69
和食	70
和風	48
割り込みはおやめください	131
割引	18, 94, 95
割引料金	19

《著者略歴》

西蔭浩子(にしかげ・ひろこ)
獨協大学外国語学部英語学科卒業。コロンビア大学大学院修士課程修了。現在、大正大学名誉教授。NHK 教育テレビ『英語が伝わる！100 のツボ』(2008 年)、『3 か月トピック英会話　栗原はるみの挑戦　こころを伝える英語』(2006 年)、『3 か月トピック英会話　TOKYO まちかどリスニング』(2006 年)の講師。主な著書に『英語スピーキングのお医者さん』、『3 段階の発想で英語が伝わる！100 のツボ』(ともにジャパンタイムズ)、『英語で話すための日本図解事典』(小学館、共著)、『DVD+BOOK　NHK ミニ英会話とっさのひとこと　Honolulu 親孝行編』(NHK 出版)などがある。

田村雅昭(たむら・まさあき)
獨協大学経済学部卒業後、東京英語研修所、日本外国語専門学校、インターナショナルスクールオブビジネス、渋谷外語専門学校で教鞭をとる傍ら、教育管理職を歴任する。現在は大正大学表現学部准教授及び武蔵野大学非常勤講師として、TOEIC ほかの英語科目を担当する。著書に『A Strategic Approach to the TOEIC Test Listening』(成美堂、共著)、『Let's Go Abroad!』(センゲージラーニング、共著)などがある。

平石淑子(ひらいし・よしこ)
東京出身。和光大学、お茶の水女子大学大学院で学ぶ。中国近現代文学、比較文化専攻。複数の大学、高等学校で中国語非常勤講師を務めた後、大正大学教授を経て、現在は日本女子大学名誉教授。中国語に関連した論文として、「日中両言語の差異に関するノート―芥川龍之介「羅生門」を手がかりとして」(『大正大学研究紀要』94 輯)、「中国語の動詞に後置される"到"について―日本語の視点から」(『大正大学大学院研究論集』34 号)などがある。博士(人文科学)。

孔　令敬(コウ・レイケイ)
1956 年中国北京生まれ。北京外国語大学日本語学科卒業。同大学大学院修士課程修了後、同大学専任講師を勤める。1990 年、大東文化大学客員講師として来日。その後、大正大学仏教学博士コースにて仏教学を専攻。現在、同大学のほか、青山学院女子短期大学、東洋大学、国学院大学、二松学舎大学で非常勤講師として中国語教育に携わる。著書に『中国茶・五感の世界』(NHK 出版)、『中国語初級表現―文型・文法を基礎に』(白帝社、共著)などがある。

権　在淑(クォン・チェスク)
韓国ソウル出身。淑明女子高等学校卒。お茶の水女子大学卒、同大学院修士課程修了。東京都立大学大学院博士課程満期退学。教育学専攻。1987 年以来、東京外国語大学、神田外語大学、上智大学(学部及び公開学習講座)、大正大学、聖心女子大学などで韓国語教育に携わる。1995 年 4 月から 1999 年 3 月まで、神田外語大学専任講師。著書に、『表現が広がる　これからの韓国語』(三修社)、『韓国語 60 分プラス』、『図解でわかる韓国語』(ともにアルク)などがある。

ホテル・旅館で使う
英中韓3か国語きほん接客フレーズ

2010 年 6 月 25 日　初版発行
2025 年 2 月 14 日　7 刷発行

著者
　西蔭浩子(にしかげ・ひろこ)
　田村雅昭(たむら・まさあき)
　平石淑子(ひらいし・よしこ)
　孔　令敬(コウ・レイケイ)
　権　在淑(クォン・チェスク)
© H. Nishikage, M. Tamura, Y. Hiraishi, R. Kou and J. Kwon, 2010

KENKYUSHA
〈検印省略〉

発行者
　吉田尚志

発行所
　株式会社　研究社
　〒 102-8152　東京都千代田区富士見 2-11-3
　電話　営業(03)3288-7777(代)　編集(03)3288-7711(代)
　振替　00150-9-26710
　https://www.kenkyusha.co.jp/

印刷所
　TOPPAN クロレ株式会社

装丁デザイン
　清水良洋(Malpu Design)

本文レイアウト・アイコンデザイン
　株式会社インフォルム

ISBN978-4-327-39418-9　C0082　Printed in Japan